Potencial oculto

Potencial oculto

La ciencia de conseguir grandes cosas

ADAM GRANT

Traducción de Alexandre Casanovas

PAIDÓS EMPRESA

Obra editada en colaboración con Editorial Planeta - España

Título original: *Hidden Potential: The Science of Achieving Greater Things*

© Adam Grant, 2023

© de la traducción, Alexandre Casanovas, 2024
Diseño de la colección: Sylvia Sans Bassat
Composición: Realización Planeta

© 2024, Centro de Libros PAPF, SLU. – Barcelona, España

Derechos reservados

© 2025, Ediciones Culturales Paidós, S.A. de C.V.
Bajo el sello editorial PAIDÓS M.R.
Avenida Presidente Masarik núm. 111,
Piso 2, Polanco V Sección, Miguel Hidalgo
C.P. 11560, Ciudad de México
www.planetadelibros.com.mx
www.paidos.com.mx

Primera edición impresa en España: septiembre de 2024
ISBN: 978-84-234-3772-6

Primera edición impresa en México: marzo de 2025
ISBN: 978-607-569-951-6

No se permite la reproducción total o parcial de este libro ni su incorporación a un sistema informático, ni su transmisión en cualquier forma o por cualquier medio, sea este electrónico, mecánico, por fotocopia, por grabación u otros métodos, sin el permiso previo y por escrito de los titulares del *copyright*.

Queda expresamente prohibida la utilización o reproducción de este libro o de cualquiera de sus partes con el propósito de entrenar o alimentar sistemas o tecnologías de Inteligencia Artificial (IA).

La infracción de los derechos mencionados puede ser constitutiva de delito contra la propiedad intelectual (Arts. 229 y siguientes de la Ley Federal del Derecho de Autor y Arts. 424 y siguientes del Código Penal Federal).

Si necesita fotocopiar o escanear algún fragmento de esta obra diríjase al CeMPro (Centro Mexicano de Protección y Fomento de los Derechos de Autor, http://www.cempro.org.mx).

Impreso en los talleres de Impregráfica Digital, S.A. de C.V.
Av. Coyoacán 100-D, Valle Norte, Benito Juárez
Ciudad De Mexico, C.P. 03103
Impreso en México - *Printed in Mexico*

*En recuerdo de Sigal Barsade,
quien veía el potencial de todas las personas*

Sumario

Prólogo 9

Parte I
Habilidades del carácter

1. Criaturas de la incomodidad 41
2. Esponjas humanas 67
3. Los *imperfeccionistas* 89

Parte II
Estructuras para la motivación

4. Transformar la rutina cotidiana 123
5. Salir del bucle 147
6. Desafiar la gravedad 177

Parte III
Sistemas de oportunidad

7. Todos los niños salen adelante 211
8. Buscadores de oro 245
9. Diamantes en bruto 275

Epílogo 311
Acciones para el cambio 321
Agradecimientos 331

Prólogo

Cultivar rosas en el asfalto

¿Has oído hablar de la rosa que creció
de una grieta en el asfalto?
Demostró que la naturaleza se equivoca
al aprender a andar sin tener pies.
Por extraño que parezca, al creer en sus sueños,
aprendió a respirar aire puro.

«La rosa que creció del asfalto»,
TUPAC SHAKUR[1]

En 1991, durante un gélido fin de semana de primavera, algunos de los jóvenes más brillantes de Estados Unidos se dieron cita en un hotel situado a las afueras de Detroit. El vestíbulo resonaba con el parloteo de los estudiantes mientras buscaban los asientos que tenían asignados. En el preciso instante en que los relojes se pusieron en marcha, la sala quedó en silencio. El único sonido que podía oírse era «clic, clic, clic». Todas las miradas estaban clavadas en unos tableros de casillas blancas y negras. Había comenzado el Campeonato Nacional de Ajedrez para Alumnos de Secundaria.

1. Shakur, Tupac, *The rose that grew from concrete*, Pocket Books, Estados Unidos, 2002, p. 3.

En las anteriores ediciones, los equipos que habían ido de las escuelas especializadas y los colegios privados más caros del país habían dominado el campeonato. Aquellos centros disponían de los recursos necesarios para incluir el ajedrez en el currículo escolar. Dalton era el vigente campeón, un colegio privado de élite ubicado en Nueva York que había ganado tres títulos nacionales consecutivos.

Dalton había creado el equivalente ajedrecístico a un centro de alto rendimiento olímpico. Todos los alumnos de preescolar tenían que hacer un semestre de ajedrez, y cuando comenzaban la educación primaria, estudiaban el juego durante un curso entero. En horario extraescolar, los alumnos más brillantes podían recibir más horas de clase, que impartía uno de los mejores profesores de ajedrez del país. En Dalton, la joya de la corona era un niño prodigio llamado Josh Waitzkin, cuya biografía se convertiría dos años después en la inspiración del taquillazo *En busca de Bobby Fischer*. Aunque Josh y otro de sus jugadores estrella no competían en aquella edición, Dalton contaba con un equipo formidable.

Nadie veía a los Raging Rooks[2] como serios rivales. Cuando entraron en el hotel con paso nervioso, su presencia atrajo todas las miradas.[3] Tenían muy poco en común con sus adinerados riva-

---

2. Raging Rooks, las «Torres Feroces». (*N. del t.*)

3. Entrevistas personales con Maurice Ashley, 10 de enero de 2022, y Francis Idehen, 20 de diciembre de 2021, 10 de enero de 2022 y 23 de febrero de 2022. Ashley, Maurice, *Chess for success*, Broadway Books, Estados Unidos, 2007. Gates Jr., Henry Louis, *America behind the color line*, Grand Central, Estados Unidos, 2007. Lidz, Franz, «The Harlem gambit», *Sports Illustrated*, 11 de noviembre de 1991, y «Master Mind», *Sports Illustrated*, 30 de mayo de 1994. Fishman, Steve, «Day for knight», *New York*, 22 de junio de 1998. Wilder, Charlotte, «How Maurice Ashley, the first black chess grandmaster, uses the game to change inner-city kids' lives», *USA Today*, 19 de mayo de 2016. Von Drehle, Dave, «Chess players destroy nerd, black stereotypes», *The Seattle Times*, 2 de junio de 1991. The Tim Ferris Show, «Grandmaster Maurice Ashley — The path and strategies of world-class mastery», 30 de julio de 2020. Tierney, John, «Harlem teen-agers checkmate a stereotype», *The New York Times*, 26 de abril de 1991. «Maurice Ashley 2.1.2008», City Club de Cleveland, YouTube, 13 de agosto de 2015, <youtu.be/riiQ0BkMhf0>. Lemire, Joe, «A star of the 'Raging Rooks', he helped changed the face of N.Y.C. chess», *The*

les de raza blanca. Los Raging Rooks eran un grupo de estudiantes de color y origen modesto; seis chicos negros, un hispano y un asiático. Vivían en barrios asolados por las drogas, la violencia y el crimen. La mayoría de ellos habían crecido en hogares monoparentales, educados por sus madres, tías o abuelas, y tenían unos ingresos anuales inferiores al precio de la matrícula de Dalton.

Los Raging Rooks estudiaban segundo y tercero de secundaria en el instituto JHS 43, un centro público del barrio de Harlem. A diferencia de sus adversarios de Dalton, no habían podido disfrutar de una década entera de formación especializada o de varios años de competición. Algunos sólo habían aprendido a jugar en sexto de primaria. El capitán del equipo, Kasaun Henry, había empezado a jugar a los 12 años y practicaba en un banco del parque con un traficante de drogas.

En el transcurso del campeonato nacional, los equipos podían quedarse con sus mejores puntuaciones y descartar las más bajas. Los equipos grandes, como el de Dalton, podían llegar a descartar las puntuaciones de hasta seis jugadores. Pero los Raging Rooks apenas habían podido reunir a los jugadores necesarios para presentarse a la competición. Todas sus puntuaciones tendrían que añadirse al cómputo final, no podrían disponer de ningún comodín. Así que para poder tener alguna posibilidad de éxito, todos tendrían que rendir al máximo de sus capacidades.

La verdad es que empezaron fuertes. Nada más comenzar, el jugador menos preparado del equipo consiguió dar la campanada y derrotar a un rival que estaba cientos de puntos por delante en la clasificación. El resto del equipo también estuvo a la altura y consiguió dar jaque mate a oponentes mucho más fogueados. Al llegar a las semifinales, de los sesenta y tres equipos participantes, los Raging Rooks estaban en tercera posición.

Pero a pesar de su inexperiencia, contaban con un arma secreta. Su entrenador era un joven maestro del ajedrez llamado Maurice Ashley. Inmigrante jamaicano en la veintena, Maurice

---

New York Times, 6 de noviembre de 2020. Boulet-Gercourt, Philippe, «The incredible story of the 8 'kids', Harlem chess players», *Chess in the Schools*, 26 de diciembre de 2020.

había asumido la misión de romper con ese estereotipo según el cual los niños de piel oscura no son lo bastante inteligentes. Por propia experiencia, sabía muy bien que el talento se reparte de manera equitativa, pero que las oportunidades no llegan por igual a todo el mundo. Sin embargo, Maurice podía detectar el potencial allí donde otros eran incapaces de verlo. Se había propuesto cultivar rosas en el asfalto.

Pero en la penúltima ronda del campeonato nacional, Maurice se dio cuenta de que el equipo empezaba a flaquear. Después de empezar con ventaja, Kasaun metió la pata y a duras penas pudo firmar las tablas. Cuando otro jugador estaba a punto de alzarse con la victoria, su oponente encontró el modo de capturar la reina y acabar ganando la partida. El chico rompió a llorar y salió corriendo de la sala. La siguiente partida empezó con tan mal pie que Maurice decidió abandonar el salón donde se desarrollaba la competición. Ser testigo de todo aquello le rompía el corazón. Al final de la ronda eliminatoria, los Raging Rooks habían caído de la tercera a la quinta posición.

Maurice les recordó entonces que sólo podían controlar sus decisiones, no los resultados. Para recuperar el terreno perdido, los Raging Rooks tendrían que ganar las últimas cuatro partidas y rezar para que los equipos más destacados perdieran las suyas. De todas formas, al margen de lo que ocurriera al final, ya se encontraban entre los mejores del país. No tenían que alzarse con el campeonato para ganarse el corazón del público. Habían superado todas las expectativas.

El ajedrez es conocido por ser un juego para pequeños genios. Los jugadores jóvenes más destacados suelen ser niños prodigio con una inteligencia innata para memorizar secuencias, analizar la situación rápidamente y visualizar muchas jugadas con antelación. Si quieres formar un equipo de ajedrez de alta competición, la apuesta más segura es hacer lo mismo que Dalton: fichar a un grupo de niños prodigio y ofrecerles un programa intensivo de formación desde que son pequeños.

Maurice hizo todo lo contrario. Empezó a entrenar a un grupo de alumnos de secundaria que tenían las ganas y el tiempo para aprender. Uno de sus miembros era el abusón de la clase. La mayoría eran estudiantes de segunda fila y no formaban parte del equipo por tener una capacidad especial para el ajedrez. «No teníamos a ninguna gran estrella en el equipo», recuerda Maurice.

Sin embargo, a medida que la última ronda iba avanzando, los Raging Rooks todavía aguantaban el tipo. Dos jugadores lograron unos mates espectaculares, y Kasaun defendía su posición ante un rival con una puntuación muy superior. Pero incluso si hubiera sido capaz de sacarse de la manga una inesperada victoria, los Rooks sabían que probablemente eso no les bastaría. La primera partida de la ronda final había terminado en tablas.

Sólo unos minutos después, Maurice oyó de repente unos gritos al final del pasillo. «¡Sr. Ashley, Sr. Ashley!» Tras una durísima batalla en la partida final, Kasaun había superado todas las expectativas y había derrotado al mejor jugador de Dalton. Para sorpresa de todos, los equipos que encabezaban la clasificación habían fallado en la última ronda, lo que allanó el camino para que los Raging Rooks remontaran hasta el primer puesto. Entre gritos y abrazos, los jugadores estallaron de júbilo: «¡Hemos ganado!, ¡hemos ganado!».

En sólo dos años, unos humildes chicos de Harlem habían recorrido el camino que separa a un aprendiz de un campeón nacional. Pero la mayor sorpresa no fue que los marginados se alzaran con la victoria, sino la razón que había detrás de su éxito. Las habilidades que habían desarrollado durante esos años iban a reportarles muchas más victorias que un primer puesto en un campeonato de ajedrez.

Todo el mundo tiene un potencial oculto. Este libro explica cómo podemos liberarlo. La sabiduría popular dice que la excelencia es innata, que no se desarrolla. Por este motivo aplaudimos a los alumnos más dotados en el colegio, a los deportistas con un talento natural y a los niños prodigio de la música. Pero no hace falta ser un niño prodigio para obtener logros importantes. Mi objetivo no es otro que ilustrar cómo podemos mejorar y hacer grandes cosas en la vida.

Como psicólogo organizacional, he dedicado gran parte de

mi carrera a estudiar las fuerzas que alimentan el desarrollo personal. Lo que he descubierto podría cuestionar algunas de tus suposiciones básicas sobre el potencial que se esconde en cada uno de nosotros.

En un estudio pionero, un grupo de psicólogos decidió investigar el origen del talento excepcional en la música, el arte, la ciencia y el deporte.[4] Llevaron a cabo largas entrevistas en profundidad con ciento veinte escultores merecedores de una beca Guggenheim, con concertistas de piano aclamados en todo el mundo, con matemáticos que habían obtenido notables galardones, con neurólogos que habían realizado investigaciones pioneras, con nadadores olímpicos y tenistas de talla mundial, y también hablaron con sus padres, profesores y entrenadores. Se llevaron toda una sorpresa al descubrir que sólo un puñado de aquellos triunfadores habían sido unos niños prodigio.

En el caso de los escultores, según sus profesores de arte en la escuela primaria, ni uno solo había destacado por tener un talento especial. Algún que otro pianista había ganado grandes premios antes de los nueve años, pero la mayoría sólo destacaban en comparación con sus hermanos o vecinos. Aunque por regla general los neurólogos y los matemáticos sacaban buenas notas durante la primaria y la secundaria, no destacaban entre el resto de los alumnos más inteligentes de sus respectivas clases. Entre los nadadores, casi ninguno había conseguido ningún récord en sus primeros años; la mayoría ganaba en los torneos locales, pero no en los campeonatos regionales o nacionales. Y la mayoría de los tenistas habían perdido en las rondas previas de sus primeros torneos y tardaron varios años en situarse entre los mejores jugadores de la región. Si sus entrenadores habían decidido trabajar con ellos, no fue por tener un talento extraordinario, sino por demostrar una motivación extraordinaria. Y aquella motivación tampoco era una cualidad innata, solía aparecer gracias a un profesor o un entrenador que había conseguido convertir el aprendizaje en una diversión. «Lo que una persona es capaz de aprender —concluía el psicólogo que dirigió la

---

4. Bloom, Benjamin, *Developing talent in young people*, Ballantine Books, Estados Unidos, 1985.

investigación— también pueden aprenderlo casi todas las demás si se les ofrecen las [...] condiciones adecuadas para hacerlo.»

Los estudios más recientes subrayan la importancia de las condiciones en las que se produce el aprendizaje. Para dominar un concepto nuevo en el campo de las matemáticas, las ciencias o una lengua extranjera, normalmente hay que dedicar entre siete y ocho sesiones de trabajo. Esta cifra exacta de repeticiones aparecía una y otra vez después de observar a miles de alumnos, desde la escuela primaria hasta la universidad.

Por supuesto, había estudiantes que destacaban después de unas pocas clases prácticas. Pero no aprendían más deprisa, progresaban al mismo ritmo que sus compañeros.[5] La diferencia era que llegaban a la primera clase con más conocimientos de base. Algunos alumnos avanzaban más deprisa porque ya tenían algunas nociones sobre la materia en cuestión. Otros tenían unos padres que antes les habían explicado unas cuantas ideas, o partían con ventaja porque habían aprendido por su cuenta. Lo que a primera vista podía parecer una diferencia en la capacidad innata era, en muchos casos, una disparidad de motivación y oportunidades.

Al valorar el potencial de una persona, cometemos el error fundamental de centrarnos en el punto de partida: las habilidades que pueden verse de inmediato. En un mundo obsesionado con el talento innato, damos por sentado que las personas más prometedoras son las que destacan desde el principio.[6] Pero las que después consiguen llegar más lejos pueden tener unas capacidades iniciales muy distintas. Si juzgamos a una persona sólo por lo que puede hacer el primer día, su potencial seguirá oculto.

Es imposible adivinar hasta dónde puede llegar una persona si sólo se tiene en cuenta el punto de partida. Con la motivación y las oportunidades adecuadas para aprender, cualquiera puede desarrollar las capacidades necesarias para conseguir grandes

---

5. Koedinger, Kenneth R., *et al.*, «An astonishing regularity in Student Learning Rate», *PNAS*, 120, 13 (2023), e2221311120.

6. Tsay, Chia-Jung; y Banaji, Mahzarin R., «Naturals and strivers: Preferences and beliefs about sources of achievement», *Journal of Experimental Social Psychology*, 47, 2 (2011), pp. 460-465.

cosas en la vida. El potencial no tiene nada que ver con cómo empezamos, sino con lo lejos que estamos dispuestos a llegar. Tenemos que fijarnos menos en el punto de partida y más en la distancia que hemos recorrido.

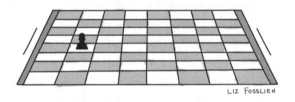

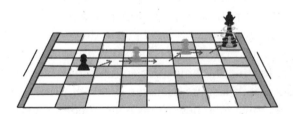

Fuente: Liz Fosslien.

Por cada Mozart que causa sensación a temprana edad, hay muchos Bachs que avanzan poco a poco y florecen más tarde. No han nacido con unos superpoderes invisibles, sino que han cultivado la mayoría de su talento en casa, es de cosecha propia. Las personas que hacen grandes avances casi nunca son unos prodigios de la naturaleza. Casi siempre son unos prodigios de la educación.

Desatender el impacto de la formación tiene consecuencias desastrosas. Nos lleva a infravalorar el camino que podemos recorrer y el abanico de aptitudes que somos capaces de aprender. El resultado es que nos ponemos límites a nosotros mismos y a las personas que nos rodean. Nos aferramos a unas zonas de confort muy pequeñas y perdemos de vista que hay horizontes más amplios. Nos mostramos incapaces de ver la promesa que albergan otras personas y cerramos la puerta a las oportunidades. Privamos al mundo de las cosas grandes de verdad.

Ampliar nuestras capacidades actuales es la manera de llegar a ese potencial y rendir al máximo nivel. Pero el desarrollo personal no sólo es un medio para llegar al objetivo de la excelencia. Mejorar es un logro muy valioso, en y por sí mismo. Quiero explicar cómo podemos mejorar en ser mejores.

Este libro no habla de ambiciones. Trata de aspiraciones. Como señala la filósofa Agnes Callard, la ambición es el resultado que quieres obtener.[7] La aspiración es la persona que quieres llegar a ser. La cuestión no es cuánto dinero puedes ganar, cuántos títulos de prestigio puedes conseguir o cuántos premios puedes llegar a acumular. Esos símbolos de estatus son un triste simulacro del verdadero crecimiento. Lo que cuenta no es cuánto trabajas, sino cuánto creces. Y crecer requiere mucho más que una determinada mentalidad, empieza con un conjunto de habilidades que solemos pasar por alto.

Los ingredientes adecuados

A finales de la década de 1980, más o menos en la misma época en que los Raging Rooks de Harlem estaban aprendiendo a jugar al ajedrez, el estado de Tennessee puso en marcha un audaz experimento. En setenta y nueve escuelas —muchas de ellas de barrios pobres—, distribuyeron de manera aleatoria a más de 11.000 alumnos en distintas clases, desde preescolar hasta tercero de primaria. En un principio, el objetivo era comprobar si las aulas reducidas resultaban más adecuadas para aprender. Pero como los alumnos y los profesores estaban distribuidos en las aulas de forma aleatoria, un economista llamado Raj Chetty se

---

7. Callard, Agnes, *Aspiration: The agency of becoming*, Oxford University Press, Estados Unidos, 2018.

dio cuenta de que podía utilizar los datos para descubrir si había otras variables que marcasen la diferencia.

Chetty es uno de los economistas más influyentes del mundo, ganador de una de las becas MacArthur. Su investigación acabó revelando que la excelencia no depende tanto del talento natural como cabía esperar.

El experimento de Tennessee ofreció un resultado sorprendente. Chetty era capaz de predecir el éxito en la edad adulta sólo con observar quién había sido el profesor de cada alumno en la clase de preescolar. A los 25 años, los alumnos que habían tenido a los maestros más experimentados en la escuela infantil ganaban bastante más dinero que el resto de los participantes en el estudio.[8]

Tener un maestro de infantil con experiencia anticipa más ingresos en la edad adulta

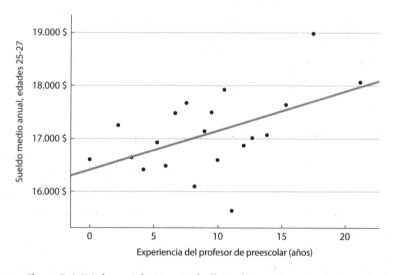

Fuente: Chetty, Raj; Friedman, John N.; y Rockoff, Jonah E.; «Measuring the impacts of teachers II: Teacher value added and student outcomes in adulthood», *American Economic Review*, 104, 9 (2014), pp. 2633-2679.

8. Chetty, Raj, *et al.*, «How does your kindergarten classroom affect your earnings? Evidence from Project Star», *The Quarterly Journal of Economics*, 126, 4 (2011), pp. 1593-1660; y «$320,000 kindergarten teachers», *Kappan*, noviembre de 2010.

Chetty y sus colegas calcularon que la diferencia entre tener un maestro experimentado y otro sin experiencia podía suponer ganar 1.000 dólares más al año de los 20 a los 30 años. En una clase de preescolar de veinte alumnos, un profesor que estuviera por encima de la media podía aportar unos ingresos adicionales de 320.000 dólares durante toda una vida.[9]

La educación infantil es muy importante por muchos motivos, pero nunca me había imaginado que un maestro dejara una huella tan evidente en los salarios de sus alumnos dos décadas después. La mayoría de los adultos apenas recuerdan qué hacían cuando tenían 5 años. ¿Cómo es posible que los maestros de educación infantil tengan una influencia tan determinante?

La respuesta intuitiva es que los profesores eficaces ayudan a los alumnos a desarrollar sus habilidades cognitivas. La educación infantil establece unos cimientos sólidos para comprender los números y las palabras. De hecho, los alumnos con los profesores más experimentados obtenían mejores resultados en las pruebas de matemáticas y comprensión lectora al final de la edu-

---

9. En su siguiente estudio, con más de un millón de niños, Chetty y sus colegas descubrieron que los maestros más experimentados aportaban más valor tras analizar las notas obtenidas por sus alumnos durante el año. Los alumnos que habían tenido a buenos profesores entre tercero de primaria y segundo de secundaria tenían más probabilidades de ir a la universidad, ganaban sueldos más altos y ahorraban más para la jubilación. Cuando un buen profesor dejaba el colegio, los alumnos de su curso lo pasaban mal al año siguiente: las probabilidades de ir la universidad disminuían. La calidad del profesorado era particularmente importante para el futuro éxito de las mujeres, en parte porque se reducían las posibilidades de un embarazo en la adolescencia. Reemplazar al profesor de los alumnos que tenían en el futuro los sueldos más bajos (dentro del 5 por ciento con menor renta) por otro que simplemente estuviera dentro de la media incrementaba los salarios de todo el grupo (sin los descuentos oportunos) en 1,4 millones de dólares durante toda la vida. Si necesitabas otra prueba más de que los profesores cobran poco por su trabajo, con esta cifra tienes más que suficiente. Chetty, Raj; Friedman, John N.; y Rockoff, Jonah E., «Measuring the impacts of teachers II: Teacher value-added and student outcomes in adulthood», *American Economic Review*, 104, 9 (2014), pp. 2633-2679.

cación infantil. Pero en unos pocos años, el resto de sus compañeros se ponían al día.

Así que para descubrir las cualidades que los alumnos adquirían en la escuela infantil y se traspasaban a la edad adulta, el equipo de Chetty recurrió a otra posible explicación. En cuarto de primaria y segundo de secundaria, los profesores evaluaron a los alumnos sobre otro tipo de habilidades. Aquí tienes unos ejemplos:

- Proactividad: ¿con qué frecuencia toman la iniciativa para hacer preguntas, ofrecer respuestas, buscar información en los libros y contactar con el profesor para aprender fuera de la clase?
- Prosocial: ¿hasta qué punto se llevan bien y colaboran con sus compañeros?
- Disciplina: ¿son eficaces cuando hay que prestar atención y se resisten al impulso de interrumpir la clase?
- Determinación: ¿tienen el hábito de enfrentarse a los problemas difíciles, de hacer más trabajo que el asignado y de insistir cuando se topan con un obstáculo?

Cuando los alumnos habían tenido a maestros expertos en la escuela infantil, los profesores de cuarto de primaria les asignaban puntuaciones más altas en estas cuatro cualidades. Y los profesores de segundo de secundaria hacían lo mismo. La capacidad de ser proactivo, prosocial, disciplinado y determinado acompañaba a los alumnos muchos más años —y, en última instancia, demostraba ser más influyente— que la competencia numérica y la comprensión lectora. Cuando Chetty y sus colegas predijeron sus ingresos en la edad adulta a partir de las evaluaciones en cuarto de primaria, las puntuaciones en estas cuatro áreas de la conducta eran 2,4 veces más relevantes que las notas en matemáticas y comprensión lectora en los exámenes estandarizados.

Una mayor puntuación en las pruebas conductuales en cuarto de primaria anticipa más ingresos en la vida adulta

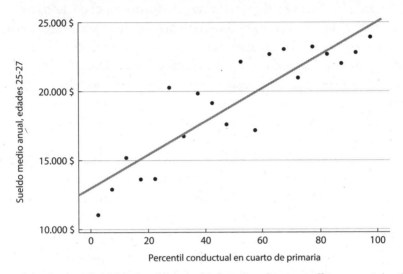

Fuente: Chetty, Raj, et al., «How does your kindergarten classroom affect your earnings? Evidence from Project Star», *The Quarterly Journal of Economics*, 126, 4 (2011), pp. 1593-1660; y «$320,000 kindergarten teachers», *Kappan*, noviembre de 2010.

La verdad es que resulta sorprendente. Para pronosticar los potenciales ingresos de un alumno de cuarto de primaria, hay que prestar menos atención a su puntuación objetiva en matemáticas y lengua, y bastante más a la opinión subjetiva de los profesores sobre sus patrones de conducta. Y aunque muchas personas creen que este comportamiento es innato, en realidad se aprende en la escuela infantil. Más allá del punto de partida de cada alumno, el aprendizaje de estas conductas sitúa a los estudiantes en el camino del éxito unas décadas más tarde.

Actuar por carácter

Cuando Aristóteles escribió sobre cualidades como tener disciplina y ser prosocial, las llamó «las virtudes del carácter».[10] Des-

10. Aristóteles, *Ética a Nicómaco*, Editorial Gredos, Barcelona, 2014.

cribió el carácter como un conjunto de principios que las personas adquieren y que se aplican a través de la fuerza de voluntad. Yo también solía ver el carácter de esta forma en el pasado, creía que consistía en comprometerse con un código moral claro. Pero mi trabajo consiste en mejorar y poner a prueba esa clase de ideas que a los filósofos tanto les gusta discutir. Durante las últimas dos décadas, las pruebas que he ido recopilando me han obligado a reconsiderar ese punto de vista. Ahora ya no veo el carácter como una cuestión de voluntad, sino más bien como un conjunto de habilidades.

El carácter es mucho más que tener unos principios. Es la capacidad adquirida para vivir a partir de esos principios. Las habilidades del carácter le otorgan a un procrastinador crónico la capacidad para cumplir con la fecha de entrega que le ha marcado una persona relevante; permiten a un tímido introvertido encontrar el valor para denuncia una injusticia; y enseñan al abusón de la clase a evitar una pelea a puñetazos con sus compañeros de equipo antes de un partido importante. Ésas son las habilidades que enseñan los maestros de preescolar y que cultivan los grandes entrenadores.

Cuando Maurice Ashley tuvo que designar al equipo de ajedrecistas para el campeonato nacional, un chico llamado Francis Idehen no se encontraba entre los ocho jugadores más destacados. Sin embargo, Maurice decidió seleccionarlo por sus habilidades del carácter. «Había otro niño que era mejor como jugador de ajedrez —me cuenta Francis—, pero no había desarrollado el autocontrol emocional que Maurice creía que era importante.»

Y cuando los Raging Rooks se estaban quedando rezagados en la penúltima ronda del campeonato nacional, Maurice Ashley no se sacó de la manga un libro de jugadas secretas. No les dijo ni una sola palabra sobre posibles estrategias. «Les recordé la importancia de la disciplina», afirma, una habilidad que habían entrenado juntos durante dos años.

Aquellas habilidades del carácter llamaron la atención de Bruce Pandolfini, un mítico entrenador de ajedrecistas que había guiado a muchos de sus pupilos hasta los campeonatos nacionales y mundiales. Después de observar la marcha triunfal de los Raging Rooks, Pandolfini expresaba así su fascinación:

> Nada los desconcertaba. La mayoría de los niños que se encuentran bajo presión empiezan a ir un poco más deprisa o a expresar sus emociones, pero ellos eran la excepción. Se tomaban su tiempo, y frente al tablero sólo mostraban una perfecta cara de póker. Nunca he visto a unos niños tan templados con esa edad. Eran como profesionales.

Si una de las piezas del tablero hubiera sido un caballo de Troya, Maurice habría escondido en su interior todo un ejército de habilidades del carácter. Fue lo que permitió a los Raging Rooks recuperarse mientras sus oponentes empezaban a desmoronarse. «Siempre nos estaba transmitiendo lecciones de vida sin recurrir a la mano dura —dice Francis—. No se trataba tanto de ejecutar un plan ajedrecístico como de comprenderse a uno mismo y dominar el ego. Ha sido algo fundamental en mi vida.»

Maurice había observado en primera persona el valor de las habilidades del carácter. Cuando era niño, vio que su madre lo sacrificaba todo para poder emigrar a Estados Unidos mientras su abuela se quedaba en casa para cuidar de él y sus hermanos. Cuando por fin pudo viajar a Nueva York una década después, sabía que las oportunidades no llamarían a su puerta, tendría que construir las suyas propias.

Después de tropezar con un libro de ajedrez en la biblioteca del instituto, Maurice decidió unirse al equipo escolar. Pero enseguida descubrió que no era lo bastante bueno. Así que se dedicó a mejorar, hasta convertirse en el capitán del equipo universitario. Cuando recibió una oferta para enseñar ajedrez en los colegios de Harlem por 50 dólares la hora, aceptó la propuesta sin pensárselo.

En la actualidad, si preguntas por Maurice a cualquier persona que forme parte del mundo del ajedrez, te responderá que es un brillante estratega. En mitad de una partida, si te enrocas en lugar de mover el alfil, podrá decirte el número de movimientos que necesitará para darte jaque mate, y si en el proceso perderás la reina. Ha jugado diez partidas simultáneas contra diez rivales diferentes, y les ganó a todos... con los ojos vendados. Aun así, cree que el carácter es más importante que el talento.

Las pruebas confirman que los principiantes y los niños aprenden a jugar más rápido al ajedrez si son más inteligentes, pero el intelecto se convierte en un factor prácticamente irrelevante para predecir el rendimiento de los jugadores adultos y avanzados.[11] En el ajedrez —como en la escuela infantil—, la ventaja inicial que reportan las habilidades cognitivas desaparece con el paso del tiempo. De media, es necesario invertir unas veinte mil horas de práctica para convertirse en un maestro del ajedrez, y unas treinta mil para llegar a ser un gran maestro.[12] Para seguir mejorando, necesitas la proactividad, la disciplina y la determinación para estudiar viejas partidas y nuevas estrategias.

Las habilidades del carácter sirven para mucho más que rendir al máximo nivel: permiten alcanzar metas más elevadas. Como concluía James Heckman, un economista ganador del Premio Nobel, tras analizar la investigación: las habilidades del carácter «predicen y producen el éxito en la vida».[13] Pero no crecen de la nada. Hay que disponer de la motivación y las oportunidades para poder educarlas.

Si lo montas, subirán por él

Cuando la gente habla de educación, suele referirse a la inversión continua que llevan a cabo padres y profesores para formar y

---

11. Burgoyne, Alexander P., et al., «The relationship between cognitive ability and chess skill: A comprehensive meta-analysis», *Intelligence*, 59 (2016), pp. 72-83.

12. Campitelli, Guillermo; y Gobet, Fernand, «Deliberate practice: Necessary but not sufficient», *Current Directions in Psychological Science*, 20, 5 (2011), pp. 280-285.

13. Heckman James J.; y Kautz Tim, «Hard evidence on soft skills», *Labour Economics*, 19, 4 (2012), 45164. Kautz, Tim, et al., «Fostering and measuring skills improving cognitive and non-cognitive skills to promote lifetime success», NBER 20749, diciembre de 2014.

apoyar a sus hijos y alumnos. Pero para que puedan aprovechar todo su potencial hay que hacer algo diferente. Se necesita un sistema de apoyo que sea específico para un período de tiempo que los prepare para dirigir su propio crecimiento y aprendizaje. Los psicólogos lo llaman «andamiaje».

En el sector de la construcción, un andamio es una estructura temporal que permite a los trabajadores escalar a unas alturas que están fuera de su alcance. Cuando la obra está terminada, esa estructura de apoyo se retira. A partir de ese momento, el edificio es capaz de sostenerse solo.

En el mundo del aprendizaje, el andamiaje cumple una función similar. Un profesor o un entrenador ofrece unas primeras instrucciones y después retira la estructura de apoyo. El objetivo es trasladar la responsabilidad, para que el alumno pueda desarrollar su propio método de aprendizaje independiente. Eso es lo que Maurice Ashley hizo por los Raging Rooks. Creó unas estructuras temporales para dotarlos de las oportunidades y la motivación para aprender.

Cuando empezó a dar clases de ajedrez, Maurice veía que otros profesores alineaban todas las piezas para enseñar las clásicas secuencias de apertura: el peón de rey avanza dos casillas, seguido del caballo, que se mueve una arriba y otra en diagonal. Pero él sabía que aprender las reglas puede ser aburrido y no quería que los chicos perdieran el interés. Así, cuando explicó por primera vez el juego a un grupo de alumnos de sexto de primaria, comenzó por el final. Puso un puñado de piezas sobre el tablero y empezó por el final de la partida. Enseñó a sus alumnos distintas formas de dar jaque mate a sus rivales. Esa estructura fue un primer fragmento del andamiaje.

Hay un refrán que dice «querer es poder».[14] Pero muchas veces pasamos por alto que cuando una persona no puede ver el camino, deja de soñar con el destino final. Para despertar su voluntad, hay que enseñarle que existe un camino. Y el andamiaje puede cumplir esa función.

14. «If there's a will, there's a way» en el texto original. Literalmente, «si hay voluntad, hay un camino». (*N. del t.*)

Al enseñarles el juego por el final, Maurice encendió la llama de la determinación. Una vez que los alumnos aprendieron a acorralar al rey, ya conocían el camino hacia la victoria. Cuando descubrieron la forma de ganar, ya tenían la voluntad para aprender. «No les dices a unos niños "Bueno, vais a aprender a tener paciencia, determinación y fortaleza". Porque se te quedarán dormidos en un minuto —comenta Maurice entre risas—. Les dices: "Este juego es divertido. Venga, voy a ganaros...". Despiertas sus ganas, su espíritu competitivo. Se sientan, se ponen a aprender el juego, y cuando empiezan a engancharse, y pierden una partida, quieren ganar la siguiente.» Días después, Kasaun Henry se tumbaba en la cama por las noches, imaginaba las sesenta y cuatro casillas en el techo de su habitación y jugaba partidas enteras en su imaginación.

Maurice también utilizó el andamiaje para que los jugadores se apoyaran mutuamente en el proceso de aprendizaje. Les enseñó métodos creativos para compartir sus técnicas: dibujaban viñetas con los movimientos de las piezas, escribían relatos de ciencia ficción sobre partidas de ajedrez y grabaron temas de hip-hop sobre cómo dominar el centro del tablero. Estaban aprendiendo a abordar un juego solitario como un ejercicio prosocial basado en el trabajo en equipo. Cuando un jugador se echó a llorar en el campeonato nacional, no se comportó así por haber perdido, sino porque estaba devastado por haber decepcionado a sus compañeros.

A medida que se iban convirtiendo en un equipo cohesionado, los jugadores empezaron a sentir la motivación y tener las oportunidades para aprender por su propia cuenta. Se comprometieron a registrar todos los movimientos de sus partidas en unas fichas, para que todo el grupo pudiera aprender de los errores de cada uno de sus miembros. No estaban obsesionados con ser el jugador más listo de la clase, su objetivo era que toda la clase fuera más inteligente.

El año anterior, en su primer campeonato nacional, los Raging Rooks habían terminado en el grupo del 10 por ciento más destacado, a pesar de tener pocos jugadores por las limitaciones presupuestarias. Cuando Maurice estableció el objetivo de ganar el torneo al año siguiente, fueron los jugadores quienes tomaron la iniciativa para trazar un plan. Como ya habían adquirido las habilidades necesarias, tenían la voluntad que les hacía falta. Crearon una especie de campamento de ajedrez improvisado, y dedicaron el verano a practicar y leer libros sobre la materia. Engatusaron a Maurice para que dedicara sus vacaciones de verano a entrenar al equipo. Ahora eran ellos los que llevaban las riendas.

En un mundo ideal, los estudiantes no tendrían que depender de un profesor de extraescolares para tener estas oportunidades. El andamiaje que Maurice construyó fue un sustitutivo de un sistema que no funciona.[15] Una madre le dijo que cuando vio a su hijo jugando al ajedrez, se dio cuenta de que no había creído en él. Maurice no sólo estaba ayudando a sus jugadores a descubrir su verdadero potencial, también estaba ayudando a sus padres y profesores a detectarlo.

Pocos tenemos la suerte de encontrar a un entrenador como Maurice Ashley. No siempre tenemos acceso a los mentores ideales, y nuestros padres y profesores no siempre están capacitados para proporcionar el andamiaje adecuado. Mi objetivo es que este libro se convierta en ese andamiaje.

Potencial oculto se divide en tres partes. La primera analiza cuáles son las habilidades del carácter concretas que nos catapultan a cotas más elevadas. Las descubrirás a través de la experiencia de un boxeador profesional que aprendió a hacer el trabajo de un arquitecto, de una mujer que escapó de la pobreza tras convertirse en una esponja humana, y de un par de personas

---

15. Desde un punto de vista empírico, las habilidades del carácter son más importantes para las personas que provienen de entornos desfavorecidos. En palabras de Maurice: «La opresión estructural y cultural multiplica la necesidad de desarrollar las habilidades que se aprenden a través de forjar el carácter. Tienes que ser fuerte cuando el yugo de la historia te aprieta el cuello desde hace generaciones». Haider, Zainab Faatimah; y Von Stumm, Sophie, «Predicting educational and social-emotional outcomes in emerging adulthood from intelligence, personality, and socioeconomic status», *Journal of Personality and Social Psychology*, 123, 6 (2022), pp. 1386-1406.

que en el colegio tenían serias dificultades con una asignatura y que hoy se cuentan entre las más grandes autoridades mundiales en la materia.

La segunda parte está dedicada a la creación de estructuras para mantener la motivación. Incluso con unas habilidades del carácter muy asentadas, nadie es inmune al desgaste, la duda o el estancamiento. Pero para hacer cosas importantes no hay que convertirse en un adicto al trabajo, y el proceso no tiene por qué llevar al límite del agotamiento. Para arrojar un poco de luz sobre la forma de utilizar el andamiaje para cobrar y mantener el impulso, te presentaré a un músico que construyó una estructura temporal para superar una discapacidad permanente, un entrenador que convirtió a un deportista decepcionante en una verdadera estrella y a una insólita promoción de oficiales del ejército que demostraron los graves errores que cometía la institución. Descubrirás por qué un entrenamiento no está completo sin el juego, por qué andar en círculos puede ser la mejor forma de avanzar y por qué tirar de uno mismo no significa trabajar en solitario.

La tercera parte se centra en la construcción de sistemas para ampliar las oportunidades. Las mismas puertas que la sociedad debería abrir a las personas con más potencial suelen estar cerradas para aquellas otras que han tenido que afrontar los mayores obstáculos. Por cada persona que da la sorpresa y alcanza el éxito después de haber sufrido el desprecio o el ninguneo, hay miles que nunca tienen una oportunidad. Vas a aprender a diseñar escuelas, equipos e instituciones que alimenten el potencial, en lugar de malgastarlo. Con una visita a un pequeño país que ha construido uno de los sistemas educativos más exitosos del mundo, verás cómo podemos conseguir que todos los niños salgan adelante. Analizar uno de los rescates más milagrosos de la historia humana te descubrirá todo lo que hace falta para que un equipo sea mucho más que la suma de sus partes. Y para averiguar cómo arreglar unos procesos de selección que no están funcionando, nos colaremos en los programas de la NASA y las universidades de la Ivy League para escoger a sus astronautas y alumnos. Si modificamos los sistemas que descartan a los candidatos de forma prematura, podremos ampliar las oportunidades de todas aquellas personas que parten con desventaja y que florecen más tarde que las demás.

Los problemas de los métodos para descubrir el potencial oculto me importan especialmente porque tengo experiencia en el tema. Mis logros personales más importantes han llegado en unos campos donde empecé con una evidente falta de talento. Gracias a unos entrenadores excepcionales, pasé de ser el peor saltador de trampolín de mi instituto a colarme entre los mejores del país, y de fracasar a lo grande cuando daba pequeñas charlas, a poner al público en pie en una conferencia TED. Si hubiera juzgado mi potencial por mis primeros fracasos, me habría rendido enseguida. Lo que aprendí por el camino me ayudó a crear mis propios andamiajes para avanzar en el futuro. Me dio la determinación para desmitificar los métodos que permiten superar nuestros supuestos límites.

Como científico social, comencé por los datos: experimentos aleatorios, estudios longitudinales y metaanálisis (estudios sobre estudios) que cuantifican unos resultados acumulativos. Sólo cuando recurrí a mis propias reflexiones y me puse a buscar historias que insuflaran vida a la investigación, conocí a personas que habían recorrido grandes distancias desde sus comienzos y que pudieron descubrir su potencial oculto en una amplia variedad de situaciones, desde las profundidades del mar y de la tierra a las cumbres de las montañas más altas e incluso del espacio exterior. Mi deseo era aprender cómo habían llegado tan lejos después de transformarse a sí mismos, a las personas de su entorno y, en ocasiones, al mundo que los rodeaba.

Eso es lo que hicieron los Raging Rooks. Su éxito resultó decisivo para transformar el mundo del ajedrez. Los profesores dicen que, desde que saltaron a la palestra, el porcentaje de jugadores pertenecientes a minorías raciales se ha cuadruplicado en los campeonatos nacionales. Maurice se ha convertido en una voz mundialmente reconocida que transmite el valor del ajedrez como vehículo para forjar el carácter, y el movimiento que tanto contribuyó a alimentar ahora ofrece programas de ajedrez en las escuelas de los barrios más desfavorecidos de Estados Unidos.

Una sola organización sin ánimo de lucro ha sido capaz de enseñar a jugar al ajedrez a más de medio millón de niños.

No hay ningún motivo para pensar que esta magia se restrinja al ajedrez.[16] Si la pasión de Maurice hubiera sido el debate, habría guiado a sus alumnos para que anticiparan los contraargumentos y se ayudaran los unos a otros para perfeccionar sus réplicas. Lo que marca la diferencia no es la actividad en cuestión, sino las lecciones que se aprenden. Como dice Maurice: «El verdadero logro es el crecimiento».

Gracias a la motivación y las oportunidades que Maurice supo generar, los Raging Rooks pudieron poner en práctica las habilidades del carácter en otros ámbitos muy alejados del ajedrez. La disciplina demostrada para resistirse a la tentación de tomar decisiones cortoplacistas les resultó muy útil para alejarse de las pandillas y de las drogas. La determinación y la proactividad adquiridas para memorizar patrones y anticipar movimientos también les sirvieron para estudiar mejor en los exámenes. Las habilidades prosociales desarrolladas cuando practicaban juntos y comentaban las partidas de sus compañeros les ayudaron a convertirse en grandes colaboradores y mentores de los demás.

La mayoría de los jugadores consiguieron sobreponerse a sus circunstancias. Jonathan Nock provenía de un barrio conflictivo donde había sufrido varios robos mientras jugaba en la cancha de baloncesto; hoy es programador de software y el fundador de

---

16. Sala, Giovanni; y Gobet, Fernand, «Do the benefits of chess instruction transfer to academic and cognitive skills? A meta-analysis», *Educational Research Review*, 18 (2016), pp. 46-57. Rosholm, Michael; Mikkelsen, Mai Bjørnskov; y Kamilla, Gumede, «Your move: The effect of chess on mathematics test scores», *PLoS ONE*, 12 (2017), e0177257. Bart, William M., «On the effect of chess training on scholastic achievement», *Frontiers in Psychology*, 5 (2014), art. 762. Jerrim, John, *et al.*, «Does teaching children how to play cognitively demanding games improve their educational attainment?», *Journal of Human Resources*, 53, 4 (2018), pp. 993-1021. Gobet, Fernand; y Campitelli, Guillermo, «Educational benefits of chess instruction: A critical review», en *Chess and education: Selected essays from the Koltanowski Conference*, Tim Redman, ed., Universidad de Texas, Estados Unidos, 2006.

una empresa de soluciones en la nube. Francis Idehen había tenido que esquivar apuñalamientos y tiroteos de camino al colegio; obtuvo un grado en Económicas por Yale y un MBA en Harvard, y hoy es el tesorero de la empresa de servicios públicos más grande de Estados Unidos, además del director de Operaciones de una agencia de inversiones. Kasaun Henry pasó de vivir en la calle y trabajar para un mafioso a sacarse tres títulos de máster y convertirse en un premiado compositor y director de cine. «El ajedrez desarrolló mi carácter —reflexiona Kasaun—. El ajedrez mejoró mi concentración y mi atención [...]. El ajedrez me despertó. Alguien puso una estrella en el cielo que seguirá brillando mientras viva.»

Al margen de sus brillantes carreras profesionales, el ajedrez animó a los Raging Rooks a crear oportunidades para los demás. Como creció al lado de cuatro *narcopisos*, Charu Robinson tenía muchos amigos que habían muerto asesinados o habían acabado en la cárcel. Después de derrotar a uno de los mejores jugadores de Dalton en el campeonato nacional de 1991, Charu obtuvo una beca completa para estudiar en aquella escuela de élite. Más adelante, se sacó un grado en Criminología y se convirtió en profesor. Quería devolver a los demás todo lo que había aprendido.

En 1994, el director de otra escuela de secundaria de Harlem que estaba a tres manzanas del JSH 43 suplicó a Maurice que entrenara a sus Dark Knights.[17] Durante los dos años siguientes, los equipos masculino y femenino ganaron dos campeonatos nacionales consecutivos. Por aquel entonces, Maurice ya estaba preparado para dar el próximo paso en su misión para hacer historia. Aparcó una temporada su trabajo como profesor de ajedrez para dedicarse a mejorar su propio juego. En 1999, Maurice se convirtió en el primer afroamericano en ser nombrado gran maestro de ajedrez.

17. «Caballeros Oscuros»; «knight» también es el caballo de ajedrez. (*N. del t.*)

Aquel mismo año, con un nuevo entrenador, los Dark Knights ganaron su tercer título nacional. El segundo entrenador era Charu Robinson, quien después se dedicaría a enseñar el juego a infinidad de niños en toda la ciudad. Los Raging Rooks no fueron unas rosas aisladas que crecieron de repente en las grietas del asfalto. Trabajaron la tierra para que pudieran florecer muchas más.

Cuando expresamos nuestra admiración por los grandes pensadores, líderes y emprendedores, casi siempre nos fijamos únicamente en los resultados que obtuvieron. Esta visión nos lleva a idolatrar a las personas que lo han conseguido todo y a ignorar a aquellas otras que lograron el máximo con lo mínimo. El verdadero indicador del potencial no es la altura de la montaña que se conquista, sino la distancia recorrida para poder llegar hasta ahí arriba.

Parte I

Habilidades del carácter. Mejorar en ser mejores

A finales del siglo XIX, el padre fundador de la psicología realizó una audaz declaración: «Al cumplir los 30 años —escribió William James—, el carácter se ha endurecido como el yeso, y nunca más volverá a ser maleable».[18] Los niños eran capaces de desarrollar el carácter, pero los adultos no tenían esa misma suerte.

Hace poco, un equipo de científicos sociales llevó a cabo un experimento para poner a prueba esta hipótesis. Contrataron a 1.500 emprendedores de África occidental —una mezcla de hombres y mujeres de 30, 40 y 50 años— que dirigían pequeñas *start-ups* dedicadas a las manufacturas, los servicios y el comercio. De manera aleatoria, distribuyeron a los emprendedores en tres posibles grupos. El primero era el grupo de control: iban a seguir haciendo su trabajo como siempre. Los otros dos eran grupos de formación: cada uno dedicaría una semana a aprender nuevos conceptos y a analizarlos a partir de casos prácticos protagonizados por otros emprendedores con la idea de aplicarlos después en sus propias *start-ups* mediante ejercicios de reflexión y simulación. La diferencia entre ambos grupos residía

---

18. James, William, *The principles of psychology*, vol. 2, Holt, Estados Unidos, 1890.

en el tipo de formación: uno estaría centrado en las habilidades cognitivas y el otro en las habilidades del carácter.

En la formación en competencias cognitivas, los emprendedores asistieron a un prestigioso curso sobre negocios creado por la International Finance Corporation. Estudiaron finanzas, contabilidad, recursos humanos, marketing y fijación de precios, y practicaron lo que habían aprendido para resolver problemas y detectar oportunidades. En la formación sobre las habilidades del carácter, los emprendedores asistieron a una clase diseñada por un grupo de psicólogos para aprender iniciativa personal. Estudiaron proactividad, disciplina y determinación, y luego pusieron en práctica esas cualidades.

La formación en las habilidades del carácter tuvo un impacto espectacular.[19] Después de que los emprendedores pasaran sólo cinco días trabajando esas competencias, los beneficios de sus empresas crecieron de media un 30 por ciento durante los dos años siguientes. Una cifra que casi triplicaba los beneficios derivados de aprender habilidades cognitivas. Es probable que estudiar marketing y finanzas les ofreciera las herramientas para invertir en posibles negocios, pero aprender proactividad y disciplina les permitió generar nuevas oportunidades. En vez de reaccionar a los cambios en el mercado, aprendieron a anticiparlos. Desarrollaron un mayor número de ideas creativas e introdujeron más productos nuevos. Cuando se topaban con un obstáculo financiero, en lugar de rendirse, exhibían más resiliencia y mayor capacidad para encontrar nuevas líneas de crédito.

Además de demostrar que las habilidades del carácter pueden proporcionar el impulso para lograr grandes cosas, estos datos demuestran que nunca es demasiado tarde para adquirirlas. William James era un hombre muy sabio, pero en esta cuestión estaba equivocado. El carácter no se solidifica como el yeso, conserva su plasticidad.

---

19. Campos, Francisco, *et al.*, «Teaching personal initiative beats traditional training in boosting small business in West Africa», *Science*, 357, 6357 (2017), pp. 1287-1290.

A menudo se confunde el carácter con la personalidad, pero no son lo mismo. La personalidad es la predisposición: los instintos básicos sobre la forma de pensar, sentir y actuar. El carácter es la capacidad para priorizar los valores por encima de los instintos.

Ser consciente de cuáles son tus principios no siempre significa que sabrás cómo ponerlos en práctica, sobre todo en situaciones de estrés o presión. Cuando las cosas van bien, es muy fácil ser proactivo y determinado. La verdadera prueba del carácter consiste en saber si serás capaz de mantenerte fiel a esos valores cuando todas las apuestas estén en tu contra. Si la personalidad es la forma de responder en un día normal y corriente, el carácter sería la manera de actuar en una jornada muy complicada.

La personalidad no es el destino, es una tendencia. Las habilidades del carácter permiten vencer esa tendencia para poder ser fieles a unos principios. No son los rasgos propios de una persona, es lo que uno decide hacer con ellos. No importa dónde te encuentres ahora mismo, no hay ninguna razón por la que no puedas desarrollar tus habilidades del carácter, y desde este preciso instante.

CÓMO MEJORAR EN ALGO

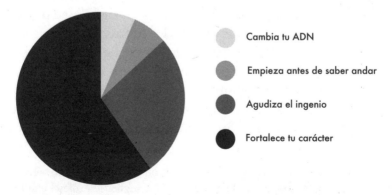

Fuente: Matt Shirley.

Durante demasiado tiempo, las habilidades del carácter, como la proactividad y la determinación, se han subestimado por ser «competencias blandas».[20] El origen del término se remonta a finales de la década de 1960, cuando unos psicólogos recibieron el encargo de ampliar los programas de formación del Ejército de Estados Unidos, para que no estuvieran dedicados únicamente al objetivo concreto de manejar un tanque o una ametralladora. Tras reconocer la importancia de las habilidades humanas, dieron un mayor énfasis a las capacidades relacionadas con el liderazgo y el trabajo en equipo, ya que permitían a un grupo ser más que la suma de sus partes, y a los soldados volver a casa sanos y salvos. Pero necesitaban una etiqueta para describir esos dos grandes grupos de habilidades diferentes, y ahí es cuando tomaron una decisión poco afortunada.

Los psicólogos llamaron a las habilidades relacionadas con los tanques y las ametralladoras «competencias duras», porque consistían en aprender a manejar unas armas hechas de acero y aluminio. «Las competencias blandas [eran las] importantes habilidades relacionadas con el trabajo que no implican ninguna interacción, o sólo un mínimo contacto, con las máquinas.» Esas competencias eran en realidad las habilidades sociales, emocionales y conductuales que los soldados necesitaban para poder realizar cualquier función, y sólo recibieron el adjetivo de *blandas* porque no implicaban trabajar con un objeto de metal. *Según esta definición, hasta las finanzas serían una competencia blanda.* Unos pocos años después, los psicólogos recomendaron dejar de usar el término: llamar *blanda* a una habilidad provocaba que pareciera vulnerable, cuando los soldados querían ser duros y resistentes. No se habían dado cuenta de que las habilidades del carácter podían ser su principal fuente de fortaleza.

Si las habilidades cognitivas son lo que nos diferencia de los animales, las habilidades del carácter son lo que nos coloca por encima de las máquinas. En la actualidad, los ordenadores y los

---

20. Whitmore, Paul G.; y Fry, John P., «Soft skills: Definition, behavioral model analysis, training procedures», ERIC Clearinghouse Professional Paper 3-74 (1974).

robots pueden fabricar coches, pilotar aviones, luchar en guerras, gestionar el dinero, defender a un acusado, diagnosticar el cáncer y practicar cirugía cardiovascular. En un momento en que se automatizan muchas habilidades cognitivas, nos encontramos inmersos en una auténtica revolución del carácter. Los avances tecnológicos otorgan un valor adicional a las interacciones y las relaciones personales, por lo que cada vez es más importante dominar las habilidades que nos hacen humanos.

Cuando la gente dice que la felicidad y el éxito son los objetivos más importantes en la vida, siento una gran curiosidad por conocer los motivos por los que el carácter no se encuentra en un lugar más destacado de la lista. ¿Qué ocurriría si todos invirtiéramos tanto tiempo en las habilidades del carácter como en las habilidades cognitivas? Imagínate el aspecto que tendría Estados Unidos si la Declaración de Independencia garantizara a cada ciudadano el derecho a la vida, a la libertad y a la búsqueda del carácter.

Después de estudiar las habilidades del carácter que liberan el potencial oculto, he identificado las expresiones concretas de la proactividad, la determinación y la disciplina que de verdad importan. Para recorrer grandes distancias, hay que tener la valentía para buscar la versión adecuada de la incomodidad, poseer la capacidad para absorber la información correcta y demostrar la voluntad para aceptar las imperfecciones pertinentes.

1

Criaturas de la incomodidad

Aceptar la insoportable vergüenza de aprender

> El carácter no puede desarrollarse en medio de la tranquilidad y el silencio. Sólo a través de la experiencia de probar y sufrir es posible fortalecer el alma, aclarar la visión, inspirar la ambición y alcanzar el éxito.
>
> Hellen Keller[21]

Cuando desarrolló sus superpoderes por primera vez, Sara Maria Hasbun no conocía a nadie que también tuviera aquel don.[22] Pero poco tiempo después encontró a una comunidad de desconocidos con los que por fin se sentía menos sola. En 2018, empezó a viajar por

---

21. Keller, Hellen, *Helen Keller's Journal*, Doubleday, Estados Unidos, 1938.
22. Entrevista personal, 14 de febrero de 2022. «Interview with Sara Maria Hasbun», International Association of Hyperpolyglots, 2022, <polyglotasociation.org/members/sara-maria-hasbun>. Fotheringham, John, «Polyglot & Miss linguistic founder Sara Maria Hasbun on how to learn a language like a linguist», *Language Mastery*, 3 de mayo de 2019. Sara Maria Hasbun, «I've learned 9 languages, all after the age of 21», *MissLinguistic*, 21 de agosto de 2018, <misslinguistic.com/i-learned-nine-languages>; «Interview with Sara Maria Hasbun» [vídeo], *Glossika*, YouTube, 21 de noviembre de 2019, <youtu.be/isErps6IuoA>.

el mundo para conocer a sus miembros. A primera vista tenían muy poco en común. Todos provenían de países diferentes y tenían profesiones distintas. Sin embargo, todos ellos habían forjado un vínculo alrededor de una misión tan excepcional como su talento.

Cuando Sara Maria se dispuso a conocer a su nueva comunidad, asumió un nuevo reto. En el momento de presentarse, les diría que era una emprendedora de California, y lo haría en el idioma que mejor encajara con el contexto. En Bratislava, saludó en eslovaco: «Ahoj, volám sa Sara Maria!». En Fukuoka, se dirigió a la gente en japonés: «Konnichiwa! Watashi no namae wa Sara Maria desu!». Cuando se quedó atrapada en China durante la pandemia, se presentó voluntaria para trabajar en una comunidad de personas sordas de Pekín, donde saludaba a la gente en el lenguaje de signos del país.

Podría parecer un truco barato, pero el dominio del lenguaje de Sara Maria le permitía trascender las presentaciones básicas. En uno de sus viajes, hizo buenas migas con un ingeniero irlandés llamado Benny Lewis.[23] En el transcurso de una hora, fueron capaces de dialogar en mandarín, español, francés, inglés y el lenguaje de signos estadounidense.

Sara Maria y Benny son políglotas: personas que pueden hablar —y pensar— en muchos idiomas diferentes. Sara puede hablar con soltura en cinco idiomas y en cuatro más a nivel conversación; Benny tiene una fluidez absoluta en seis lenguas y conocimientos intermedios de otras cuatro. Cuando cruzaron sus caminos en una reunión anual de políglotas, no tuvieron que buscar muy lejos para poder practicar los idiomas que no compartían. Sara Maria suele encontrar a desconocidos que le permiten refrescar sus nociones de coreano o indonesio, y que la ayudan a desempolvar su rudimentario cantonés, ma-

---

23. Correspondencia personal, 2 de abril de 2023. Williams, Martin, «Natural-born linguists: What drives multi-language speakers?», *The Guardian*, 5 de septiembre de 2013. Laimboeck, Andreas, «How far did Benny Lewis get to learn fluent mandarin in three months?», LTL Language School, 28 de febrero de 2023. Lewis, Benny, *Fluent in 3 months: How anyone at any age can learn to speak any language from anywhere in the world*, HarperOne, Estados Unidos, 2014, <fluentin3months.com>.

layo o tailandés (ha tenido menos suerte para encontrar a un interlocutor con quien recuperar el lenguaje de signos nicaragüense). Y sólo es cuestión de tiempo que Benny pueda encontrar a un amigo con quien charlar en alemán, gaélico, esperanto, neerlandés, italiano, portugués y, sí, también en klingon.

Lo que más impresiona de estos políglotas no es lo mucho que saben, sino sobre todo lo rápido que aprenden. En menos de una década, Sara Maria aprendió seis idiomas partiendo de cero. Por su parte, Benny sólo necesitó vivir un par de meses en la República Checa para desenvolverse en un checo bastante decente, tres meses en Hungría para mantener una conversación en húngaro, otros tres más para comprender el árabe egipcio (mientras residía en Brasil) y cinco en China para comunicarse a un nivel intermedio y debatir durante una hora sólo en mandarín.

Yo siempre había dado por sentado que los políglotas son unos fenómenos de la naturaleza. Han nacido con una habilidad extraordinaria que se manifiesta cuando tienen la oportunidad de adquirir una nueva lengua extranjera. Uno de mis compañeros de habitación en la universidad pertenecía a esta especie: hablaba seis idiomas y a menudo usaba su habilidad con el lenguaje para inventar nuevas expresiones. Mi favorita, que puedes usar cuando alguien te tire encima su equipaje de mano: «Por favor, no me *maletes*». Me fascinaba la rapidez con la que dominaba un idioma nuevo y la facilidad con que saltaba de uno a otro.

Cuando me encontré con Sara Maria y Benny, imaginé que ambos estarían programados de una forma similar. Pero no podía estar más equivocado.

Cuando era niño, Benny estaba convencido de que carecía incluso de la capacidad para ser bilingüe. En el colegio, completó once años de gaélico y cinco de alemán, pero no era capaz de mantener una conversación en ninguna de las dos lenguas. Después de la universidad, decidió irse a vivir a España, pero seis meses después aún no podía hablar en castellano. Cuando cumplió los 21 años, sólo podía hablar con fluidez en inglés y estaba a punto de rendirse: «Me seguía diciendo a mí mismo que no tenía el gen de los idiomas».

Sara Maria también tuvo unos comienzos difíciles. A pesar de estudiar español durante seis años, seguía siendo monolingüe. Estaba convencida de que ya había superado la edad ideal para adquirir un nuevo idioma. Aunque su padre había nacido en El Salvador, durante los primeros años de su vida apenas tuvo contacto con el español porque él hablaba un inglés excelente.

> Era el idioma que usábamos en casa. Cuando empecé a estudiar español en el instituto, me quedé anonadada al ver lo difícil que era para mí [...]. Se supone que es una de las lenguas más fáciles de aprender para los hablantes de inglés [...], pero realmente tenía serias dificultades. Incluso mis profesores del instituto se ponían nerviosos por mi incapacidad para aprenderlo [...]. La gente siempre se me acercaba hablando en castellano, y me partía el corazón de verdad no poder responderles [...]. ¿Por qué no podía aprender ese idioma cuando tantas personas a mi alrededor parecían estar aprendiendo otras lenguas sin ningún esfuerzo?

Después de pedirle a su padre durante años que la ayudara con los deberes de español, él llegó a insinuar que nunca sería capaz de hablarlo, aunque no debía preocuparse porque en Estados Unidos no lo necesitaba. Lo mejor que podía hacer era pasar página y dedicar su tiempo a otras cosas que se le dieran mejor.

A muchas personas les encantaría aprender un nuevo idioma, pero creen que el camino a recorrer es demasiado largo. Algunas, como Benny, llegan a la conclusión de que carecen de la habilidad natural. Otras, como Sara Maria, creen que ya han dejado escapar la oportunidad, es decir, que si hubieran empezado a estudiarlo en la infancia, podrían haberlo aprendido. Pero como demuestra una cantidad de pruebas cada vez más abrumadora, la ralentización de la capacidad de aprendizaje de un idioma, que se produce hacia los 18 años, no es un rasgo inherente a nuestra fisiología.[24] Es un fallo de la educación.

Los políglotas son la prueba de que es posible dominar un

---

24. Hakuta, Kenji; Bialystok, Ellen; y Wiley, Edward, «Critical evidence: A test of the critical-period hypothesis for second-language acquisition», *Psychological Science*, 14, 1 (2003), pp. 31-38. Slik, Frans van der, *et al.*, «Critical period claim revisited: Reanalysis of Hartshorne, Tenenbaum, and Pinker

lenguaje nuevo después de haber entrado en la edad adulta. En cuanto descubrí a Sara Maria y a Benny en internet, supe que debía investigar su método a fondo, porque hoy se han convertido en estudiantes profesionales. Me sorprendí al descubrir que, cuando por fin adquirieron su primera lengua extranjera, no lo lograron después de superar algún tipo de bloqueo cognitivo. Lo consiguieron tras eliminar un obstáculo motivacional: se sentían cómodos cuando estaban incómodos.

Transformarse en una criatura de la incomodidad puede liberar el potencial oculto en muchas formas de aprendizaje. Reunir el valor para afrontar la incomodidad es una habilidad del carácter: una versión de la determinación que resulta especialmente importante. Requiere tres tipos de valentía diferentes: abandonar los métodos de probada eficacia, subirse al ring antes de sentirse preparado y cometer más errores que el resto de la gente. La mejor forma de acelerar el crecimiento es aceptar, buscar y aumentar la incomodidad.

Fuente: Liz Fosslien.

(2018) suggests steady decline and learner-type differences», *Language Learning*, 72, 1 (2022), pp. 87-112.

Olvidarse del estilo

En las escuelas existe una práctica bastante habitual que disuade a los alumnos de buscar esa clase de incomodidad. Surgió en su momento como una solución bienintencionada a un problema generalizado del sistema educativo estadounidense. Durante décadas, la gestión de muchos centros se asemejaba a la cadena de montaje de una fábrica. Se trataba a los estudiantes como si fueran piezas intercambiables de un sistema de producción en masa de mentes jóvenes. A pesar de que los alumnos tenían virtudes diferentes, estaban atrapados en la adquisición de unos conocimientos uniformes a través de unas mismas clases y lecciones estandarizadas.

En la década de 1970, una nueva corriente de pensamiento dio la vuelta al mundo de la educación. La premisa central era que si un alumno tenía dificultades, la causa residía en que el método de enseñanza no estaba ajustado a su estilo de aprendizaje, es decir, a la vía cognitiva a través de la cual adquiere y retiene mejor la información. Para comprender cualquier concepto nuevo, los alumnos verbales necesitaban leerlo y escribirlo; los visuales tenían que verlo dibujado en imágenes, diagramas y gráficos; los auditivos requerían oírlo en voz alta; y los kinestésicos precisaban convertir aquel conocimiento en una acción con movimientos corporales.

La teoría de los estilos de aprendizaje obtuvo una popularidad espectacular. Los padres estaban entusiasmados ante la idea de que por fin se reconociera la individualidad de sus hijos. Y los profesores estaban encantados ante la posibilidad de variar sus métodos y personalizar sus materiales.

En la actualidad, la teoría de los estilos de aprendizaje es una piedra angular de la formación del profesorado y en la experiencia del alumnado. En todo el mundo, el 89 por ciento de los profesores creen en la idea de adaptar las clases a los estilos de aprendizaje de los alumnos.[25] De hecho, muchos estudiantes me han dicho que prefieren los podcasts a los libros porque son per-

---

25. Newton, Philip M.; y Salvi, Atharva, «How common is belief in the learning styles neuromyth, and does it matter? A pragmatic systematic review», *Frontiers in Education*, 5 (2020), 602451.

sonas auditivas. ¿Has decidido leer este libro con los ojos porque te identificas como una persona verbal o visual?

Pero la teoría de los estilos de aprendizaje tiene un pequeño problema. Es un mito.

Cuando un equipo de expertos realizó un análisis exhaustivo de varias décadas de investigación sobre los estilos de aprendizaje, descubrió una alarmante ausencia de pruebas que confirmaran la teoría.[26] En experimentos controlados con contenidos concretos y estudios longitudinales, que se llevaron a cabo durante todo un semestre, ni los alumnos jóvenes ni los adultos sacaban mejores notas en los exámenes cuando los profesores o los hábitos de estudio se adaptaban a sus habilidades o preferencias.[27,28] «No existe una base empírica adecuada que justifique la incorporación del análisis de los estilos de aprendizaje en la práctica educativa general —concluían los investigadores—. El contraste entre la enorme popularidad de las aproximaciones basadas en los estilos de aprendizaje en el sistema educativo y la ausencia de pruebas creíbles sobre su utilidad es [...] sorprendente y alarmante.»

Nadie quiere volver al rígido modelo industrial de aprendizaje. Pero tampoco habría que encasillar a la gente en un estilo rígido. Desde luego, es posible tener un estilo preferido cuando hay que aprender una habilidad o un concepto nuevos. Pero ahora sabemos que esa preferencia no está prefijada, y que si sólo apelamos a los puntos fuertes de un alumno, le privamos de la posibilidad de mejorar en sus puntos débiles.[29]

---

26. Pashler, Harold, et al., «Learning styles: Concepts and evidence», *Psychological Science in the Public Interest*, 9, 3 (2008), pp. 105-109.

27. Massa, Laura J.; y Mayer, Richard E., «Testing the ATI hypothesis: Should multimedia instruction accommodate verbalizer-visualizer cognitive style?», *Learning and Individual Differences*, 16, 4 (2006), pp. 321-335.

28. Husmann, Polly R.; y O'Loughlin, Valerie Dean, «Another nail in the coffin for learning styles? Disparities among undergraduate anatomy students' study strategies, class performance, and reported VARK learning styles», *Anatomical Sciences Education*, 12, 1 (2019), pp. 6-119.

29. An, Donggun; y Carr, Martha, «Learning styles theory fails to explain learning and achievement: Recommendations for alternative approaches», *Personality and Individual Differences*, 116, 1 (2017), pp. 410-416.

El estilo que más te gusta para aprender te hace sentir muy cómodo, pero no tiene por qué ayudarte a hacer las cosas mejor. En algunos casos, incluso podrías aprender mejor con el método que te hace sentir más incómodo, porque te obliga a esforzarte más. Ésa es la primera forma de valentía: tener el valor suficiente para aceptar la incomodidad y tirar a la basura tu estilo de aprendizaje favorito.

En este sentido, uno de los mejores ejemplos que conozco proviene del mundo de la comedia. Cuando en los años sesenta Steve Martin empezó a hacer sus primeros monólogos, fracasaba una y otra vez.[30] Durante una función, un airado espectador llegó a levantarse del asiento para tirarle encima una copa de vino. «No tenía talento natural», reflexiona Steve. Sus primeros críticos estaban de acuerdo: uno de ellos escribió que era «el error de programación más grave de la historia de Los Ángeles».

Si tratamos de imaginar el método que utilizan los grandes intérpretes para dominar su oficio, parece natural que mejoren tras escuchar, observar y actuar. Eso es lo que hacía Steve: escuchaba el material de otras personas, observaba sus gestos, añadía una ración de sus propias historias y ensayaba para ofrecer el resultado sobre el escenario. A pesar de dedicar infinidad de horas a preparar sus actuaciones, el espectáculo final resultaba bastante deslucido. Una noche se pasó cinco minutos enteros sin escuchar ni una sola risa... y después cinco minutos más... y cinco más. Mientras sudaba la gota gorda sobre el escenario, no escuchó ni una tímida risita durante veinte largos minutos. Con observar, escuchar y actuar no había suficiente para alimentar su desarrollo como actor.

La única forma de entender la comedia que Steve había descartado era la escritura; no era su estilo. No le gustaba nada

---

30. Martin, Steve, *Born standing up: A comic's life*, Scribner, Estados Unidos, 2007; *Cruel shoes*, G. P. Putnam's Sons, Estados Unidos, 1979; y *Pure drivel*, Hyperion, Estados Unidos, 1998. Shearer, Harry; y Martin, Steve, «Not wild but witty repartee with Martin, Shearer», *Los Angeles Times*, 9 de diciembre de 1998. Clinch, Catherine, «No art comes from the conscious mind», *Creative Screenwriting*, 8 de marzo de 2016. Gimbel, Steven, *Isn't that clever: A philosophical account of humor and comedy*, Taylor & Francis, Estados Unidos, 2017.

escribir porque no le salía de forma natural: «Era difícil, muy difícil».

Si tú también te sientes así cuando tienes que escribir, que sepas que no estás solo. Algunos de los mejores escritores que conozco serían capaces de hacer casi cualquier cosa para postergar la escritura.[31] La procrastinación es un problema habitual siempre que te ves obligado a salir de tu zona de confort. Según la descripción del bloguero Tim Urban, el cerebro está secuestrado por el mono de la gratificación instantánea, que escoge lo que le parece fácil y divertido antes que el trabajo difícil que está obligado a hacer.[32] Mientras tanto, durante ese tiempo sólo eres capaz

31. Si escribir no es tu método de aprendizaje favorito, el síndrome de la página en blanco quizás sea la peor sensación de incomodidad que experimentas cuando tienes que poner tus ideas sobre el papel. Como bromeaba Steve Martin: «El síndrome de la página en blanco es un término muy sofisticado, inventado por unos quejicas que así tienen la excusa perfecta para beber alcohol». Pero hay una razón por la que no hablamos de algo parecido en el caso de los carpinteros o los bailarines. El síndrome de la página en blanco es en realidad un bloqueo mental: te quedas en blanco porque no has pensado en lo que tienes que decir. Algunos novelistas se ponen a tono tecleando frases de algún libro que les encanta. Yo encuentro las ideas mientras respondo correos electrónicos: es como un calentamiento que me sirve para coger impulso. Si escribir se convierte en una rutina habitual, al final las palabras se vuelcan en la página con la misma fluidez que si salieran de la boca. Los psicólogos han descubierto que cuando se pide a un grupo de personas que dediquen cada día un rato a escribir, su producción se multiplica por cuatro, y que dedicar sólo quince minutos al día es suficiente para hacer progresos. Y ahora tenemos los motores de inteligencia artificial (IA) para que nos echen una mano. En experimentos preliminares, cuando se pedía a un grupo aleatorio de profesionales que usaran herramientas como ChatGPT y Bing, sus textos mejoraban tanto en calidad como en cantidad —sobre todo en el caso de los malos escritores—, ya que el énfasis se traslada de la redacción del borrador a la generación de ideas y la corrección. Para que quede claro, no he escrito ni una sola palabra de este libro usando una IA. Aunque eso es seguramente lo que diría una IA. Boice, Robert, *Professors as writers: A self-help guide to productive writing*, New Forums, Estados Unidos, 1990. Noy, Shakked; y Zhang, Whitney, «Experimental evidence on the productivity effects of generative artificial intelligence», SSRN, 1 de marzo de 2023.

32. Urban, Tim, «Why procrastinators procrastinate», Wait But Why, 30 de octubre de 2013.

de expresar una profunda sensación de ineptitud y ociosidad. Toda tu autoestima se reduce a cenizas por la vergüenza.

Muchas personas asocian la procrastinación con la vagancia. Pero los psicólogos han descubierto que la procrastinación no es un problema de gestión del tiempo, sino de gestión de las emociones.[33] Cuando alguien procrastina, no evita el esfuerzo. Está evitando las emociones incómodas que la actividad desencadena. Antes o después, sin embargo, se da cuenta de que también está evitando llegar al destino que ha elegido.

Durante una temporada, Steve Martin procrastinaba a la hora de escribir sus propios chistes. ¿Por qué tenía que sentarse solo a hacer algo que odiaba cuando era mucho más divertido inspirarse en el material de otras personas e improvisar sobre el escenario? El mono de la gratificación instantánea había pasado al asiento del conductor. Pero después de unos cuantos años haciendo monólogos sin resultados, tuvo «la horrible revelación de que si alguna vez llegaba a tener éxito como cómico —recuerda Steve—, tendría que escribirlo todo por mí mismo».

Steve trató de encontrar el valor para alejarse de su zona de confort. Aprendería a escribir chistes. Cuando oyó que un programa de variedades estaba buscando jóvenes guionistas, envió el material que tenía, aunque no consiguió pasar el corte. «No sabía cómo escribir», me dijo Steve.[34] Sin embargo, el jefe del equipo de guionistas decidió darle una oportunidad: había visto a Steve tocando el banjo, le parecía algo poco convencional y decidió pagarle con lo que ganaba por su propio trabajo. Pero cuando Steve recibió el encargo de escribir una breve presentación para el programa, se quedó paralizado. El síndrome de la página en blanco era tan grave que, tras sentirse incapaz de escribir una sola palabra, llamó por teléfono a su compañero de piso para pedirle prestado un chiste. Fue lo bastante bueno como para que le ofrecieran un contrato.

---

33. Sirois, Fuschia M., *Procrastination: What it is, why it's a problem, and what you can do about it*, APA LifeTools, Estados Unidos, 2022. Grant, Adam, «The real reason you procrastinate», *WorkLife*, 10 de marzo de 2020.

34. Grant, Adam, «Steve Martin on finding your authentic voice», *Re: Thinking*, 4 de mayo de 2023.

Durante unos pocos años, Steve escribía para la televisión de día y hacía monólogos de noche. Escribir todavía requería un gran esfuerzo, pero poco a poco empezaba a sentirse más cómodo con el proceso. Mientras tanto, seguía fracasando a lo grande sobre el escenario. Su agente le dijo: «Dedícate a escribir».

Lo que su agente no sabía es que Steve estaba creciendo como intérprete a través de la escritura. Cuando estaba sobre el escenario, recurrir a la improvisación facilitaba que se pusiera a divagar. Pero con el papel delante, escribir le obligaba a deshacerse de la paja. El doloroso proceso de escribir le enseñó a pulir el material hasta reducirlo a sus elementos básicos, «Porque todo consiste en quedarse con la esencia de algo —recuerda—. La forma de estructurar un chiste no puede ser demasiado elaborada». Hasta que no aceptó la incomodidad de escribir, no pudo perfeccionar su habilidad para crear chistes con un remate tan eficaz como éste:

> Presenté un guion el año pasado y el estudio no cambió una palabra. La palabra que no cambió estaba en la página 87.[35]

A mediados de los años setenta, Steve era uno de los monologuistas cómicos más populares de Estados Unidos. Llenaba grandes auditorios con sus giras por todo el país, obtuvo un disco de platino con un elepé de chistes e interpretaba sus monólogos en *Saturday Night Live*. Por el camino, aprendió a disfrutar del proceso de escritura, lo que también le abrió las puertas a una carrera como actor: sin la capacidad para redactar guiones, nunca habría escrito y protagonizado la película que le dio la fama, *Un loco anda suelto* (1979).

He visto a muchas personas alejarse de la escritura porque no les sale de manera natural. No se dan cuenta de que la escritura es mucho más que un medio de comunicación, es una herramienta de aprendizaje. La escritura revela las lagunas en el conocimiento y el razonamiento lógico. Obliga a articular conje-

---

35. Martin, Steve, presentador, 75.ª Edición de los Premios de la Academia, 24 de marzo de 2003.

turas y pensar en contraargumentos. Una redacción confusa es un indicador de una mente confusa. O como el propio Steve decía bromeando: «Algunas personas tienen un don con las palabras, y otras personas, esto... eeh, no tienen un don».

La moraleja es que todas las personas a las que les desagrada escribir deberían ponerse a hacerlo, cueste lo que cueste. Porque si evitamos la incomodidad de aprender técnicas que no salen a la primera, limitamos nuestro propio crecimiento. En palabras del gran psicólogo Ted Lasso: «Si te sientes cómodo, es que lo estás haciendo mal».[36] Ese descubrimiento fue lo que lanzó a nuestros políglotas al aprendizaje de idiomas.

Salir a la palestra

Los partidarios de los estilos de aprendizaje nos habían hecho creer que los contenidos verbales eran buenos para una persona y que los auditivos eran adecuados para otra. Pero el aprendizaje no siempre consiste en encontrar el método adecuado para cada persona. En muchos casos, se trata de encontrar el método adecuado para la tarea.

Tenemos un ejemplo fascinante en un experimento donde un grupo de estudiantes tenía que asimilar un artículo científico en sólo veinte minutos. La mitad del grupo recibió la misión de leer el contenido, mientras que la otra tenía que escucharlo. Los oyentes disfrutaron más del texto que los lectores, pero cuando dos días después preguntaron a los primeros por el contenido, estaba muy claro que habían aprendido menos.[37] Los oyentes obtuvieron una puntuación del 59 por ciento, mientras que los lectores sacaron un 81 por ciento.

Aunque escuchar suele ser más divertido, leer mejora la comprensión y la memoria. Mientras que escuchar fomenta el razo-

---

36. *Ted Lasso*, «Piloto», 14 de agosto de 2020.
37. Daniel, David B.; y Woody, William, «They hear, but do not listen: Retention for podcasted material in a classroom context», *Teaching of Psychology*, 37, 3 (2010), pp. 199-203.

namiento intuitivo, leer activa un procesamiento más analítico.[38] Y es así tanto en inglés como en chino: los seres humanos demostramos un mejor razonamiento lógico cuando las mismas preguntas, adivinanzas y acertijos se presentan en un formato escrito que en otro sonoro. Con la palabra impresa, la lectura se ralentiza de manera natural al comienzo de cada párrafo para procesar la idea central, y los encabezados y puntos y aparte se utilizan para fragmentar la información.[39] En lo que se refiere al pensamiento crítico, y salvo si existe un trastorno del aprendizaje o de la lectura que dificulta el análisis textual, no hay alternativa a la palabra impresa.[40]

Pero aprender un idioma extranjero requiere un enfoque distinto. En el colegio, Sara Maria Hasbun aprendía el vocabulario y la gramática mediante la lectura de libros de texto y la elaboración de cientos de tarjetas. Las clases no requerían ha-

---

38. Geipel, Janet; y Keysar, Boaz, «Listening speaks to our intuition while reading promotes analytic thought», *Journal of Experimental Psychology: General*, 152, 4 (2023), pp. 1054-1068.

39. Willingham, Daniel T., «Is listening to a book the same thing as reading it?», *The New York Times*, 8 de diciembre de 2018.

40. Si el objetivo es mejorar la inteligencia social y emocional, es probable que salga más a cuenta prestar atención a las señales auditivas que a las visuales. Las investigaciones revelan que si puedes oír la voz de un amigo o un extraño, cerrar los ojos no afecta a la precisión en la interpretación de las emociones. En cambio, malinterpretamos una y otra vez las expresiones faciales y el lenguaje corporal. El tono de voz es una señal más pura y precisa de los sentimientos humanos. Los problemas que encontramos para tratar de entender las emociones de un mensaje de texto se deben a que no podemos oír el tono de voz de la otra persona, no a que no podamos ver su cara. Lo mismo ocurre al detectar una mentira: si quieres descubrir si un sospechoso te está diciendo la verdad, las pistas verbales son más fiables que las señales no verbales. Cuando alguien sonríe, no tiene por qué estar diciendo que es digno de tu confianza, quizás está experimentado el placer del engaño, la excitación de salirse con la suya gracias a una mentira. En cuanto a la escucha, las verdaderas señales de alarma incluyen una voz temblorosa, el tono sube e incongruencias en el relato. Kraus, Michael W., «Voice-only communication enhances empathic accuracy», *American Psychologist*, 72, 7 (2017), pp. 644-654. Vrij, Aldert; Granhag, Pär Anders; y Porter, Stephen, «Pitfalls and opportunities in nonverbal and verbal lie detection», *Psychological Science in the Interest*, 11, 3 (2010), pp. 89-121.

blar demasiado, y no se sentía preparada para practicar hasta que no hubiera aprendido de memoria una gran cantidad de vocabulario. Tenía miedo de parecer tonta, por lo que evitaba por completo la incomodidad y seguía hablando en inglés.

En la universidad, Sara Maria decidió especializarse en Lingüística. Pero se dio cuenta de que su enfoque era parecido a leer un montón de libros sobre piano o patinaje artístico, y entonces creer que ya era capaz de tocar un concierto como Clara Schumann o hacer un triple *axel* como Kristi Yamaguchi. Por mucho que te concentres, es imposible ver un acento castellano con los ojos, visualizar un diagrama de ese sonido en la mente o interiorizarlo con una danza interpretativa. Para comprender ese acento, hay que escucharlo con los oídos. Para hablarlo, hay que practicar pronunciando las palabras en voz alta.

Como era de esperar, y según un metaanálisis de docenas de experimentos, tanto los jóvenes como los adultos tienen muchas más posibilidades de comprender y hablar bien un nuevo idioma si aprenden a producirlo, en lugar de si sólo se limitan a comprenderlo.[41] También aprenden mejor en un «aula invertida» que les exija estudiar el vocabulario antes de la clase para después practicarlo con los compañeros.[42] La frase «Lo que no se usa se acaba perdiendo» no hace justicia a la realidad. Porque si no lo usas, en realidad podría ocurrir que ni siquiera llegues a aprenderlo.

Sin embargo, no basta con aceptar una pequeña incomodidad cuando se presenta de repente. Curiosamente, todo va mucho mejor cuando buscamos la incomodidad de manera intencionada. Eso fue lo que hizo Sara Maria cuando se fue a vivir a

---

41. Shintani, Natsuko, «The effectiveness of processing instruction and production-based instruction on L2 grammar acquisition: A meta-analysis», *Applied Linguistics*, 3 (2015), pp. 306-325. Shintani, Natsuko; Li, Shaofeng; y Ellis, Rod, «Comprehension versus production-based grammar instruction: A meta-analysis of comparative studies», *Language Learning*, 63, 2 (2013), pp. 296-329.

42. Vitta, Joseph P.; y Al-Hoorie, Ali H., «The flipped classroom in second language learning: A meta-analysis», *Language Teaching Research*, 27, 5 (2023), pp. 1268-1292.

Madrid para dar clases de inglés y escogió vivir con una familia que sólo hablaba castellano. Al final del verano, ya era capaz de hablar con soltura. Se dio cuenta de que si podía sentirse cómoda en una situación incómoda, entonces podía aprender cualquier idioma.

Mientras hablaba con Sara sobre su gran revelación, a mí se me encendió la bombilla. La comodidad en el aprendizaje es una paradoja. Es imposible que te sientas cómodo con una habilidad hasta que no has practicado tanto que ya la dominas del todo. En cambio, practicar esa habilidad antes de dominarla resulta muy incómodo, por lo que a menudo evitamos pasar por ahí. Acelerar el aprendizaje requiere una segunda forma de valentía: tener el valor suficiente para usar los conocimientos a medida que se adquieren.

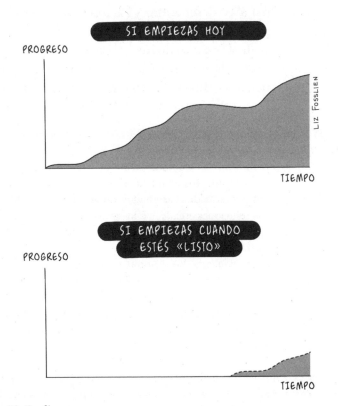

Fuente: Liz Fosslien.

Torpes a propósito

En un inteligente experimento, las psicólogas Kaitlin Woolley y Ayelet Fishbach observaron a cientos de personas que se habían apuntado a clases de improvisación de monólogos cómicos y les pidieron que se centraran en objetivos diferentes. Las que más persistieron —y las que asumieron los mayores riesgos creativos— no eran aquellas a quienes se les había pedido que se centraran en el aprendizaje. Eran aquellas que habían recibido el consejo de buscar la incomodidad de manera intencionada. «Tu objetivo es sentirte torpe e incómodo [...] es una señal de que el ejercicio está funcionando», decían las instrucciones. Cuando los participantes entendían la incomodidad como una señal de crecimiento, sentían la motivación para alejarse de su zona de confort.[43]

También funciona con los adversarios políticos. Por regla general, para animar a los demócratas y los republicanos a abandonar sus cajas de resonancia, les pedimos que busquen información nueva. Pero en el proceso de investigación, si se les pide, en cambio, que busquen la incomodidad, las posibilidades de que se descarguen artículos afines al otro bando aumentan.[44] Cuan-

---

43. Woolley, Kaitlin; y Fishbach, Ayelet, «Motivating personal growth by seeking discomfort», *Psychological Science*, 33, 4 (2022), pp. 510-523.

44. Sentirse cómodos con la incomodidad también es esencial para los grupos. En una serie de experimentos conducidos por la experta en técnicas de gestión Kathy Phillips, los individuos asignados a unos grupos racialmente diversos generaban más soluciones creativas a los problemas y tomaban decisiones más inteligentes que aquellos otros repartidos en los grupos de orígenes similares. Aunque lo habían hecho mejor, pensaban que les había ido peor; la diversidad los hacía sentir incómodos. Aunque suene irónico, la incomodidad había sido uno de los motores de su éxito: los obligaba a pensar de una manera más sistemática, prepararse con mucha más meticulosidad, explicarse con mayor claridad y escuchar con más atención. Tal como concluyeron Kathy y sus colegas, aceptar la incomodidad puede ayudar a las personas a «convertir el dolor afectivo en un beneficio cognitivo». Phillips, Katherine W.; Liljenquist, Katie A.; y Neale, Margaret A., «Is the pain worth the gain? The advantages and liabilities of agreeing with socially distinct newcomers», *Personality and Social Psychology Bulletin*, 35, 3 (2009), pp. 336-350. Ver también Sommers, Samuel R., «On racial diversity and group decision making: Identifying multiple effects

do la incomodidad es un indicador del desarrollo personal, no queremos alejarnos de esa sensación. Al contrario, queremos tropezar con esa incomodidad para continuar creciendo.

Siete meses antes de su boda, Sara Maria decidió sorprender a su marido y su familia política haciendo el brindis del banquete en su lengua materna, el cantonés. La idea le resultaba aterradora, y por eso parecía tan excitante. Escribió un borrador en inglés y contrató a un profesor particular para que lo tradujera al cantonés y lo grabara en voz alta. Acto seguido, utilizó la grabación como si fuera una canción de una lista de reproducción. La escuchó una y otra vez hasta que se la supo de memoria. La recitaba de camino al supermercado, sin decirle nada a su futuro marido para poder darle una buena sorpresa.

Como imaginaba que su familia política la pondría a prueba después del brindis, empezó a hacer algo que llamó «*espamear* el cerebro». Escuchaba podcasts y veía películas en cantonés. Cada día practicaba en secreto hablando con un profesor cantonés, mientras aceptaba el dolor de presentarse con las palabras incorrectas y la vergüenza de recitar su monólogo en un tono inadecuado. Tenía pesadillas en las que tropezaba y se atascaba, pero también se recordaba a sí misma que sentirse torpe y cometer errores era una señal de que estaba aprendiendo. Pronunció a la perfección el brindis del banquete de bodas, que la obligaba a utilizar nueve tonos diferentes de la forma correcta. Después, bromeó con la abuela de su marido, que sólo hablaba cantonés, y su familia política le expresó lo mucho que significaba para ellos que hubiera hecho el esfuerzo de honrar su cultura aprendiendo el idioma.

No hay que esperar a adquirir una biblioteca completa de conocimientos para empezar a comunicarse. La biblioteca mental se amplía a medida que se practica. Cuando pregunté a Sara Maria

---

of racial composition on jury deliberations», *Journal of Personality and Social Psychology*, 90, 4 (2006), pp. 597-612. Loyd, Denise Lewin, *et al.*, «Social category diversity promotes premeeting elaboration: The role of relationship focus», *Organization Science*, 24, 3 (2013), pp. 757-772. Phillips, Katherine W.; y Lount, Robert B., «The affective consequences of diversity and homogeneity in groups», en Mannix Elizabeth, A.; y Neale, Margaret A., eds., *Research on managing groups and teams*, vol. 10, Emerald, Reino Unido, 2007.

qué hace falta para empezar, me dijo que ya no espera a hablar hasta que tiene un mínimo nivel de competencia. Empieza a hablar desde el primer día... y al diablo con la incomodidad. «Siempre trato de convencer a la gente para que empiece a hablar —me dice—. Sólo tienes que memorizar unas cuantas frases: un breve monólogo para presentarte y explicar por qué estás aprendiendo el idioma.»

Aquel consejo cambió la vida de Benny Lewis. Durante el tiempo que pasó en España, compró *El señor de los anillos* en castellano y se puso a traducirlo con un diccionario; a fin de cuentas, era una historia que le entusiasmaba. Tardó una semana en terminar la primera página. Aún faltaban setecientas. Después de seis meses tratando de aprender español sin ningún éxito, se dio cuenta de que lo había probado todo menos hablar el idioma. Aquel paso exigía una tercera forma de valentía: no sólo se trataba de aceptar y buscar la incomodidad, sino de multiplicarla demostrando el valor necesario para cometer más errores.

Fuente: Liz Fosslien.

Morderse la lengua

Una vez fui a Costa Rica con un primo mío. Cuando entramos en un restaurante después de una larga caminata, me comentó que el zumo de naranja natural tenía una pinta deliciosa. Cuando pidió lo que quería en español, el camarero soltó una gran carcajada. En vez de «jugo de naranja», pidió un «fruto de periódico». Había tratado de pedir un zumo de la prensa del día.

Cuando intentas usar un idioma por primera vez, resulta muy habitual sentir una punzada de ansiedad. Si balbuceas al pronunciar una palabra extranjera, te pones en evidencia. Si das un paso en falso, quizás ofendas a los demás. Mi mujer, Allison, estudió japonés en el instituto, y el examen final incluía una visita a un restaurante para pedir la comida en ese idioma. Sentía tanta ansiedad por la posibilidad de cometer errores y suspender el examen que aquel día fingió que estaba enferma. Ahí es donde entra la valentía: para coger práctica hablando un idioma, hay que tener el valor suficiente para cometer errores. Cuantos más, mejor.

Sara Maria cree que ésa es una de las razones por las que los niños absorben las lenguas extranjeras con más facilidad que los adultos.[45] Sí, también se benefician de la mayor plasticidad del cerebro (cuando está en proceso de crecimiento, se reconecta más deprisa que cuando ya está desarrollado) y de la menor intromisión de otros conocimientos previos (no se han atrincherado todavía en las reglas gramaticales de un idioma en concreto). Pero también son bastante inmunes al miedo de pasar vergüenza y a la incomodidad de cometer errores. Los niños no se contienen cuando llega el momento de comunicarse: empiezan a balbucear en cuanto aprenden algunas palabras nuevas. No tienen miedo de sentirse juzgados o parecer tontos. Les encantan los frutos de periódico.

Si eres una persona tímida, la idea de cometer errores resulta especialmente angustiosa. La timidez es producto del miedo a las evaluaciones negativas en una situación social, y Benny Lewis la padecía con gran intensidad. Cuando era un adolescente, debido a su torpeza con las interacciones sociales, se quedaba en un rincón en las fiestas mientras jugaba con el móvil. En las clases de idiomas, nunca levantaba la mano para participar. Cuando se

---

45. Brooks, Patricia J.; y Kempe, Vera; «More is more in language learning: Reconsidering the less-is-more hypothesis», *Language Learning*, 69, S1 (2019), pp. 13-41; Patterson, Lindsay, «Do children soak up language like sponges?», *The New York Times*, 16 de abril de 2020.

trasladó a España, evitaba enfrentarse a sus miedos porque sólo frecuentaba a personas que hablaban inglés.

Cuando los terapeutas tratan las fobias, utilizan dos técnicas de exposición distintas: la desensibilización sistemática y la inundación. La desensibilización sistemática arranca con una microdosis de la amenaza que desencadena la fobia y, con el tiempo, se va incrementando de manera gradual.[46] Si las arañas te dan miedo, primero dibujas una sobre un papel y después observas a otra de verdad encerrada en una jaula en el otro extremo de la habitación. Antes de ponerte íntimo con esas ocho patas largas que te esperan en la bañera, aprendes a gestionar el miedo en una situación menos amenazadora. La inundación es todo lo contrario: el terapeuta puede llegar a ponerte una araña peluda encima del brazo.[47] Está claro que vas a perder los papeles, pero después de sobrevivir a semejante calvario sin sufrir un solo rasguño, el terror visceral se desvanece.

La terapia de exposición reduce la incomodidad mientras intensifica la amenaza. Encontramos un ejemplo extremo en los cursos para aprender a pilotar un avión, donde hay pocas situaciones más aterradoras que entrar en pérdida. La entrada en pérdida se produce cuando el avión empieza a precipitarse hacia tierra, normalmente porque el piloto comete el error de volar demasiado lento o levantar el morro de repente. La entrada en pérdida es la causa del 15 por ciento de los accidentes mortales en aviones comerciales y de casi una cuarta parte en los vuelos privados. Muchos pilotos tienen pesadillas en las que su avión cae sin remedio hacia el suelo.

Si empiezas la formación para ser piloto, primero pasarás por una desensibilización sistémica en un simulador de vuelo. El simulador te acostumbra a la mecánica y los estímulos sensoriales de una entrada en pérdida: lo que haces con las manos, el aspecto del horizonte en el momento en que empiezas a caer. Pero

---

46. Wolitzky-Taylor, Kate B., *et al.*, «Psychological approaches in the treatment of specific phobias: A meta-analysis», *Clinical Psychology Review*, 28, 6 (2008), pp. 1021-1037.

47. Zoellner, Lori A., *et al.*, «Flooding», en O'Donohue, William T.; y Fisher, Jane E., eds., *Cognitive behavior therapy: Applying empirically supported techniques in your practice*, Wiley, Estados Unidos, 2008.

cuando por fin estés en una cabina de verdad, habrá un momento en que el instructor de vuelo te dará una orden aterradora. Reduce la velocidad y tira de la palanca de mando para elevar el morro hasta que el avión entre en pérdida.

Ésa es la parte que sólo puedes vivir con una inundación intensiva. A la amígdala le da igual que hayas pasado mil veces por esta situación en el simulador o que estés a miles de metros de altura, con tiempo de sobra para corregir el rumbo. Estás atrapado en una enorme y pesada jaula de metal, y te diriges a gran velocidad hacia el suelo mientras caes en picado sin ningún control. Y no hay nada que pueda preparar a un ser humano para el terror absoluto de provocar intencionadamente que un avión se hunda como una piedra en un estanque.

Si quieres sacarte la licencia de piloto en Estados Unidos, tienes que demostrar que puedes corregir una entrada en pérdida y aterrizar con el avión sin ningún problema. Los programas de formación más efectivos están diseñados para introducir amenazas nuevas e inesperadas de forma intencionada. Las pruebas sugieren que este elemento de sorpresa es fundamental: si la formación para lidiar con una entrada en pérdida se convierte en una rutina previsible, ya no prepara a los pilotos para las emergencias de la vida real.[48] No se puede estar preparado para afrontar cualquier posible situación si no te han entrenado para gestionar todas las opciones. Los pilotos aprenden a lidiar con la incomodidad intensificando las sensaciones y al reconducirlas adquieren las habilidades necesarias.

Aumentar la sensación de incomodidad fue un factor fundamental para que Benny Lewis pudiera aprender un nuevo idioma. Para superar su timidez, Benny empezó con la desensibilización sistemática: se ponía en situaciones que eran un poco incómodas. Animaba a la gente a acercarse poniéndose el típico gorro de duen-

---

48. Landman, Annemarie, *et al.*, «The influence of surprise on upset recovery performance in airline pilots», *The International Journal of Aerospace Psychology*, 27, 1-2 (2017), pp. 2-14. Casner, Stephen M.; Geven, Richard W.; y Williams, Kent T., «The effectiveness of airline pilot training for abnormal events», *Human Factors*, 55, 3 (2013), pp. 477-485.

decillo irlandés en la calle o asistiendo a conciertos con un puntero láser que tenía un filtro discotequero para bailar. Se acostumbró a iniciar las interacciones repartiendo tapones para los oídos en situaciones muy ruidosas o brindando con desconocidos en los bares. Después de seis meses más en España, ya era capaz de hablar un buen castellano y se trasladó a Italia para aprender el próximo idioma. Ya sólo era cuestión de tiempo antes de que se convirtiera en un estudiante de idiomas profesional. Su objetivo era poder mantener una conversión en un nuevo idioma en cuestión de meses para poder comunicarse con extraños, y para enseñar a otros a hacer lo mismo. Y ahí fue cuando pasó a la inundación.

Benny lo llama una caída social en picado. Cuando llega a un país nuevo, se obliga a sí mismo a hablar con cualquier persona que permanezca a su lado más de cinco segundos. En vez de proponer una charla insustancial, ha decidido ir más lejos para despertar una respuesta mucho más significativa:[49] cuando se cruzaba con una persona en Valencia, la ciudad española donde vivía, empezaba a cantar una canción típica de la tierra. Cuando se registró en un albergue en Brasil, le explicó al recepcionista su experiencia trabajando en un hotel en Roma, donde le pagaban una miseria por hacer un montón de horas. «Uno de los mayores errores que veo en las personas que aprenden un idioma es que creen que estudiar una lengua sólo consiste en adquirir conocimientos —señala Benny—. ¡Pero no lo es! Aprender un idioma consiste en desarrollar la habilidad para comunicarse.»

---

49. Aunque muchas veces nos ceñimos a charlas banales para evitar la sensación de incomodidad, las conversaciones más profundas pueden convertirse en una grata sorpresa. Según siete estudios diferentes, los participantes se sentían más felices, más conectados y menos incómodos de lo que cabría esperar cuando entablaban conversaciones profundas con desconocidos. Después de dejar que mi español se oxidara demasiado, decidí viajar en autobús de Boston a México y disfruté de conversaciones mucho más agradables —y aprendí mucho más— cuando pasé del «¿Qué haces?» al «¿Qué te encanta hacer?». En lugar de preguntar a mi interlocutor qué hacía, me interesaba por lo que de verdad le gustaba hacer. Kardas, Michael; Kumar, Amit; y Epley, Nicholas, «Overly shallow? Miscalibrated expectations create a barrier to deeper conversation», *Journal of Personality and Social Psychology*, 122, 3 (2022), pp. 367-398.

En la mayoría de los casos, el aprendizaje se entiende como un proceso que consiste en reconocer, corregir y evitar los errores. Pero Benny cree que si quieres llegar a ser competente en una lengua, más que tratar de reducir tus errores, debes esforzarte por incrementarlos. Y resulta que tiene razón. Muchos experimentos han demostrado que cuando un grupo de estudiantes está adquiriendo información nueva, si se les pide que den respuestas aleatorias incorrectas, en lugar de ofrecerles la solución exacta, tienen menos posibilidades de cometer errores en los futuros exámenes.[50] Cuando nos animan a cometer errores, al final nos equivocamos menos. Los primeros errores nos ayudan a recordar la respuesta correcta y nos motivan para seguir aprendiendo.

COMETER MÁS ERRORES

TEORÍA

REALIDAD

- Parecer tonto
- Pasar vergüenza
- Ser objeto de burla
- Sentir incomodidad

- Adquirir conocimientos
- Ganar en valentía
- Reírse de uno mismo
- Ampliar la zona de confort

Fuente: Matt Shirley.

Cuando Benny siente que ya está preparado para aprender un nuevo idioma, se pone una meta muy ambiciosa: cometer un mínimo de doscientos errores al día. Mide sus progresos en fun-

---

50. Metcalfe, Janet, «Learning from errors», *Annual Review of Psychology*, 68 (2017), pp. 465-489.

ción del número de errores que comete. «Cuantos más errores, más rápido mejoras y menos te importan —observa—. El mejor remedio para dejar de sentirte incómodo al cometer errores es cometer más errores.»

Durante su viaje personal, Benny se ha metido en situaciones bastante incómodas. Se ha presentado con un género que no era el suyo, ha dicho que se sentía atraído por un autobús y, sin quererlo, felicitó a una persona por tener un bonito trasero. Pero no se fustiga, porque su objetivo es cometer errores. Incluso cuando balbucea, la gente suele elogiarlo por hacer el esfuerzo. Y esas palabras de ánimo lo motivan para seguir intentándolo.

Los psicólogos describen este ciclo con el término *diligencia adquirida*. Al recibir un elogio por hacer el esfuerzo de intentarlo, esas palabras de aprecio se sienten como una recompensa secundaria.[51] Ya no tienes que obligarte a seguir intentándolo, sino que te sientes motivado para probarlo una vez más.

CÓMO CREEMOS QUE SE APRENDE

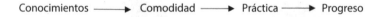

Fuente: Elaboración propia.

La idea de empezar a hablar desde el primer día ha cambiado mi forma de entender el aprendizaje. Es posible empezar a programar desde el primer día, dar clases desde el primer día y en-

---

51. Eisenberger, Robert, «Learned industriousness», *Psychological Review*, 99, 2 (1992), pp. 248-267.

trenar a alguien desde el primer día. No hay que sentirse cómodo y seguro antes de empezar a practicar una habilidad. La comodidad aumenta a medida que vas practicando.

Hace unos pocos años, Sara Maria Hasbun se percató de que alguien estaba viendo series coreanas usando la cuenta de Netflix de su familia. Era su padre. Después de viajar a Corea para visitarla, se enamoró de la cultura y decidió empezar a aprender el idioma en secreto. A sus 77 años, está progresando muy rápido con la gramática y el vocabulario, y ahora ella también puede enseñarle el idioma. «De hecho, mi padre ya había aprendido bastante coreano. Estaba escribiendo un montón y leyendo mucho —dice Sara—. Pero se ponía muy nervioso ante la idea de empezar a hablar. Por fin ha llegado a un punto en que puede hablarlo un poco conmigo.»

En la actualidad, Sara Maria es la fundadora y directora gerente de una empresa de traducción y servicios lingüísticos. Cree que mientras estemos dispuestos a sentirnos un poco incómodos, nunca es demasiado tarde para aprender. Y que la valentía puede ser contagiosa.

Si esperamos hasta sentirnos preparados para asumir un nuevo reto, podría ocurrir que nunca empecemos a intentarlo. Quizás nunca llegue ese día en que nos levantemos por la mañana y, de repente, sintamos que ya estamos preparados. Al contrario, nos sentiremos preparados cuando demos el paso, cueste lo que cueste.

2

Esponjas humanas

Adquirir la capacidad de absorber y adaptarse

> La especie que sobrevive no es la más inteligente, ni tampoco la más fuerte... La especie que sobrevive es aquella capaz de adaptarse mejor.
>
> Leon C. Megginson[52]

Hace unos quinientos millones de años, las fuerzas de la naturaleza sembraron el caos en el planeta. Las erupciones volcánicas arrojaban ceniza a la atmósfera y fósforo a los océanos, aparecían grandes glaciares y otros se derretían, y los niveles de oxígeno caían en picado y luego se disparaban.[53] Más de tres cuartas partes

---

52. «It is not the strongest of the species that survives but the most adaptable», *Quote Investigator*, 4 de mayo de 2014, <quoteinvestigator.com/2014/05/04/adapt/>.

53. Bond, David P. G.; y Grasby, Stephen E., «Late Ordovician mass extinction caused by volcanism, warming, and anoxia, not cooling and glaciation», *Geology*, 48, 8 (2020), pp. 777-781. Longman, Jack, *et al.*, «Late Ordovician climate change and extinctions driven by elevated volcanic nutrient supply», *Nature Geoscience*, 14, 12 (2021), pp. 924-929. Jing, Xianqing, *et al.*, «Ordovician-Silurian true polar wander as a mechanism for severe glaciation and mass extinction», *Nature Communications*, 13 (2022), 7941. Cottier,

de las especies desaparecieron. Fue una de las primeras extinciones masivas de la historia y también una de las más graves, mucho más devastadora que la responsable de acabar con los dinosaurios.

Sin embargo, por extraño que parezca, hubo al menos una especie que no sólo sobrevivió, sino que incluso prosperó. Aparecieron bosques enteros de esponjas marinas, que además no dejaban de crecer. Antes de que los memes de Bob Esponja dominaran internet, las esponjas dominaban los océanos.[54]

Cuando los científicos descubrieron las esponjas marinas, dieron por sentado que eran plantas. En muchos casos adoptan la forma de un arbusto, casi siempre permanecen fijas en un mismo lugar y tampoco tienen cerebro, nervios, órganos ni músculos. Pero no sobreviven por la acción de la luz solar, sino que consumen alimentos, como los animales. En la actualidad, las esponjas marinas están consideradas como uno de los animales más antiguos de la Tierra.[55]

Si piensas en una esponja marina, probablemente te imagines una criatura que se parece a una esponja de cocina: absorbe todo lo que la rodea. Pero las esponjas marinas no se limitan a absorber el alimento y el oxígeno de forma pasiva. Son expertas en filtrar las sustancias tóxicas y las partículas perjudiciales.[56] Los flagelos, similares a unos pelos diminutos, crean corrientes que atrapan los nutrientes y expulsan las bacterias. Absorben el agua a través de su capa exterior y la expulsan a través de lo que parece una boca diminuta. Incluso pueden sonarse los mocos a través de sus poros.[57]

Cody, «The Ordovician extinction: Our planet's first brush with death», *Discover*, 16 de enero de 2021.

54. Botting, Joseph P. *et al.*, «Flourishing sponge-based ecosystems after the end-Ordovician mass extinction», *Current Biology*, 27, 4 (2017), pp. 556-562.

55. Schembri, Frankie, «Earth's first animals may have been sea sponges», *Science*, 17 de octubre de 2018.

56. Leys, Sally P.; y Kahn, Amanda S., «Oxygen and the energetic requirements of the first multicellular animals», *Integrative and Comparative Biology*, 58, 4 (2018), pp. 666-676.

57. Kornder, Niklas A., *et al.*, «Sponges sneeze mucus to shed particle waste from their seawater inlet pores», *Current Biology*, 32, 17 (2022), pp. 3855-3861.

Algunas esponjas marinas pueden vivir más de dos mil años.[58] A pesar de tener un cuerpo blando y poroso, tienen una estructura esquelética que es resistente y duradera.[59] Cuando las esponjas sufren daños por las fuertes corrientes marinas o los mordiscos de un depredador, no siempre vagan a la deriva o acaban muriendo. Algunas pueden regenerarse por medio de una vaina de supervivencia: células que permiten el desarrollo de una nueva esponja cuando las condiciones mejoran.[60] Esta capacidad para absorber, filtrar y adaptarse les permite crecer y prosperar. Y esa capacidad también es muy importante en el caso de los seres humanos.

«Ser una esponja» es mucho más que una metáfora. Es una habilidad del carácter: una forma de proactividad que resulta fundamental para convertir el potencial oculto en una realidad. Mejorar no sólo depende de la cantidad de datos que buscas, sino de la calidad de la información que absorbes. El crecimiento personal no depende tanto de lo mucho que trabajas cuanto de lo bien que aprendes.

Multiplicar los resultados del esfuerzo

Como era la menor de seis hermanos de una madre soltera de Chicago, Mellody Hobson tuvo una infancia difícil.[61] A menudo su madre no podía pagar las facturas. La única manera de bañarse a veces era calentar agua en un hornillo y verterla en la bañera. Mellody volvía a casa del colegio y con frecuencia descubría que habían cortado la electricidad o desconectado la línea telefónica. Mientras su madre hacía malabares con las facturas, las crisis financieras se sucedían. Además de perder electrodomésticos

---

58. Mcmurray, Steven E.; Blum, James E.; y Pawlik, Joseph R., «Redwood of the reef: Growth and age of the giant barrel sponge *Xestospongia muta* in the Florida Keys», *Marine Biology*, 155 (2008), pp. 159-171.

59. Imbler, Sabrina, «A swirling vortex is no match for this deep-sea sponge», *The New York Times*, 9 de septiembre de 2021.

60. Mothersil, Carmel; y Austin, Brian, *Aquatic invertebrate cell culture*, Springer-Verlag, Reino Unido, 2000.

61. Entrevista personal, 17 de noviembre de 2021; Grant, Adam, «Mellody Hobson on taking tough feedback», *Re:Thinking*, 15 de junio de 2021.

básicos, les embargaron el coche familiar y tuvieron que cambiar de domicilio varias veces después de sufrir repetidos desahucios.

Mellody deseaba de todo corazón matricularse en una de las universidades de la Ivy League. Pero en el colegio empezó a quedarse rezagada respecto a sus compañeros. Cuando llegó a primero de primaria, tenía dificultades para concentrarse y adaptarse, y aún no sabía leer. La pusieron en una clase de recuperación.

En la actualidad, Mellody es la CEO de una sociedad de inversión de reconocido éxito. Ocupa una de las sillas del consejo de administración de Starbucks. Y ha sido nombrada una de las «Cien personas más influyentes» según la revista *Time*. No sólo fue capaz de matricularse en Princeton, sino que en poco tiempo va a convertirse en la primera persona de raza negra que da nombre a uno de los colegios mayores de dicha universidad.

Si preguntas por ahí cómo es posible que Mellody rompiera todos los pronósticos, no tardarás mucho en oír hablar de su legendaria ética del trabajo. Cuando estaba en la escuela primaria, el autobús del colegio sufrió un accidente. Mientras sus compañeros esperaban a que alguien viniera a recogerlos, ella se fue andando a clase. En el instituto, sacaba sobresalientes en casi todas las asignaturas, participaba en la junta directiva del consejo de estudiantes, editaba la página de efemérides del anuario escolar y hacía un voluntariado como tesorera y vicepresidenta del club de prevención del abuso de sustancias, además de dar clases particulares a los niños de primaria de la zona.

El éxito de Mellody parece el ejemplo perfecto del clásico sueño americano. Hace un siglo, el gran sociólogo Max Weber vinculó la consecución de grandes metas personales con la ética protestante del trabajo.[62] Planteó que, antes de la Reforma protestante, el trabajo se consideraba un mal necesario. Pero gracias a las enseñanzas de Martín Lutero en el siglo XVI, el trabajo se transformó en una vocación.[63] Para ser un buen protestante ha-

---

62. Weber, Max, La ética protestante y el «espíritu» del capitalismo, Alianza Editorial, Madrid, 2012.
63. Wrzesniewski, Amy, *et al.*, «Jobs, careers, and callings: People's relations to their work», *Journal of Research in Personality*, 31, 1 (1997), pp. 21-33.

bía que asumir la obligación moral de servir a la sociedad a través del trabajo productivo.[64] La determinación y la disciplina se convirtieron en virtudes; la holgazanería y la ineficiencia pasaron a ser vicios. Esta visión podría explicar por qué en la actualidad muchas personas se postran ante el altar del ajetreo y rezan al gran sacerdote de la persistencia. Pero la distancia que recorre un individuo no depende tanto de la cantidad de trabajo que realiza, sino de los frutos que le reporta.

No hace mucho tiempo, los economistas Sascha Becker y Ludger Woessmann decidieron poner a prueba a gran escala la influencia de la Reforma protestante: ¿podía condicionar de verdad los logros de toda una sociedad? Descubrieron que a medida que las ideas protestantes se extendían, una serie de países tenían un mayor crecimiento económico.[65] Pero no se debía necesariamente a que, de repente, la gente trabajara más.

En la mayoría de las zonas donde el protestantismo echó raíces, la religión dominante hasta aquel momento había sido el catolicismo. En aquella época, la Iglesia católica mantenía una estricta observancia sobre la Biblia, y los creyentes solían aprender sus enseñanzas a través de la palabra hablada, en una parroquia. Martín Lutero cambió aquel sistema: escribió una primera e influyente traducción de la Biblia al alemán y predicó que todos los colegios de la ciudad debían enseñar a los niños a leer las escrituras. Aquella decisión implicaba que la gente tendría que aprender a leer, y una vez que ya supieran leer, tendrían todo un mundo de información al alcance de la mano. Podrían aprender cualquier cosa y mucho más deprisa. Becker y Woessmann plantearon que el motor de la Reforma protestante no había sido tanto la ética del trabajo como la alfabetización.

---

64. Bunderson, J. Stuart; y Thompson, Jeffery A., «The call of the wild: Zookeepers, callings, and the double-edged sword of deeply meaningful work», *Administrative Science Quarterly*, 54, 1 (2009), pp. 32-57.

65. Becker, Sascha O.; y Woessmann, Ludger, «Was Weber wrong? A human capital theory of protestant economic history», *The Quarterly Journal of Economics*, 124, 2 (2009), pp. 531-596.

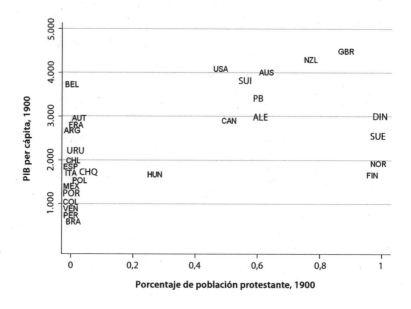

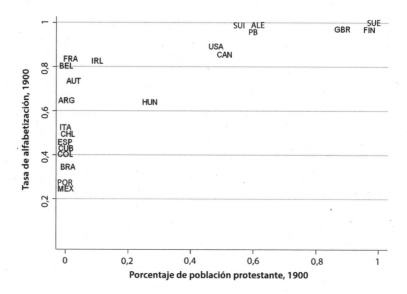

Fuente: Becker, Sascha O.; y Woessmann, Ludger, «Was Weber wrong? A human capital theory of protestant economic history», *The Quarterly Journal of Economics*, 124, 2 (2009), pp. 531-596.

Fíjate en estos dos gráficos sobre el porcentaje de la población protestante en distintos países hacia el año 1900. El primero refleja el PIB per cápita y el segundo el porcentaje de personas alfabetizadas. Salvo por la excepción de los países nórdicos (trataremos sobre este tema unas páginas más adelante), las correlaciones positivas son casi idénticas.

Los países con menos población protestante —como Brasil, Italia y México— tenían un crecimiento económico limitado y una baja tasa de alfabetización. Los países que fueron barridos por la Reforma protestante —desde Alemania hasta Gran Bretaña y Suecia— mostraban un mayor crecimiento económico y una alta tasa de alfabetización.

Por supuesto, resulta imposible establecer una relación causal a partir de la correlación entre una pequeña muestra de países que tienen incontables diferencias entre sí. Así que Becker y Woessmann decidieron invertir su tiempo en un experimento natural realizado en más de 450 condados del Imperio germánico. Situaron el epicentro de la Reforma protestante en la ciudad de Martín Lutero, Wittenberg. Antes de la Reforma protestante, que un condado estuviera cerca o lejos de la ciudad de Wittenberg no determinaba en absoluto su progreso económico o educativo. Pero como las localidades cercanas a Wittenberg tenían muchos más números de sentirse atraídas por el protestantismo, los economistas fueron capaces de averiguar si este factor concreto las situaba en trayectorias distintas.

El resultado: cuanto más cerca estaba un condado del epicentro del movimiento protestante, más alta era su renta media per cápita y la tasa de alfabetización. Pero tras descartar la tasa de alfabetización como variable que considerar, se dieron cuenta de que la distancia con Wittenberg ya no influía en la renta media. Si vivir cerca del corazón de la Reforma protestante incrementaba los ingresos de la población, el fenómeno podía explicarse exclusivamente por la mejora de la capacidad de leer y escribir.[66]

---

66. Aunque hoy continúa el debate sobre si la Reforma protestante impulsó el crecimiento económico, y sobre el momento y el lugar en que ejerció su

En este caso, la moraleja tiene varios niveles. El progreso que normalmente se atribuye a trabajar más horas podría deberse en realidad a hacerlo de manera más inteligente. Con las habilidades cognitivas no basta para aprender, pero sí son necesarias. La alfabetización básica permite aprovechar las habilidades del carácter con mayor eficacia: la proactividad para aprender más y más deprisa. La prosperidad aumenta cuando la gente tiene más posibilidades de absorber las ideas nuevas y descartar las viejas.

Las habilidades cognitivas que amplían la habilidad para recibir y comprender la información sientan las bases para poder convertirnos en esponjas. Y a medida que nos parecemos más a una esponja, empezamos a estar mejor equipados para hacer grandes cosas en la vida. Parafraseando una frase de *Hamilton*,

---

influencia, sí existe un consenso sobre el hecho de que, en el mundo, no fue el único factor que explica la mejora de la tasa de alfabetización. Por ejemplo, las investigaciones indican que, después de la construcción de bibliotecas en las ciudades a comienzos del siglo xx, los niños alcanzaban un nivel educativo más elevado y conseguían trabajos más seguros, de mayor prestigio y más vinculados al emprendimiento. Y un estudio sobre las ciudades que recibieron una beca para levantar una biblioteca Carnegie y que obtuvieron la aprobación preliminar del proyecto mostró que seguir adelante con su construcción hasta inaugurar el equipamiento reportó grandes beneficios en las dos décadas siguientes. Los registros de patentes aumentaban entre un 8 por ciento y un 13 por ciento (sobre todo en las categorías tecnológicas cubiertas por los fondos de la biblioteca), y el número de mujeres e inmigrantes inventores también se incrementaba. La alfabetización no es la panacea, pero sí es una importante fuente de oportunidades para aprender. Becker, Sascha O.; Pfaff, Steven; y Rubin Jared, «Causes and consequences of the Protestant Reformation», *Explorations in Economic History*, 62 (2016), pp. 1-25. Kersting, Felix. Wohnsiedler, Iris; y Wolf, Nikolaus, «Weber revisited: The protestant ethic and the spirit of nationalism», *The Journal of Economic History*, 80, 3 (2020), pp. 710-745. Mantovanelli, Federico, «The protestant legacy: Missions and literacy in India», CEPR n.º 913309, noviembre de 2018. Cantoni, Davide, «The economic effects of the Protestant Reformation: Testing the Weber hypothesis in the German Lands», *Journal of the European Economic Association*, 13, 4 (2015), pp. 561-598. Karger, Ezra, «The long-run effect of public libraries on children: Evidence from the early 1900s», *SocArXiv* (2021), e8k7p. Berkes, Enrico; y Nencka, Peter, «Knowledge access: The effects of Carnegie libraries on innovation», SSRN, 22 de diciembre de 2021.

llegarás mucho más lejos si tienes iniciativa propia. Eso es lo que hizo Mellody Hobson.

Heroína y erudita[67]

En segundo de primaria, Mellody aprendió a leer. Ese mismo año ganó un concurso de relatos breves, en el que el premio era una copia de *La telaraña de Carlota*. Acabar el primer capítulo de un libro representaba un gran paso, pero ella estaba decidida a leerlo de principio a fin y aprender el significado de las palabras que no conocía.

El deseo de absorber las palabras y el mundo que la rodeaba sólo aumentó con el paso de los años. Aquel deseo le permitió realizar unas prácticas de verano con John Rogers, quien había creado una de las sociedades de inversión más grandes del país para personas de minorías raciales. John solía leer el periódico en un McDonald's los sábados por la mañana, y Mellody se reunía con él en el restaurante a pesar de que ya salía de casa desayunada. Así es como empezó a estudiar el mercado de valores. «Cuando le picó el gusanillo de la inversión, enseguida sabía tanto sobre Warren Buffett como yo —me dice John—. Estaba decidida a aprenderlo todo sobre aquel mundo que tanto le interesaba. Era una esponja.»

Esa capacidad de absorción también fue lo primero que me llamó la atención de Mellody. La conocí hace una década, cuando me pidieron que hiciera una presentación de mis investigaciones ante un grupo de personas importantes. Cuando entré en la sala, reconocí a varios multimillonarios tecnológicos y a unos cuantos cineastas con un Óscar bajo el brazo. Fue Mellody quien me hizo la mayoría de las preguntas y fue la única que tomaba notas. En lo que respecta a buscar y absorber información, ella jugaba en otra liga. Su involucración superaba la mera curiosidad: mostraba unos niveles inusuales de una cualidad que los científicos sociales llaman «capacidad absorbente».

---

67. Frase del musical *Hamilton*. (N. del t.)

La capacidad absorbente es la habilidad para reconocer, valorar, asimilar y utilizar información nueva. Se basa en dos hábitos esenciales. El primero es la forma de adquirir la información: ¿reaccionas a lo que entra en tu campo de visión o eres proactivo cuando buscas nuevos conocimientos, habilidades y perspectivas?[68] El segundo es el objetivo que se busca al filtrar la información: ¿te dedicas a alimentar el ego o quieres impulsar tu crecimiento personal?[69]

Ser una persona reactiva y egocéntrica es el método infalible para arruinar cualquier proceso de aprendizaje. Atrapa a la gente dentro de una burbuja protectora. Limita el acceso a la información nueva y cierra el paso a cualquier dato que amenace la visión personal. Tener la piel fina sólo conduce a ser duro de mollera.

Cuando la gente es proactiva y egocéntrica, está abierta a recibir más información. En vez de consumir con pasividad, busca nuevas opiniones con una actitud más activa, pero cuando esas ideas son negativas, las eliminan. Resultan demasiado incómodas. Esa clase de personas son impermeables a las críticas constructivas. Se convierten en algo parecido al teflón: nada puede adherirse a ellas.

		OBJETIVO DEL FILTRO	
		EGO	CRECIMIENTO
Método de absorción	Reactivo	Goma	Arcilla
	Proactivo	Teflón	Esponja

Fuente: Elaboración propia.

El aprendizaje es mucho más viable cuando la gente es reactiva y piensa en su crecimiento personal. Si una persona actúa con

68. Grant, Adam M.; y Ashford, Susan J., «The dynamics of proactivity at work», *Research in Organizational Behavior*, 28 (2008), pp. 3-34.
69. Ashford, Susan J.; Blatt, Ruth; y Walle, Don Vande, «Reflections on the looking glass: A review of research on feedback-seeking behavior in organizations», *Journal of Management*, 29 (2003), pp. 773-799. Grant, Adam M.; Parker, Sharon; y Collins, Catherine, «Getting credit for proactive behavior: Supervisor reactions depend on what you value and how you feel», *Personnel Psychology*, 62, 1 (2009), pp. 31-55. Stasielowicz, Lukasz, «Goal orientation and performance adaptation: A meta-analysis», *Journal of Research in Personality*, 82 (2019), 103847.

la intención de mejorar, se vuelve más moldeable, como la arcilla. A menudo recibe el elogio de que resulta muy sencillo ser su profesor o entrenador. No le preocupa que las críticas puedan dañar su ego, acepta la incomodidad e interioriza cualquier información que pueda contribuir a su desarrollo. El problema es que no busca información más allá de lo que tiene a su alcance. No consigue avanzar hasta que alguien se fija en ella y la moldea. Su crecimiento depende de la orientación de otras personas: pocas veces asume la responsabilidad de guiar su propio aprendizaje.

La situación ideal aparece cuando la gente es proactiva y piensa en el crecimiento. Ahí es cuando una persona se convierte en una esponja. Una y otra vez, toma la iniciativa para adaptarse y mejorarse a sí misma. Esta habilidad del carácter resulta muy valiosa cuando todas las apuestas están en contra, tal como descubrieron un par de jóvenes atletas africanos.

Rebelde sin pausa

Durante su infancia en una zona rural de Kenia, donde no había coches ni electricidad, Julius Yego se divertía compitiendo con su hermano mayor para ver quién de los dos podía tirar un palo a mayor distancia.[70] Cuando empezó a ir al instituto, ya se había puesto el objetivo de convertirse en un gran lanzador de jabalina. Pero no podía acceder a las instalaciones adecuadas, las rutinas de entrenamiento idóneas o el equipamiento indicado para la especialidad. Julius ni siquiera tenía entrenador: practicaba por

---

70. Correspondencia personal, 19 de septiembre de 2022 y 8 de marzo de 2023. Robertson, Erin C. J., «Get to know Julius Yego, Kenya's self-taught olympic javelin-thrower dubbed "The Youtube Man"», *OkayAfrica*, <okayafrica.com/get-know-julius-yego-kenyas-self-taught-olympic-javelin-thrower-dubbed-youtube-man>. «Julius Yego – The YouTube Man» [vídeo], GoPro, YouTube, 19 de mayo de 2016, <youtu.be/lO1fzo1aCHU>. Tomizawa, Roy, «No coach, no problem: Silver medalist javelin thrower Julius Yego and the YouTube generation», *The Olympians*, 5 de septiembre de 2016. Cox, David, «How Kenyan javelin thrower Julius Yego mastered his sport by watching YouTube videos», *Vice*, 16 de agosto de 2016.

su cuenta y hacía todo lo posible por aprender sin ayuda. Estaba en enorme desventaja frente a su mayor rival.

Ihab Abdelrahman creció en un aldea pobre de Egipto, en el seno de una familia que no estaba interesada en el deporte.[71] Hasta los 17 años, sólo había jugado al fútbol. Cuando un profesor lo animó a probar con la jabalina, ganó el primer torneo en el que participó. Sólo dos años después, participaba en el campeonato del mundo júnior y se llevaba la medalla de plata.

Sobre el papel, Julius e Ihab tenían muchas cosas en común. Ambos provenían de comunidades africanas donde las oportunidades eran limitadas y el deporte era el pasaporte a una vida mejor. A ambos les encantaba el fútbol antes de fijarse en el atletismo y descubrir la jabalina. Pero desde un punto de vista físico, era una lucha de David contra Goliat.

Lanzar una jabalina implica llevar a cabo una proeza física. En sus comienzos, un entrenador de alto nivel describió el brazo de Ihab como «uno de los mejores que he visto en mi vida. Ihab es grande y fuerte, y tiene un talento natural para el lanzamiento». El chico estaba diseñado para la especialidad, con una altura de 1,93 metros y un peso de 96 kilos. Julius no contaba con esa ventaja física. Sólo medía 1,75 metros y pesaba 84 kilos, no era un prodigio de la naturaleza. Si quería derrotar a Ihab, tendría que convertirse en un prodigio del aprendizaje.

En 2010, después de siete años de entrenamiento, Julius por fin se enfrentó a Ihab en el campeonato de África. Consiguió una medalla de bronce, pero Ihab se alzó con el oro, e incluso su peor lanzamiento llegó más lejos que el mejor de Julius.

El año siguiente, en los Juegos Panafricanos, Julius se agachó para coger la lanza de metal. Se levantó, cargó el brazo hacia atrás y esprintó hacia la línea de marca. Al mover el brazo hacia delante y lanzar la jabalina, tropezó.

Julius recuperó el equilibrio justo a tiempo de ver que la jabalina estaba a punto de recorrer la distancia de un campo de fút-

---

71. Rowbottom, Mike, «Ihab Abdelrahman El Sayed, almost the Pharoah of throwing», World Athletics, 16 de septiembre de 2015; «Throw like an Egyptian», World Athletics, 12 de enero de 2015.

bol. No sólo era su mejor marca personal, también consiguió un nuevo récord nacional. Ihab terminó en quinta posición y Julius se llevó el oro. En esta ocasión, su peor lanzamiento había conseguido superar al mejor de Ihab. David había derrotado a Goliat.

Fíjate en su trayectoria y compárala con la de Ihab y con la de otros finalistas del campeonato del mundo júnior de 2008, que después siguieron compitiendo en jabalina. Con el tiempo, su progreso se ralentizaba, se estancaba o incluso retrocedía. Pero durante el mismo período, Julius hizo bastante más que mejorar de manera constante; de hecho, aceleró incluso su velocidad de aprendizaje.

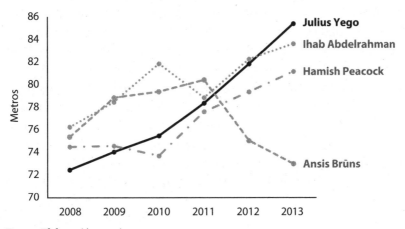

Fuente: Elaboración propia.

Ihab respondía bien al entrenamiento. Después de recibir una beca para entrenar en Finlandia —un país que está considerado como la meca del lanzamiento de jabalina—, empezó a trabajar con un entrenador de primer nivel. Escuchaba sus consejos y mejoraba la técnica y la velocidad. Pero se parecía más a la arcilla que a una esponja. Su enfoque era reactivo, no proactivo. Cuando la Federación Egipcia no le concedió los fondos para viajar de nuevo a Finlandia, no demostró la iniciativa para aprender por su cuenta. Dejó los entrenamientos del todo y no volvió a retomarlos hasta cinco meses después.

Por el contrario, Julius asumió la responsabilidad de su propio crecimiento. Cuando le preguntaban quién era su entrenador, respondía: «YouTube».

En 2009, Julius fue a un cibercafé y empezó a ver vídeos de grandes lanzadores de jabalina en YouTube. Tras estudiar a fondo sus habilidades, pudo empezar a entrenarse a sí mismo. «En mis entrenamientos todo empezó a cambiar —dice Julius—. La jabalina requiere técnica, potencia, flexibilidad y velocidad, y hasta entonces no me había fijado en muchas de esas cualidades.»

En 2015, Julius ganó el campeonato del mundo de jabalina. Con una marca de 92,72 metros, su lanzamiento fue el mejor de los últimos catorce años; sólo dos seres humanos habían sido capaces de enviar la jabalina más lejos.

Aparte de unos meses de entrenamiento en Finlandia, Julius era autodidacta. Había buscado activamente la información que necesitaba para crecer. Y su técnica era poco convencional. Al lanzar la jabalina, a menudo era el único atleta que caía de cara mientras aún tenía las piernas en el aire, como si estuviera a punto de hacer un movimiento de *break-dance* que se conoce como «el gusano». Había absorbido todo lo que había visto, filtrado lo que no encajaba con su estilo particular y adaptado su lanzamiento para convertirse en el mejor del mundo.

En 2016, Julius llegó a Río de Janeiro con la intención de alzarse con la victoria olímpica. Por desgracia, sufrió una lesión en la ingle y sólo pudo realizar el primero de los seis lanzamientos previstos en la final. Con una marca de 88,24 metros, el primer intento fue lo bastante bueno como para asegurarse una medalla de plata olímpica.

El método «hazlo tú mismo» puede ser efectivo para ciertas modalidades de aprendizaje. En una tarea bastante mecánica, como lanzar la jabalina, es posible hacer grandes avances con sólo observar técnicas objetivas. Pero en muchos otros aspectos de la vida, para convertirse en una esponja hay que filtrar las orientaciones subjetivas de los demás. Como aprendí en los primeros años de mi carrera profesional, esos comentarios quizás no lleguen nunca, y obtenerlos no es tan sencillo como parece.

Observar la cruda realidad

El mensaje que enviaba mi cuerpo era alto y claro: *éste no es tu sitio*. Entre el sudor que me empapaba la camisa y las mariposas que sentía en el estómago, todo apuntaba a que no tenía ningún derecho a estar sobre un escenario. Como soy tímido e introvertido, la simple idea de levantar la mano para hablar en clase me provocaba escalofríos. Y cuando ya existía la identificación de llamadas, hasta la idea de coger el teléfono me ponía nervioso.

Al empezar el posgrado, me propuse acabar por la vía rápida con mi miedo a hablar en público. No tenía tiempo para sumergirme poco a poco en una terapia de exposición, tenía que meterme a fondo en una inundación a gran escala. Así que me presenté voluntario para ofrecer una serie de conferencias en las clases de grado de mis colegas. Pero necesitaba recibir críticas para poder aprender. Sin embargo, cuando pedía a mis amigos que me dieran su opinión, siempre me devolvían vagos elogios. «Un contenido muy interesante.» «Una presentación muy entusiasta.»

Cuando tiene una opinión valiosa, la gente suele ser reacia a compartirla. A veces dudamos incluso de advertir a un amigo de que tiene comida entre los dientes. Confundimos la cortesía con la generosidad. Ser cortés significa callarse las críticas para que alguien se sienta mejor hoy. Ser generoso consiste en responder con sinceridad para poder mejorar el día de mañana. Se puede ser directo con el contenido al mismo tiempo que se cuidan las formas. «No quiero importunarte, pero me he dado cuenta de que todo sería mucho más incómodo si nadie te dijera que tienes un trozo de brócoli brotando de la encía.»

Cuando empiezas una presentación, sabes que estás en graves problemas si dices «¡Buenos días!» y varias personas responden «¡Buena observación!». Para que los alumnos vencieran sus reservas, les pasé un formulario anónimo en el que podían expresar sus opiniones. Quería convertirme en una esponja: absorbería todo lo que me diera el público y entonces filtraría lo que no me pareciera útil. Poco podía imaginarme que había tomado el camino erróneo.

Los estudiantes destrozaron mi actuación. «Tu respiración

nerviosa suena como la de Darth Vader.» Entonces hice mi primera entrevista de trabajo en una de las mejores universidades del país, pero el comité de selección me rechazó. Nadie me dijo por qué hasta meses después, cuando un colega por fin me contó la verdad. «Careces de la confianza necesaria para infundir respeto en los alumnos.» Al año siguiente, cuando di mi primera charla ante un grupo de oficiales de alto rango de las Fuerzas Aéreas de Estados Unidos, los coroneles me crucificaron. «No he sacado nada de esta sesión, pero creo que el profesor va a llevarse alguna opinión útil.» Aquello era un curso acelerado de desmoralización a través de las críticas más destructivas.

Es muy sencillo actuar como un crítico feroz o como un devoto seguidor. Pero, en cambio, resulta mucho más difícil comportarse como un buen entrenador. Un crítico ve tus puntos débiles y ataca la peor versión de ti mismo. Un seguidor ve tus puntos fuertes y celebra tu mejor versión. Un entrenador ve tu potencial y te ayuda a ser una mejor versión de ti mismo.

Si quería dominar el arte de hablar en público, necesitaba un filtro más adecuado. Decidí convertir a mis críticos y seguidores en entrenadores. En el pasado lo había intentado pidiéndoles su opinión. Pero las investigaciones sugieren que actuar así es un gran error.

En vez de recabar opiniones, los mejores resultados se obtienen al pedir consejos.[72] Las opiniones casi siempre se centran en los buenos resultados de la última vez. Los consejos trasladan la atención a la forma de mejorar para la próxima ocasión. En los experimentos realizados, bastaba con ese simple cambio para obtener sugerencias más concretas y aportaciones más constructivas.[73] En vez de explayarse sobre todo lo que ha salido mal, los consejos guían hacia lo que podría hacerse bien.

72. Gnepp, Jackie, *et al.*, «The future of feedback: Motivating performance improvement through future-focused feedback», *PLoS ONE*, 15, 6 (2020), e0234444. Blunden, Hayley, *et al.*, «Soliciting advice rather than feedback yields more developmental, critical, and actionable input», Harvard Business School, documento de trabajo n.º 20-021, agosto de 2019 (revisado en abril de 2021).

73. En algunas situaciones, la gente tiene miedo de parecer insegura a ojos de los demás, pero pedir consejo nunca se percibe como una falta de confianza.

Fuente: Liz Fosslien.

Sustituí las habituales preguntas para recoger opiniones por una solicitud básica que pedía consejo.[74] «Dime una cosa que podría hacer mejor.» De repente, la gente empezó a darme consejos muy útiles. «No empieces con una broma si no estás seguro de que va a funcionar.» El público no siempre estaba prepa-

---

Refleja un respeto por la experiencia de la otra persona. Cuando le pides su orientación, te juzga como alguien más competente. «¡Eres un genio! ¡Sabías que debías acudir a mí!» Liljenquist, Katie A., «Resolving the impression management dilemma: The strategic benefits of soliciting advice», Northwestern University ProQuest Dissertations Publishing, 2010, 3402210.

74. Si acabas de empezar a aprender una habilidad, pedir consejo no siempre ayuda. Los psicólogos han descubierto que los principiantes buscan con mayor frecuencia el elogio que las críticas. Con los expertos ocurre justo lo contrario: están más acostumbrados y son más receptivos a las sugerencias para mejorar que a los elogios. No sólo se debe a que quieran aprender, así también se sienten más motivados. Si eres un principiante, descubrir un nuevo punto fuerte resulta reconfortante: te da la energía para invertir más tiempo en la actividad. Con la experiencia, obtienes la confianza necesaria para creer que puedes llegar a destacar. En ese punto, buscas información, no validación. Lo que te impulsa a actuar es descubrir que no habías avanzado tanto como creías. Quieres aprender a reducir la distancia. Finkelstein, Stacey R.; y Fishbach, Ayelet, «Tell me what I did wrong: Experts seek and respond to negative feedback», *Journal of Consumer Research*, 39, 1 (2012), pp. 22-38. Fishbach, Ayelet; Eyal, Tal; y Finkelstein, Stacey R., «How positive and negative feedback motivate goal pursuit», *Social and Personality Psychology Compass*, 48, 10 (2010), pp. 517-530. Fishbach, Ayelet; Koo Minjung; y Finkelstein, Stacey R., «Motivation resulting from completed and missing actions», *Advances in Experimental Social Psychology*, 50 (2014), pp. 257-307.

rado para mi ironía, y obtener el silencio como respuesta sólo incrementaba mi ansiedad. «Empieza con una historia personal, te humaniza.» Estaba intentando que la charla se centrara en el público, no en mí mismo, pero en lugar de conectar con él, lo único que hacía era distanciarme.

Tras una década de práctica, recibí una invitación para dar una charla TED. Empecé con una historia sobre mi negativa a invertir en Warby Parker,[75] y me las arreglé para esperar cuarenta y dos segundos antes de soltar mi primera broma, que consiguió despertar las risas del público. Poco después, otro de mis chistes fracasó de la peor manera, y en el vídeo puede verse que estoy nervioso en varios momentos, pero teniendo en cuenta todas las circunstancias, la charla fue bastante bien. En los cinco años siguientes me invitaron varias veces a hablar dentro del círculo rojo, y Darth Vader sólo hizo un pequeño cameo.

Después de dar una charla, siempre pregunto al presentador qué podría haber hecho mejor. Así recuerdo que todos los consejos no tienen el mismo valor y que cuantas más propuestas recibes, más importantes son los filtros que aplicas. Pero ¿cómo saber que una fuente es de confianza?

Que la fuente esté contigo[76]

Cuando Mellody envió las solicitudes para la universidad, no podía imaginarse que entraría en Princeton y Harvard. Para tratar de seducirla, Princeton la invitó a un desayuno con unos cuantos exalumnos muy influyentes. La sentaron al lado de Bill Bradley, una estrella de la NBA reconvertida en senador de Estados Unidos. Mientras le hacía mil preguntas, él se sintió fascinado por su curiosidad y decidió convertirse en su mentor.

---

75. Warby Parker es una cadena de ópticas de mucho éxito en Estados Unidos y Canadá. *(N. del t.)*

76. Macrae, C. Neil; Bodenhausen, Galen V.; y Calvini, Guglielmo, «Contexts of Cryptomnesia: May the source be with you», *Social Cognition*, 17, 3 (1999), pp. 273-297.

Un día, durante una comida, Bill criticó con dureza un rasgo del carácter de Mellody. Le dijo que, cuando jugaba al baloncesto, estaba harto de ver que muchos jugadores con talento siempre tiraban a canasta al recibir el balón, en vez de pasárselo a sus compañeros. Ella también tenía tendencia a dominar el escenario, y si no tenía cuidado, podía convertirse en otro chupón. Mellody sintió que los ojos se le llenaban de lágrimas.

No hay nada malo en tomarse las críticas de manera personal. Si te las tomas por lo personal, demuestras que te las tomas en serio. Sentirse molesto no es una señal de debilidad, ni siquiera de ponerse a la defensiva, siempre y cuando el ego no se interponga en el camino del aprendizaje.

Una de las claves para convertirse en una esponja consiste en discriminar la información que vale la pena absorber y la que sería mejor filtrar. O sea, decidir en qué entrenadores confías. Me gustaría dividir la confianza en tres ingredientes: cuidados, credibilidad y familiaridad.

Si una fuente no se preocupa por tu bienestar, no se ha ganado el derecho de que te importen sus reacciones. Si no está cualificada para juzgar la tarea o no es lo bastante cercana para conocer bien tu potencial, puedes descartar sus opiniones y demostrar que estaba equivocada. Pero si te ha demostrado que le importas, y que conoce bien tus habilidades y la especialidad, te está ofreciendo información para que mejores. Aunque tampoco significa que tengas que aceptar cualquier crítica que te haga. Tampoco tienes que estar de acuerdo para poder aprender de su opinión. Cuando intentas entender qué ha provocado sus reacciones, puedes obtener algunas ideas para despertar una respuesta diferente la próxima vez.

Mientras Mellody procesaba la advertencia de Bill Bradley sobre los peligros de convertirse en un chupón, recordó que nadie tiene el privilegio de recibir críticas o consejos. Pensó para sus adentros: «Si lloro, no volverá a darme nunca su opinión». Se dio cuenta de que Bill estaba dedicando su tiempo a expresarle un amor brutalmente sincero, y que lo hacía porque creía en su potencial y porque quería cuidar de ella para ayudarla a crecer. Tampoco había dudas sobre la credibilidad de Bill: desde su pasado como jugador de baloncesto a su presente en el mundo de la polí-

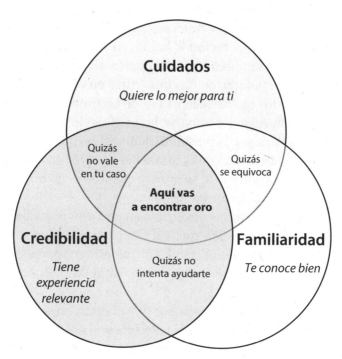

Fuente: Elaboración propia.

tica, conocía muy bien el aspecto que tenía un chupón. Y también había mucha familiaridad entre ambos: la relación de mentoría le había dado una visión muy clara de sus habilidades y defectos.

En vez de dejar que las lágrimas afloraran, Mellody le pidió consejo sobre la forma de mejorar. Descubrió que ser un chupón no es tanto un defecto como una virtud que se usa demasiado, o más bien demasiado mal. Su capacidad de absorción podía tragarse el aire de una habitación y su afán por aprender podía silenciar otras voces sin darse cuenta. Aprendió que debía adaptar la manera de expresar su sed de información.

La respuesta constructiva de Mellody animó a Bill a seguir guiando sus pasos, y la conexión al final dio sus frutos. Años después, Bill le presentó al fundador de Starbucks, quien la invitó a unirse al consejo de administración. El día de su boda, Bill la llevó al altar, y Mellody dijo que era el padre que nunca había tenido.

Muchas personas son incapaces de aprovechar las críticas constructivas porque reaccionan de manera exagerada o porque apenas se esfuerzan por corregir sus errores. Mellody tomó la decisión de hacer todo lo contrario: se dijo a sí misma que los campeones saben adaptarse. Cambiaría su forma de actuar demostrando más interés por los demás, y utilizando su capacidad de absorción para hacer preguntas y aprender más de otras personas. Tal como sus mentores habían hecho con ella, ayudaría a crecer a los demás repartiendo un amor brutalmente sincero. Esa actitud se convirtió en uno de sus puntos fuertes más reconocibles. Como miembro del consejo de administración de Starbucks, Mellody se ganó la fama de desafiar a sus compañeros a pensar con más profundidad y amplitud de miras, y como mentora, de no dudar nunca a la hora de decir la verdad. Lo he vivido en primera persona.

Hace poco, Mellody estaba entre el público de una de mis charlas. Al terminar, mientras la gente me regalaba elogios abstractos, yo sabía que podía contar con ella para que me orientara de verdad. Como era de esperar, al acercarme me habló echando mano a sus notas. El gran consejo que me regaló fue que necesitaba un hilo conductor más claro para que el público no se perdiera el mensaje. Mellody no sólo estaba ahí para absorber y aplicar la información a título individual, quería asegurarse de que el público también era capaz de absorberla y ponerla en práctica. Una actitud que conecta con mi cualidad favorita de las esponjas marinas.

En algún momento del pasado, las esponjas marinas se separaron en su propio árbol evolutivo.[77] Nosotros no somos sus descendientes. Pero este hecho no impide que las esponjas sean unos buenos ancestros.

Mientras leía todo lo que encontraba sobre las esponjas marinas, me encantó descubrir una cualidad que quizás sea aún

---

77. Wong, Emily S., *et al.*, «Deep conservation of the enhancer regulatory code in animals», *Science*, 370, 6517 (2020), eaax8137. Baibhawi, Riya, «Sea sponge unravels 700-million-year-old mystery of human evolution», *Republic World*, 21 de noviembre de 2020.

más destacable que su capacidad de absorción. Es su capacidad de creación. Las esponjas marinas no sólo eliminan las toxinas, también producen sustancias bioquímicas que protegen y promueven la vida gracias a sus propiedades anticancerígenas, antibacterianas, antivirales y antiinflamatorias.[78] Las sustancias que produce una esponja del mar Caribe han permitido hacer grandes avances en el tratamiento del VIH, el herpes y la leucemia. Los compuestos de una esponja japonesa se han convertido en una quimioterapia que alarga la vida de las mujeres con cáncer de mama avanzado, ya que bloquean la división celular. Y un péptido de una esponja de la Antártida ofrece una vía de investigación muy prometedora para el tratamiento de la malaria.

A pesar de estos recientes descubrimientos, el mayor impacto de las esponjas marinas sobre la vida ha tenido lugar posiblemente hace unos quinientos millones de años.[79] Durante décadas, los científicos creían que las especies animales habían surgido después de que el oxígeno apareciera en los océanos. En realidad, los últimos datos indican que las esponjas marinas contribuyeron a este proceso. Al filtrar la materia orgánica del agua, ayudaron a oxigenar los océanos, lo cual permitió evolucionar a las especies animales. Este hallazgo implicaría que las esponjas son en parte responsables de todos los organismos complejos que conocemos. Si no fuera por las esponjas, la raza humana quizás no existiría.

Ser una esponja no es sólo una habilidad proactiva: es una habilidad prosocial. Bien aplicada, no sirve únicamente para absorber los nutrientes que nos ayudan a crecer, también libera los nutrientes que ayudan a crecer a los demás.

---

78. Hall, Danielle, «Sea sponges: Pharmacies of the sea», *Smithsonian*, noviembre de 2019.

79. Zimmer, Carl, «Take a breath and thank a sponge», *The New York Times*, 13 de marzo de 2014. Gannon, Megan, «Sponges may have breathed life into ancient oceans», *LiveScience*, 11 de marzo de 2014. Tatzel, Michael, *et al.*, «Late Neoproterozoic seawater oxygenation by siliceous sponges», *Nature Communications*, 8 (2017), 621.

3

Los *imperfeccionistas*

Encontrar el equilibrio entre el defecto y lo perfecto

> Hay una grieta, una grieta en todo.
> Así es como entra la luz.
>
> LEONARD COHEN[80]

Cuando se enteró de que un terremoto había afectado a su casa en Japón, Tadao Ando se encontraba en la otra punta del mundo.[81] Con gran pesar, se apresuró al aeropuerto y embarcó en el

---

80. Cohen, Leonard, «Anthem», *The Future*, Columbia, 1992.
81. Ando, Tadao, *Tadao Ando: Endeavors*, Flammarion, Estados Unidos, 2019. Auping, Michael, *Seven interviews with Tadao Ando*, Third Millennium, Reino Unido, 2002. Hasegawa, Kanae, «Tadao Ando interview», *Frame*, 6 de diciembre de 2014. Waxman, Sharon, «A natural designer», *Chicago Tribune*, 28 de mayo de 1995. Lippert, Jocelyn, «Japanese architect Ando speaks at TD Master's Tea», *Yale Daily News*, 12 de octubre de 2001. «CNN Talk Asia Program — Japanese architect, Tadao Ando» [vídeo], Stone, Daniel J., YouTube, 13 de enero de 2010, <youtube.com/watch?v=ruuyudjfUdM>. Mariotti, Walter, «Tadao Ando: The world must change», *Domus*, 3 de diciembre de 2020. Bosker, Bianca, «Haute concrete», *The Atlantic*, abril de 2017. Iovine, Julie V., «Building a bad reputation», *The New York Times*, 8 de agosto de 2004. «Artist Talk: Tadao Ando» [vídeo], Art Institute of Chicago, YouTube, 27 de noviembre de 2018, <youtu.be/cV0hiUcFFG8>.

primer vuelo que salía de Europa con destino a Japón. Al subir al ferri que le llevaría a Kobe, sentía el paso de cada segundo. No era la preocupación por el estado de su casa lo que pesaba sobre sus hombros. En realidad, estaba ansioso por comprobar si el resto del barrio seguía en pie. Porque le habían confiado el diseño de varios de sus edificios, desde un templo budista hasta un complejo de viviendas sobre una abrupta colina.

Ando tenía motivos para estar nervioso. Nunca había asistido a la facultad de Arquitectura. Nació en la pobreza a comienzos de los años cuarenta y pasó la infancia a cargo de su abuela en una *nagaya*, una pequeña casa adosada de una sola planta hecha de madera. Cuando las grietas de las ventanas los hacían tiritar de frío en el gélido invierno, Ando se escapaba a la pequeña carpintería que había al otro lado de la calle. Pasó infinidad de tardes tallando barcos de madera, soplando vidrio y trabajando el metal. Soñaba con crear sus propios edificios.

Sin los recursos para ir a la universidad, Ando decidió aprender arquitectura por su cuenta. Mientras hacía trabajos ocasionales para pagar el alquiler, estudiaba a fondo las estructuras que lo rodeaban. Pedía libros sobre arquitectura a sus amigos y leía sobre la evolución de los materiales, las técnicas y los estilos. Perfeccionaba su habilidad con el dibujo calcando directamente los grabados de los edificios, hasta que las páginas quedaban negras.

Con el tiempo, Ando aprendió lo suficiente para obtener la licencia de arquitecto. Cuando el terremoto sacudió Kobe en el año 1995, había diseñado docenas de edificios por toda la ciudad, ubicada sobre una falla geológica activa. Por desgracia, cuando las réplicas se extinguieron, más de seis mil personas habían perdido la vida. Barrios enteros habían desaparecido y más de doscientos mil edificios estaban en ruinas.

Con el corazón roto, Ando midió el alcance de la devastación con muy pocas esperanzas. Se adentró por calles que se habían partido por la mitad y esquivó postes eléctricos que aún estaban en llamas. Trepó por los escombros de un edificio de diez plantas que se había desmoronado por completo. Sorprendentemente, ni uno solo de los treinta y cinco edificios de Ando se había derrumbado. Al inspeccionarlos, no puedo encontrar ni una sola grieta.

Tadao Ando es el único arquitecto que ha ganado los cuatro premios más prestigiosos de la profesión. Conocido como el maestro de la luz y el hormigón, ha sido venerado por sus pioneras estructuras sólidas y minimalistas —desde casas hasta templos y museos— que amplifican el mundo natural que las rodea. Dicen que sus edificios están hechos a prueba de terremotos y describen sus diseños como «haikus visuales».

Ejemplos de edificios construidos por Tadao Ando: capilla sobre el agua; estación de Shibuya; Colina de Buda; vista aérea de la Colina de Buda; Museo de Arte Moderno de Fort Worth; Museo de la Casa Benesse.

Fuente: Shutterstock (arriba, izquierda); Becris/Shutterstock, (arriba, derecha); Anucha Cheechong / Shutterstock (centro, izquierda); *Hokkaido Fan Magazine* (centro, derecha); ShengYin Lin / Shutterstock (abajo, izquierda); Avim Wu / Shutterstock (abajo, derecha).

Cuando me puse a pensar en los rasgos de los grandes arquitectos, la primera cualidad que me vino a la cabeza fue el perfeccionismo. Crear una obra maestra de la estética requiere una meticulosa atención al detalle, por no mencionar todo lo que hace falta para levantar una estructura capaz de aguantar un terremoto. Si un arquitecto no es muy quisquilloso con la colocación de cada elemento, el diseño tendrá defectos y el edificio podría venirse abajo. Pero entonces descubrí que para ser intransigentes, los arquitectos tienen que ser flexibles. Y siempre escuchaba, una y otra vez, que nadie lo hacía mejor que Tadao Ando.

Ando es muy apreciado por su capacidad para sacar el máximo partido de un espacio reducido con un presupuesto limitado. Pero sólo es capaz de conseguirlo porque rechaza el concepto de perfeccionismo. Sabe que para poder ser disciplinado en algunas cuestiones, tiene que ser flexible en otras. Una de sus especialidades es mantener la disciplina para decidir cuándo hay que apretar para obtener el mejor acabado y cuándo tomar la decisión de que el resultado ya es lo bastante bueno. Para él, esta decisión implica priorizar la durabilidad y el diseño a cambio de renunciar a la comodidad. Su estilo característico es meticuloso en la forma, pero menos preciso en la función.

Cuando Ando diseñó su segunda vivienda, todo el solar tenía menos de 60 metros cuadrados. Las limitaciones espaciales implicaban que, incluso si aspiraba a la perfección, ese ideal iba a ser inalcanzable. Tendría que aceptar un diseño que incluyera algunos defectos básicos. Construyó un pequeño armazón de hormigón sin ventanas, sólo había un tragaluz en el techo. «Después de cumplir con las condiciones mínimas de ventilación, iluminación y exposición a la luz solar —reflexionaba Ando—, pensé que la cuestión de la funcionalidad podía dejarse a su inquilino.»

Para pasar de una habitación a otra, hay que pasar por un pequeño patio sin tejado y enfrentarse a los elementos. Los días de lluvia, hay que abrir un paraguas dentro de la casa. Cuando presentó el proyecto a un concurso de arquitectura, un miembro del jurado escribió: «El premio debería concederse al valiente inquilino que vive y sobrevive en este entorno».

Los *imperfeccionistas* · 93

Fotografía de la Casa Azuma, de Tadao Ando, en Sumiyoshi.
Fuente: Hiromitsu Morimoto.

Ando aceptó aquellas limitaciones porque no estaba dispuesto a sacrificar su visión general: actuar como un guerrillero urbano. Quería crear un oasis bien diseñado y duradero en el centro de una ciudad. Al cerrar las paredes al mundo exterior, protegía la vivienda de la fealdad y el alboroto. Al abrir un patio interior con el cielo en el techo, estaba conectando la casa con el esplendor y la sencillez de la naturaleza. A pesar de sus deficiencias, aquella casa adosada ganó un premio importante y sirvió para lanzar su carrera.

Normalmente, asociamos la destreza técnica y estética con la búsqueda de un resultado perfecto. Pero a medida que estudiaba los hábitos de los grandes diseñadores, bailarines y saltadores de trampolín empecé a comprender que liberar el potencial oculto no tiene nada que ver con la búsqueda de la perfección. Tolerar los defectos no sólo es un requisito necesario para un principiante: forma parte del proceso que permite convertirse en un experto y avanzar hasta alcanzar la maestría. Cuanto más se aprende, mejor se detectan los defectos que son aceptables.

El gran error de los estudiantes de sobresaliente

Cuando era niño, mi madre solía decirme que, independientemente de las notas que sacara en el colegio, si me esforzaba por hacer todo lo que estuviera en mi mano, siempre estaría orgullosa de mí. Entonces añadía: «Pero si no sacas un sobresaliente, sabré que no has hecho todo lo que estaba en tu mano». Me lo decía con una sonrisa, pero yo me lo tomaba muy en serio: no podía conformarme con nada que estuviera por debajo de la perfección.

Pero una cosa es alcanzar el éxito y otra evitar el fracaso. Me imagino que nadie quiere estar en manos de un cirujano cardíaco que se sienta satisfecho con hacer un trabajo pasable. No obstante, el perfeccionismo lleva las expectativas a otro nivel.[82] No me refiero a esa frase que usa la gente en las entrevistas de trabajo: «Mi mayor defecto es que soy demasiado perfeccionista». Es algo que va mucho más lejos.

El perfeccionismo es el deseo de ser impecable. El objetivo es no tener ningún defecto: sin errores, sin debilidades, sin fallos. Es aquel compañero de la universidad tan enamorado de haber obtenido la nota máxima en la selectividad que su correo electrónico era «tengoun1600». Son los estudiantes que aún incluyen esa nota media de 4.0 en sus currículos y perfiles de LinkedIn una década después de graduarse.[83] Son esos amigos que parecen tener una vida ideal en la red, pero que esconden con vergüenza sus cicatrices físicas y emocionales.

---

82. Grant, Adam, «What straight-A students get wrong», *The New York Times*, 8 de diciembre de 2018.

83. 1.600 es la puntuación máxima en las pruebas de acceso a la universidad en Estados Unidos, y un 4.0 equivale a obtener un sobresaliente en todas las materias de la carrera. *(N. del t.)*

Los datos indican que el perfeccionismo es un fenómeno al alza en Estados Unidos, Gran Bretaña y Canadá.[84] Resulta evidente que las redes sociales no han ayudado, pero su auge ya había comenzado en los años noventa, una generación antes de que nadie colgara imágenes retocadas en Instagram. En un mundo cada vez más competitivo, los niños se enfrentan a la creciente presión de los padres para ser perfectos y a unas duras críticas cuando no están a la altura.[85] Aprenden a juzgar su valía por la ausencia de equivocaciones. Cada defecto es un golpe a su autoestima.[86] Lo he vivido en mis propias carnes.

Fuente: Liz Fosslien.

84. Curran, Thomas; Hill, Andrew P., «Perfectionism is increasing over time: A meta-analysis of birth cohort differences from 1989 to 2016», *Psychological Bulletin*, 145, 4 (2019), pp. 410-429.

85. Curran, Thomas; y Hill Andrew P., «Young people's perceptions of their parents' expectations and criticism are increasing over time: Implications for perfectionism», *Psychological Bulletin*, 148, 1-2 (2022), p. 10728.

86. Hill, Andrew P.; y Curran, Thomas, «Multidimensional perfectionism and burnout: A meta-analysis», *Personality and Social Psychology Review*, 20, 3 (2016), pp. 269-88.

Cuando en quinto de primaria gané un concurso de preguntas sobre los grandes exploradores de la historia, no dejaba de fustigarme por haber fallado una pregunta. «¿Cómo he podido olvidar que fue Vasco de Gama quien descubrió la ruta marítima a la India, y no Magallanes?» Cuando llegué a la final de un torneo de Mortal Kombat y gané una entrada gratuita a un cine de mi ciudad para toda la vida, ni siquiera lo celebré. «El tercer puesto es el segundo entre los perdedores.» Cuando conseguí la nota más alta en un examen de matemáticas, me sentí decepcionado. «¿Sólo un 98 de 100? No soy lo bastante bueno.»

Los perfeccionistas sobresalen cuando tienen que resolver problemas directos que ya conocen. En el colegio, destacan en los exámenes tipo test que sólo tienen una respuesta correcta y en las preguntas «completa el espacio en blanco» que les permiten regurgitar los datos que han aprendido de memoria. «El marmóreo marco arquitectónico de Miguel Ángel se creó dentro de una fina moldura en *pietra* serena de color gris azulado.» Todavía tengo esa frase grabada en la memoria por culpa del fin de semana que pasé estudiando para un examen final durante mi primer año en la universidad, y sigo sin tener ni idea de qué significa.

El mundo real es mucho más ambiguo. Cuando abandonas la predecible y controlable burbuja de los exámenes académicos, el deseo de encontrar la respuesta «correcta» puede volverse en tu contra. En un metaanálisis, la correlación media entre el perfeccionismo y el rendimiento en el trabajo era igual a cero. Cuando se trata de dominar una tarea, los perfeccionistas no son mejores que sus compañeros.[87] En ocasiones, lo hacen incluso peor. Las habilidades e inclinaciones que llevan a un alumno al primer puesto de la clase en el instituto o en la universidad quizás no le resulten tan útiles después de graduarse.

---

87. Harari, Dana, *et al.*, «Is perfect good? A meta-analysis of perfectionism in the workplace», *Journal of Applied Psychology*, 103, 10 (2018), pp. 1121-1144.

Las personas que llegan a ser verdaderas maestras en su oficio suelen partir de un expediente académico bastante imperfecto. Según un análisis sobre escultores de renombre internacional, la mayoría eran estudiantes del montón. Dos terceras partes terminaron el instituto con notables, bienes y suficientes.[88] El mismo patrón vuelve a aparecer en un estudio que comparaba a los arquitectos más influyentes de Estados Unidos con otros colegas que no habían conseguido transformar la profesión. Los grandes arquitectos rara vez habían sido grandes estudiantes: por regla general, terminaban la universidad con una media de notable.[89] Sus compañeros perfeccionistas tenían unas notas brillantes, pero terminaron construyendo edificios bastante menos deslumbrantes.

En la búsqueda del resultado perfecto, las investigaciones indican que los perfeccionistas cometen tres grandes errores.[90] Primero: se obsesionan con detalles que no importan. Están tan ocupados buscando la solución a unos obstáculos tan minúsculos que carecen de la disciplina para encontrar los problemas importantes que deberían resolver. No pueden ver el bosque por culpa de los árboles. Segundo: evitan las situaciones desconocidas y las tareas difíciles que puedan conducir a un fracaso. Por este motivo, se dedican a perfeccionar un conjunto limitado de habilidades que ya poseen en lugar de trabajar para desarrollar otras nuevas. Tercero: se castigan a sí mismos por cometer errores, lo que dificulta que puedan aprender de ellos. Son incapaces de comprender que el propósito de revisar tus errores no es avergonzar a tu yo del pasado. Es educar a tu yo del futuro.

---

88. Sloane, Kathryn D.; y Sosniak, Lauren A., «The development of accomplished sculptors», en Bloom, Benjamin, *Developing talent in young people*, Ballantine Books, Estados Unidos, 1985.
89. Mackinnon, Donald W., «The nature and nurture of creative talent», *American Psychologist*, 17 (1962), pp. 484-495.
90. Grant, Adam, «Breaking up with perfectionism», *WorkLife*, 3 de mayo de 2022.

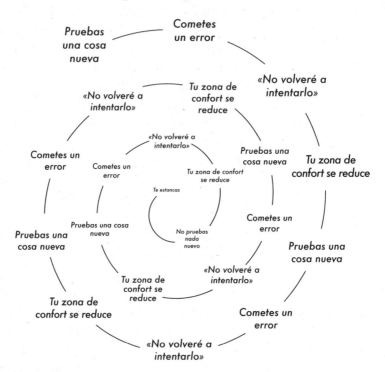

Fuente: Matt Shirley.

Si el perfeccionismo fuera un medicamento, la caja advertiría de sus efectos secundarios más habituales. «Precaución: puede causar retraso en el crecimiento.» El perfeccionismo nos atrapa en una espiral caracterizada por la pérdida de la visión periférica y la evitación de los errores: nos impide ver los problemas más generales y nos constriñe a seguir perfeccionando unas habilidades cada vez más reducidas.

Incluso si no te consideras una persona perfeccionista, es posible que hayas experimentado estas tendencias con las tareas que son importantes para ti. En los proyectos que nos importan de verdad, todos hemos sentido la necesidad de revisar y corregir hasta que el resultado sea impecable. Pero para poder recorrer largas distancias, hace falta comprender que la perfección es un espejismo y hay que aprender a tolerar las imperfecciones adecuadas.

Posibilidades en concreto

Según cuenta la leyenda, un chico joven buscaba a un maestro que le enseñara la ceremonia japonesa del té. El maestro decidió ponerlo a prueba y le pidió que limpiara un jardín. El joven arrancó las malas hierbas y rastrilló las hojas hasta que la superficie quedó impoluta. Mientras repasaba un trabajo impecable, decidió que faltaba algo. Se acercó a un cerezo y sacudió el árbol para que unos pocos pétalos cayeran a la tierra. Al encontrar la belleza en la imperfección, demostró que estaba preparado para convertirse en un maestro.

Esta leyenda se remonta al siglo XVI, cuando la ceremonia del té pasó por un cambio trascendental. Las vajillas inmaculadas fueron sustituidas por tazas descascarilladas. La gente bebía de una cerámica vieja y gastada. Llamaron a esta práctica *wabi sabi*.

El *wabi sabi* es el arte de rendir homenaje a la belleza de la imperfección.[91] No se trata de crear una imperfección intencionada. Consiste en aceptar que los defectos son inevitables y reconocer que no impiden que algo pueda llegar a ser sublime. Es un tema habitual en la vida y la arquitectura de Tadao Ando. Es una criatura imperfecta: es muy selectivo con lo que decide hacer bien.

Si le preguntas a Ando sobre sus años en el colegio, te dirá que su expediente académico era deficiente. Estaba perfectamente dispuesto a aceptar notas imperfectas. A pesar de su pasión por la materia, ni siquiera destacó en la clase de arquitectura que cursó cuando estaba en el instituto. Incluso si hubiera tenido los medios para pagarse la matrícula, con sus notas no habría podido entrar en la Facultad de Arquitectura. Así que se convirtió en boxeador profesional.

Su comodidad con la imperfección se reforzó aún más sobre el ring de boxeo. En un combate, no había nada parecido a una actuación impecable: siempre iba a recibir algún golpe. Si quería ganar, no podía perderse en los detalles, huir de sus defectos o evitar los retos. No había ninguna necesidad de castigarse, sus rivales ya

91. Koren, Leonard, *Wabi Sabi para artistas, diseñadores, poetas y filósofos*, SD Ediciones, Barcelona, 2021.

se encargarían de darle una buena sacudida. Si quería protegerse la cara y la cabeza, tendría que dejar el cuerpo descubierto y encajar unos cuantos golpes. «En el boxeo, tienes que arriesgarte a entrar en una zona de peligro para poder aprovechar al máximo tus habilidades y al final ganar el combate —observa Ando—. Levantar un nuevo edificio requiere la misma mentalidad [...]. Dar ese paso adicional hacia lo desconocido resulta fundamental.»

Después de dos años, Ando dejó el boxeo. Empezó a estudiar arquitectura por su cuenta y a perfeccionar su visión. No se esmeraría en buscar la perfección, sino lo «perfectamente aceptable». Decidió construir las paredes con hormigón, un material que sus colegas evitaban por sus limitaciones estéticas. Se sintió atraído por el hormigón debido a su resistencia y a su «intrincada aspereza». Como en sus primeros proyectos carecía del presupuesto para taparlo, decidió dejarlo al desnudo.

El hormigón visto se convirtió en la firma estética de Ando. Hay imperfecciones visibles en todas las paredes. Puedes ver las líneas en las uniones y los agujeros, que sólo tapaba a medias con mortero. Para asegurarse de que no distraía de la belleza que lo rodeaba, ordenaba alisar el hormigón con sumo cuidado hasta que se sintiera al tacto como la seda o el cachemir. En palabras de un constructor, Ando quería el hormigón «pulido hasta que pareciera mantequilla». El material aún era imperfecto a la vista, pero se volvía aceptable después de que quedara perfectamente liso al tacto.

La iglesia de la Luz, de Tadao Ando. *Fuente*: Jaykhunakorn / Shutterstock.

Las icónicas paredes de hormigón lucen en todo su esplendor en la iglesia de la Luz, uno de los proyectos más famosos de Ando. Basó el diseño en un elemento que la mayoría de los arquitectos considerarían un defecto evidente: unos huecos en el hormigón que dejan la pared trasera abierta al exterior. Pero cumplen con una imponente función, ya que permiten que los rayos de luz entren en el interior con la forma de una cruz. Después de que la iglesia estimara que el aire que se colaba por las ranuras era demasiado frío, Ando aceptó cubrir el hueco con un cristal. Aún confía en eliminarlo algún día, y cada vez que visita la iglesia y bromea con el tema, los sacerdotes le suplican: «No elimines el cristal, por favor».

El *wabi sabi* es una habilidad del carácter. Proporciona la disciplina para trasladar la atención de unos ideales imposibles a unos estándares alcanzables, para después adaptarlos con el paso del tiempo. Pero si hablamos de descubrir la belleza en la imperfección, muchas veces nos encontramos con que «del dicho al hecho hay un trecho». Como perfeccionista en rehabilitación, lo sé por propia experiencia.

En busca de las imperfecciones correctas

Después de pasarme casi todo el verano encerrado en casa jugando a la consola, mi exasperada madre me arrastró a la piscina más cercana. Mientras observaba la profundidad de la piscina, vi a un socorrista que se paseaba por el trampolín con una gracia inusitada. Saltó al aire, plegó el cuerpo formando una bola y lo giró hasta desdibujarlo. Después de dos mortales y un picado, se esfumó en el agua sin levantar ni una salpicadura. Me quedé pasmado.

Dediqué el resto del verano a aprender unos saltos básicos y, cuando llegó el otoño, me presenté a las pruebas de selección del instituto como estudiante de primer año. El entrenador del equipo, Eric Best, trabajaría más adelante con varios medallistas olímpicos. Eric me dijo que tenía buenas y malas noticias. Las malas: el salto de trampolín requería gracia, flexibilidad y una potencia explosiva. Yo caminaba como el monstruo de Frankenstein, no podía tocarme los dedos de los pies sin flexionar las rodillas y su abuela podía saltar más alto que yo. «Perdón, ¿decías que había buenas noticias?»

Había buenas noticias: a Eric no le importaba que fuera muy malo. Nunca descartaría a un saltador que quisiera estar ahí. Y el salto de trampolín era un deporte de raritos: por norma, atraía a atletas que no tenían la talla, la velocidad o la fuerza para destacar en otras especialidades más mayoritarias. Pronosticó que si me esforzaba lo suficiente, cuando llegara al último curso del instituto me clasificaría para las finales estatales de salto.

Aquello me puso las pilas. Aunque sólo era capaz de hacer saltos de principiante, estaba decidido a ejecutarlos a la perfección. Cuando llegaba la hora de irse a casa, siempre suplicaba: «¡Uno más!».

Al final del entrenamiento, Eric tenía que echarme a patadas de la piscina. No quería irme hasta haber corregido el más mínimo defecto.

Los saltos de trampolín se juzgan a partir de un ideal de perfección. Cada defecto puede representar una penalización en la puntuación final. Pierdes puntos por rotar mucho o rotar poco, por terminar demasiado cerca de la tabla o demasiado lejos, por no tocarte los dedos de los pies o por no flexionarlos lo suficiente, e incluso por levantar un poco de agua al entrar en la piscina. Lo ideal es una salida perfecta, un picado perfecto y una entrada perfecta.

Creía que mi perfeccionismo jugaría a mi favor, pero a la hora de la verdad me fue en contra. Pasaba horas tratando de acabar con las minúsculas gotas de agua que levantaba al entrar en la piscina, en vez de trabajar en un obstáculo mucho más importante: mejorar mi deslucido salto vertical al salir del trampolín. Y además de obsesionarme con cuestiones innecesarias, tenía un gran problema con las paradas.

Empezaba la aproximación, hacía la carrera sobre el trampolín y saltaba para darme impulso. Pero justo antes del despegue, me paraba. Tenía una larga lista de excusas. Estaba demasiado inclinado hacia delante o hacia atrás. Iba demasiado rápido o demasiado lento para el ritmo de la tabla. Me ladeaba un poco hacia la izquierda o hacia la derecha. Era como Ricitos de Oro: esperaba que todo estuviera en el punto exacto.

Mi problema con las paradas era especialmente grave cuando llegaba el momento de aprender saltos nuevos. En un entrenamiento, me dediqué a pasear hacia delante y hacia atrás por encima de la tabla durante cuarenta y cinco minutos sin hacer un solo intento. Mientras seguía paralizado ahí arriba, no sólo perdía el tiempo, estaba boicoteando mi progreso personal. Era incapaz de aprender los saltos más difíciles y sólo añadía pequeñas mejoras a los más fáciles. Necesitaba superar mi perfeccionismo.[92]

Pero ¿cómo se puede cambiar? Los perfeccionistas no saben actuar de otra manera. Cuando nos preocupa un objetivo específico, y aunque no seamos perfeccionistas, nos resulta muy difícil tener la disciplina necesaria para decidir qué priorizar, qué minimizar, cuándo parar y cómo aceptar las inevitables imperfecciones.

92. Los perfeccionistas también tienen un mayor riesgo de sufrir un bloqueo mental. Recuerda el momento en que Simone Biles se perdió en medio de un salto en Tokio. Los gimnastas y saltadores lo llaman los *twisties*, cuando de repente el cuerpo es incapaz de ejecutar una rutina que el cerebro solía iniciar de forma automática. Recibe distintos nombres en cada deporte: «síndrome del movimiento perdido» en la gimnasia en trampolín y los «yips» en el béisbol y el golf. Algunas investigaciones preliminares apuntan que este bloqueo mental es más habitual entre los perfeccionistas, quienes son propensos a sentir una ansiedad y una presión competitiva que desactivan el piloto automático y distorsionan la memoria muscular. Me ocurrió una vez en un salto que llevaba haciendo desde hacía años: un mortal y medio con tirabuzón. En vez de entrar en el agua de cabeza, caí de espaldas en plancha y orientado en dirección contraria, después de haber hecho medio mortal más sin la menor conciencia o intención. Aunque sólo me golpeé con el agua, fue terrorífico. Bennett, Jenn, *et al.*, «Yips and lost move syndrome: Assessing impact and exploring levels of perfectionism, rumination, and reinvestment», *Sport and Exercise Psychology Review*, 12, 1 (2016), pp. 14-27. Day, Melissa Catherine, *et al.*, «The causes of and psychological responses to lost move syndrome in national level trampolinists», *Journal of Applied Sport Psychology*, 18 (2006), pp. 151-166. Bennett, Jenn; y Maynard, Ian, «Performance blocks in sport: Recommendations for treatment and implications for sport psychology practitioners», *Journal of Sport Psychology in Action*, 8, 1 (2017), pp. 60-68.

Fuente: Liz Fosslien.

Los datos y las pruebas confirman que el crecimiento se alimenta de tener unos estándares personales elevados, y no de buscar la perfección.[93] Muchas personas entienden esta idea como una invitación a pasar de «ser el mejor» a «dar lo mejor». Pero aspirar a «lo mejor» no es la alternativa más recomendable. En cientos de experimentos, cuando se anima a un grupo de personas a dar lo mejor de sí mismas, su rendimiento empeora —y aprenden menos— que cuando se les asigna de manera aleatoria un objetivo difícil y concreto.[94]

«Dar lo mejor de uno mismo» no es la solución adecuada para curar el perfeccionismo. El objetivo se vuelve demasiado ambiguo para canalizar el esfuerzo y calibrar el impulso. Es imposible saber con seguridad cuál es la meta concreta o si se hacen

---

93. Osenk, Ivana; Williamson Paul; y Wade, Tracey D., «Does perfectionism or pursuit of excellence contribute to successful learning? A meta-analytic review», *Psychological Assessment*, 32, 10 (2020), pp. 972-983.
94. Locke, Edwin A.; y Latham, Gary P., «Building a practically useful theory of goal setting and task motivation: A 35-year odyssey», *American Psychologist*, 57, 9 (2002), pp. 705-717, y «Work motivation and satisfaction: Light at the end of the tunnel», *Psychological Science*, 1 (1990), pp. 240-246. Seijts, Gerard, *et al.*, «Goal setting and goal orientation: An integration of two different yet related literatures», *Academy of Management Journal*, 47, 2 (2004), pp. 227-239.

avances significativos. El contrapunto ideal del perfeccionismo es un objetivo que sea preciso y represente un desafío. De este modo, la atención se focaliza en las acciones más importantes, y se dispone de una referencia para saber cuándo hay suficiente.

Eric me dijo que cuando los locutores de la megafonía ensalzan los saltos que obtienen unos dieces perfectos, están cometiendo un gran error. El salto perfecto no existe. Según los criterios de valoración de los Juegos Olímpicos, el diez no significa la perfección: describe la excelencia. Me estaba enseñando el arte del *wabi sabi*.

Aquella lección me caló hondo: no necesitaba ser perfecto. Sólo tenía que apuntar a un objetivo claro y ambicioso. Eric trabajó conmigo para establecer unas metas en cada salto que me llevaran al límite de mis capacidades. En el salto básico de mi rutina cotidiana, un carpado hacia delante, empezamos con el objetivo de obtener un 6,5. Pero en mi salto más difícil, un mortal con tirabuzón, sólo necesitaba un 5. Y si estaba aprendiendo un nuevo salto, nos conformábamos con cualquier cosa que estuviera por encima del cero, en otras palabras, con hacer el salto. Cada vez que salía del agua, Eric me daba la puntuación. Entonces me proponía una pequeña corrección y me recordaba que si quería adoptar la posición idónea, antes tenía que sentir que me equivocaba.

Dejé de esperar la aproximación perfecta y empecé a saltar con la primera que fuera lo bastante buena. Dejé de evitar los saltos difíciles y empecé a forzar los límites de mis capacidades: en unos pocos años, ya estaba haciendo un doble mortal con tirabuzón completo y clavado en la entrada. Dejé de fustigarme por mis errores del pasado y me centré en mis recientes avances. *Casi siempre.* En la cena anual del equipo, los capitanes me concedieron el premio «ojalá». Dibujaron una viñeta en la que yo salía diciendo: «Ojalá hubiera extendido el dedo meñique del pie izquierdo en esa entrada, habría sacado un 8,5 en lugar de un 8».

Si no daba lo mejor de mí mismo, todavía me sentía frustrado. Cuando un saltador le decía a Eric que había tenido un mal día, él respondía con dos preguntas: ¿has mejorado en algo hoy?, ¿y has conseguido que otra persona mejore? Si la respuesta a cualquiera de las dos preguntas era un sí, el día había sido bueno. «Puede que sea "el mejor", pero su especialidad es mejorar.»

Aprendí que incluso cuando no me sentía satisfecho con un salto en concreto, había una versión de mí mismo que sí podía estarlo. Hay una técnica que me parece muy útil para olvidarse del perfeccionismo. En psicología, se conoce como un «viaje mental en el tiempo».[95] Sí, existe algo así.

Las expectativas aumentan con el éxito. Cuanto mejor lo haces, más te exiges a ti mismo y menos consciente eres de los progresos. Para valorar el desarrollo personal, no hay nada como que el yo del pasado observe los logros del yo del presente. Si hace cinco años hubieras sabido lo que ahora eres capaz de hacer, ¿hasta qué punto te sentirías orgulloso?

Aquel chaval de 14 años que apenas podía hacer un salto mortal se habría sentido fascinado por el progreso que había logrado en unos pocos años. Empecé a ver los vídeos de mis primeros tiempos como saltador. Me sirvieron para desterrar la vergüenza y medir mi crecimiento.

Fustigarte no te hace más fuerte, te deja lleno de moratones. Ser amable con uno mismo no tiene nada que ver con ignorar los propios defectos. Consiste en darse permiso para aprender de las decepciones. Crecemos cuando aceptamos nuestras carencias, no cuando nos castigamos por ellas. *Siente que te equivocas.*

Muchas veces los perfeccionistas tienen miedo a que fallar una sola vez los convierta en unos fracasados.[96] Pero fíate de lo que dicen ocho estudios distintos: la gente no juzga la competencia a partir de una única actuación.[97] Es lo que se conoce

---

95. Suddendorf, Thomas; Addis, Donna Rose; y Corballis, Michael C., «Mental time travel and the shaping of the human mind», en Bar, Mohse, ed., *Predictions in the brain: Using our past to generate a future*, Oxford, Estados Unidos, 2011.

96. Madigan, Daniel J., «A meta-analysis of perfectionism and academic achievement», *Educational Psychology Review*, 31 (2019), pp. 967-989.

97. Moon, Alice; Gan, Muping; y Critcher, Clayton, «The overblown implications effect», *Journal of Personality and Social Psychology*, 118, 4 (2020), pp. 720-742.

como el «efecto de las consecuencias exageradas». Si una persona cocina un plato que sale mal, la gente no piensa que es un cocinero terrible. Si alguien deja una huella dactilar sobre la lente de la cámara, nadie llega a la conclusión de que es un pésimo fotógrafo. Sólo es una instantánea de un momento único en el tiempo.

Resulta que cuando la gente valora las habilidades de los demás, concede mayor importancia a los momentos estelares, y no a los más desafortunados.[98] Incluso si Serena Williams comete varias dobles faltas consecutivas con su servicio, todo el mundo reconoce su excelencia si en el pasado ha visto uno de sus puntos directos de saque. Cuando Steve Jobs se equivocó con el Apple Lisa, la gente aún pensaba que era un visionario por sus logros con el Mac. Y juzgamos el genio de Shakespeare por sus obras maestras (*Hamlet* o *El rey Lear*, por ejemplo), mientras que le perdonamos sus obras más olvidables (sí, me refiero a vosotras, *Timón de Atenas* y *Las alegres comadres de Windsor*). La gente juzga el potencial de una persona por sus mejores momentos, no por los peores. ¿Qué te parece si te concedes esa misma gracia?

Como saltador de trampolín, mi rendimiento tenía un techo claro. Nunca estuve cerca de llegar al equipo olímpico. Pero me las arreglé para superar mis propios objetivos. Antes de terminar el instituto, entré en la lista «All-American» y me clasifiqué dos veces para el campeonato nacional júnior.[99] Sin embargo, el momento en que me sentí más orgulloso fue cuando Eric me dijo que había avanzado más, a pesar de tener menos talento, que cualquier otro saltador que hubiera entrenado. Me di cuenta de que el éxito no se mide por cuánto te acercas a la perfección, sino por todo lo que has superado por el camino.

---

98. Reader, Glenn D.; y Brewer, Marilynn B., «A schematic model of dispositional attribution in interpersonal perception», *Psychological Review*, 86, 1 (1979), pp. 61-79.

99. Lista de los mejores deportistas *amateur* de Estados Unidos en sus respectivas especialidades. *(N. del t.)*

Que siga el espectáculo

En el deporte, la excelencia es bastante objetiva. Los saltos de trampolín tienen una fórmula para medir el grado de dificultad y un reglamento para juzgar la ejecución. Pero en muchos otros ámbitos, el éxito es mucho más subjetivo. Lo que para una persona es un defecto encantador, para otra puede convertirse en un escollo insalvable. Esa asimetría dificulta la toma de decisiones sobre las imperfecciones que se pueden aceptar.

En verano de 2002, más de mil personas acudieron a un teatro de Chicago para asistir al estreno de un espectáculo que combinaba música y danza. Durante el primer acto, el público parecía tan abatido y desconcertado que su creadora temía que abandonara la sala después del entreacto. En una mordaz reseña, el crítico teatral Michael Phillips describió el espectáculo como «extenuante, caótico [...], irregular hasta el disparate [...], mal concebido».

El espectáculo era una creación de Twyla Tharph, famosa por coreografiar los *ballets* de Mijaíl Barýshnikov y los bailes de películas como *Hair* o *Amadeus*.[100] Había ideado «un gran espectáculo de danza de dos horas de duración» a partir de las canciones de Billy Joel sin ninguna frase de diálogo. Había conseguido reunir un presupuesto de 8,5 millones de dólares con la esperanza de obtener un éxito de taquilla que fuera rentable para los propios bailarines, un colectivo que siempre había estado muy infravalorado en el mundo de las artes escénicas.

El gran estreno en Broadway estaba a la vuelta de la esquina. Pero dentro de la cabeza de Tharp, las devastadoras críticas habían sembrado la duda de que el espectáculo estuviera mal con-

---

100. Tharp, Twyla, *The creative habit: Learn it and use it for life*, Simon & Schuster, Estados Unidos, 2009. Pogrebin, Robin, «Movin' Out beyond missteps; How Twyla Tharp turned a problem in Chicago into a hit on Broadway», *The New York Times*, 12 de diciembre de 2002. Phillips, Michael, «In chaotic "Movin' Out" dancing off to the Vietnam War», *Los Angeles Times*, 22 de julio de 2022, y «Tharp reshapes 'Movin' Out' before it goes to Broadway», *Chicago Tribune*, 22 de agosto de 2022. Harford, Tim, «Bless the coal-black hearts of the Broadway critics», *Cautionary Tales*, 20 de mayo de 2022.

cebido desde el principio. «Que yo o cualquier otra persona fuera capaz de arreglarlo para que funcionara era una apuesta arriesgada.» No tenía claro si debía reescribir el argumento, introducir diálogos, desarrollar los personajes o eliminar canciones. Y los intérpretes tendrían que aprender y ensayar todos los cambios que decidiera incorporar.

Sólo un mes después de aquel estreno tan desastroso, Tharp presentó un espectáculo renovado para cerrar la temporada en Chicago. Cuando el crítico Michael Phillips volvió a ver la obra, se sorprendió gratamente de la distancia recorrida. Escribió que «las grandes correcciones [...] han conseguido que el espectáculo sea ahora más claro y satisfactorio», hasta el punto de llegar a ser «estimulante en muchos momentos». «Los cambios de Tharp han conseguido que el espectáculo tenga más oportunidades de convertirse en todo un éxito en Broadway.» No había coreografiado una interpretación perfecta, pero los defectos ya no ensombrecían sus virtudes, y todo gracias a un rápido pivotado.

Pivotar es un concepto muy popular en Silicon Valley, donde se suele decir que «hecho» es mucho mejor que «perfecto». Para iterar y mejorar con rapidez, se aconseja a los ingenieros y emprendedores que creen un producto mínimamente viable. Pero la excelencia es un estándar más elevado: para mí, significa aspirar a un producto que pueda gustar mínimamente.

Para crear un espectáculo que pudiera gustar mínimamente, Tharp necesitaba detectar las partes que el público detestaba. Había llegado el momento de convertirse en una esponja, pero no sabía en qué críticos y comentarios podía confiar. Necesitaba absorber y adaptarse a las reacciones más significativas, mientras filtraba todas las demás. Su hijo, Jesse, dibujó una tabla para clasificar por temas los comentarios más reveladores.

Las investigaciones indican que uno de los mejores métodos para calibrar el valor de las opiniones ajenas consiste en buscar coincidencias entre ellas.[101] Si una persona enciende la luz de

---

101. Larrick, Richard P.; Mannes, Albert E.; y Soll, Jack B., «The social psychology of the wisdom of crowds», en Kruger, Joachim I., ed., *Social judgment and decision making*, Psychology Press, Estados Unidos, 2012.

alarma, quizás se deba a su particular idiosincrasia. Pero si una docena de individuos señalan por separado la misma cuestión, hay muchas probabilidades de que se trate de un problema objetivo. En este caso, hay una concordancia entre evaluadores.

Tharp y su hijo crearon un filtro para separar el grano de la paja. Decidieron que si dos críticos señalaban un mismo problema, ya no era una cuestión de gustos, había un problema en el control de calidad. «Al final, los críticos fueron enormemente útiles —recuerda Tharp, y bromea—: Dios bendiga sus corazoncitos, negros como el carbón.»

La tabla reveló que las críticas unánimes se concentraban en el primer acto, pero no en el segundo. El problema era que Tharp había intentado hacer demasiadas cosas a la vez. Una persona del público se sintió tan abrumada por las distintas fuentes de estímulos que se tapó los ojos durante una canción y los oídos en la siguiente. Arreglar todo aquello era responsabilidad de Tharp, y sabía que el tiempo se agotaba. «No necesitaba la solución perfecta para todos los problemas, pero sí necesitaba una solución factible, muchas de ellas, en realidad.»

Un producto que pueda gustar (mínimamente)

Perfeccionar el espectáculo habría requerido que Tharp saliera de nuevo a la pizarra para intercalar diálogos entre las canciones y los números de baile. Pero ella era una *imperfeccionista*, aspiraba a la excelencia, no a la ausencia de defectos. Para que el espectáculo pudiera gustar, sólo tenía que simplificar la historia, esclarecer los personajes y gestionar las expectativas. Lo consiguió con un único elemento, muy popular entre los amantes del teatro musical: un prólogo.

Añadir un prólogo significaba coreografiar una nueva apertura en cuestión de días. En lugar de martirizarse para diseñar un número perfecto partiendo de cero, recurrió a una coreografía que había creado en el pasado. Su diseñador de producción se dio cuenta de las sorprendentes semejanzas entre algunos ritmos de Billy Joel y un baile que Tharp había creado hacía décadas para otro espectáculo. Tharp sólo necesitó unas horas para enseñar el número reciclado a las dos docenas de bailarines. Ahora tenía una apertura que presentaba a los personajes y que deslumbraba en el aspecto visual. En primavera, *Movin' Out* obtuvo diez nominaciones a los premios Tony, y Tharp se llevó el galardón a la mejor coreografía. Había descubierto el *wabi sabi*: el público y la crítica valoraron la posibilidad de crear un musical precioso a partir de una historia imperfecta.

Identificar las imperfecciones que deben corregirse no tiene por qué dejarse para última hora. En la actualidad, Twyla Tharp no se conforma con dejar la suerte del espectáculo en manos de unos críticos que tienen un corazoncito negro como el carbón. Tras crear un proyecto nuevo, invita a un reducido grupo de personas para que revise el trabajo antes de estar acabado. La ayudan a detectar y resolver los problemas que es incapaz de ver por estar demasiado involucrada. Pero no actúan sólo como entrenadores, también lo hacen como jueces. Su papel consiste en valorar si está avanzando por un camino prometedor. Twyla recomienda que todos reunamos un comité de jueces que nos ayude con el control de calidad. El mío se inspira en mis tiempos como saltador.

Después de retirarme de los saltos de trampolín, echaba de menos la claridad de saber con precisión dónde se sitúa tu actuación en una escala objetiva que va del desastre a la excelencia. Decidí que cuando terminara el primer borrador de un artículo o de un capítulo de un libro, se lo enviaría a un grupo de colegas en quienes tengo plena confianza.

Desde hace más de una década, reúno un comité de jueces para cada proyecto que de verdad me importa. No son estructuras permanentes, son un andamiaje temporal. Yo lo veo como una especie de seminario itinerante. En cada proyecto, selecciono a una combinación de expertos y profanos en la materia que tengan habilidades complementarias. El grupo se junta, se separa y evoluciona cuando es necesario.

Nunca empiezo pidiendo un consejo o una opinión. Solicito a los jueces que puntúen mi trabajo por separado según una escala del uno al diez. Nadie me ha dado nunca un diez. Entonces les pregunto cómo puedo acercarme a ese diez.

En cuanto a la nota, mi objetivo varía en función de mis capacidades y de la importancia de la tarea. Para un gran proyecto como este libro, establezco dos metas: un objetivo al que aspirar (el nueve) y un resultado aceptable (un ocho).[102] Cuando el comité me concede ochos generalizados, sé que puedo sentirme satisfecho con mi progresión. «Ojalá hubiera extendido el dedo meñique del pie izquierdo en aquella frase...»

Obtener una puntuación precisa no sólo aporta información, también ofrece una motivación. Cuando varios jueces me puntúan por debajo del siete, enseguida se animan a actuar como entrenadores, y yo me dejo entrenar. Sé que no puedo conformarme con pequeños cambios, el texto necesita una gran reforma. Y sólo quiero reducir la distancia con el objetivo. Nada me enardece tanto como un cuatro y medio en un primer borrador. Me ayuda a mentalizarme para las críticas y los consejos que vendrán a continuación. Mi comentario favorito: «No es un "pasa-páginas"». Acto seguido, sigo corrigiendo el texto hasta que cada juez me concede un ocho como mínimo, aunque algunos pueden darme hasta un nueve. Ahí es cuando el libro puede gustar (mínimamente). He aceptado que la vida es como saltar de un trampolín: si alguna vez tienes la suerte de recibir un diez, no es por la perfección, sino por la excelencia.

Hay que tener cuidado con el peso que se concede a la puntuación de los jueces. Numerosas investigaciones han demostrado que los perfeccionistas tienden a definir la excelencia en función de los criterios de otras personas.[103] Obsesionarse con crear una imagen impecable a ojos de los demás es un factor de riesgo para sufrir una depresión, ansiedad, agotamiento y otros problemas de salud mental.[104] Esmerarse para obtener la aprobación social tiene un coste: en 105 estudios sobre más de setenta mil personas, valorar los objetivos extrínsecos, como la popularidad o la apa-

102 *Group Decision and Negotiation*, 4 (1995), pp. 513-524.

103. Hill, Andrew P.; Hall, Howard K.; y Appleton, Paul R., «The relationship between multidimensional perfectionism and contingencies of self-worth», *Personality and Individual Differences*, 50, 2 (2011), pp. 238-242.

104. Limburg, Karina, *et al.*, «The relationship between perfectionism and psychopathology: A meta-analysis», *Journal of Clinical Psychology*, 73, 10 (2017), pp. 1301-1326.

riencia, antes que otros intrínsecos, como el crecimiento y la conexión, anticipaba un menor nivel de bienestar.[105] Buscar la validación de los demás es un pozo sin fondo: el ansia de estatus nunca queda satisfecha.[106] Pero si una evaluación externa actúa como una herramienta para el crecimiento, quizás valga la pena usarla.

En definitiva, la excelencia es mucho más que cumplir con las expectativas de los demás. Sobre todo consiste en estar a la altura de los propios estándares. Al fin y al cabo, es imposible agradar a todo el mundo. La cuestión que debes tener en cuenta es si decepcionas a las personas adecuadas. Porque mejor decepcionar a otros que decepcionarse a uno mismo.

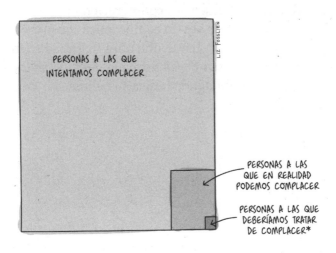

Fuente: Liz Fosslien.

Antes de lanzar un producto al mundo, vale la pena recurrir a un último juez: tú mismo. Si la gente sólo pudiera ver esta obra,

105*et al.*, «A meta-analysis of the dark side of the American dream: Evidence for the universal wellness costs of prioritizing extrinsic over intrinsic goals», *Journal of Personality and Social Psychology*, 124, 4 (2023), pp. 873-899.
106*Psychological Bulletin*, 130, 3 (2004), 392-414.

entre todas las que has hecho en tu vida, ¿te sentirías orgulloso de ella?

Tadao Ando se hace esta pregunta con regularidad. «Lo que otras personas piensen de mi trabajo no es mi principal motivación —dice—. Mi deseo es satisfacerme, cuestionarme a mí mismo.»

Después de que el terremoto sacudiera Kobe, Ando quería preservar los objetos del pasado y renovar la esperanza en el futuro. En la zona costera que mira a las montañas, diseñó un museo de arte. La terraza incluye una de sus esculturas: una manzana verde gigante. «En la vida, es mejor ser verde, y cuanto más verde, mejor —declara Ando—. La manzana verde es un símbolo de juventud.» Ando ya tiene ochenta y tantos años, pero su juventud se refleja en el deseo de seguir creciendo.

Aspirar a estar «verde» es un compromiso con el crecimiento constante, con continuar siendo una obra inacabada. Una manzana que no está madura no está formada del todo, es incompleta e imperfecta. Y es ahí donde radica su belleza.

Parte II

**Estructuras para la motivación.
Andamiajes para superar obstáculos**

En el camino que conduce hacia cualquier objetivo, los obstáculos son inevitables. Cuando chocamos con barreras externas, a menudo pagamos un peaje interno. La rutina cotidiana empieza a aburrirnos y, con el tiempo, nos acaba quemando. Poco a poco, el estancamiento nos hace caer en el desánimo. Las tareas difíciles despiertan sentimientos de fracaso, abatimiento y duda. Y nos cuestionamos si vamos a ser capaces de levantar el ánimo de nuevo, no digamos ya seguir avanzando.

En ocasiones, las habilidades del carácter no son suficientes para recorrer grandes distancias. Muchas competencias nuevas no vienen con un manual de instrucciones, y en muchos casos las pendientes más escarpadas requieren coger un buen impulso. Ese impulso adopta la forma del andamiaje: una estructura de apoyo temporal que nos permite subir a una altura que no podríamos alcanzar por nuestros propios medios. Nos ayuda a desarrollar la resiliencia para superar obstáculos que amenazan con sobrepasarnos y limitar nuestro crecimiento.

Cuando los psicólogos estudian la resiliencia en experimentos, suelen recrear experiencias abrumadoras enseñando a los sujetos una serie de vídeos muy incómodos. Trata de recordar la última vez que viste una escena intensa o perturbadora en la televisión o en el cine. Tu personaje favorito acaba decapitado en el espacio exterior por una espada de luz o devorado en *Stranger Things* por un *demobat*. Si te pareces un poco a mis hijos (y a mi mujer), esas escenas se reproducen una y otra vez en tu mente, y continúan persiguiéndote mucho después de que terminen los créditos finales. «Muchas gracias, hermanos Duffer.» Pero los psicólogos han descubierto que es posible frenar en seco esos recuerdos recurrentes e indeseados con una modalidad especial del andamiaje.

En un primer momento, di por sentado que se trataría de algún tipo de terapia. Quizás había que ver el vídeo una y otra vez para insensibilizarse de manera sistemática (terapia de exposición), o te ayudaban a redefinir la escena hasta entender que no puede hacerte daño (reevaluación cognitiva). Pero me equivocaba. El andamiaje que ofrecen los psicólogos para reforzar la resiliencia es jugar al Tetris.

Sí, al Tetris.

Después de que una persona contemple una escena especialmente perturbadora en una película, durante la semana siguiente suele tener entre seis y siete recuerdos recurrentes muy inquietantes. Pero si se pide a esa persona que juegue unas cuantas partidas al Tetris justo después de ver la escena, los recuerdos se reducen a la mitad durante ese mismo período.[107] De algún modo, el acto de rotar, mover y colocar bloques geométricos protege de los recuerdos intrusivos y las emociones aversivas.

Seamos claros, jugar al Tetris no va a resolver los problemas de adicción ni va a poner fin al TDAH. Un juego no puede reemplazar una intervención terapéutica o farmacológica. Pero varios equipos de investigación han replicado ese mismo efecto.[108] Al principio, sólo me pareció una anécdota fascinante. Pero a medi-

---

107. Holmes, Emily A., *et al.*, «Can playing the computer game "Tetris" reduce the build-up of flashbacks for trauma? A proposal from Cognitive Science», *PLoS ONE*, 4 (2009), e4153. Holmes, Emily A., *et al.*, «Key steps in developing a cognitive vaccine against traumatic flashbacks: Visuospatial Tetris versus Verbal Pub Quiz», *PLoS ONE*, 7 (2012), 10.1371.

108. Badawi, Amalia, *et al.*, «Do cognitive tasks reduce intrusive-memory frequency after exposure to analogue trauma? An experimental replication», *Clinical Psychological Science*, 8, 3 (2020), pp. 569-583.

da que iba profundizando en los datos, llegué a comprender que el efecto Tetris ejemplifica cuatro características fundamentales del andamiaje.

Primero: por regla general, el andamiaje suele provenir de otras personas. Nunca se me habría ocurrido ahuyentar una imagen molesta jugando al Tetris; la idea provino de otras personas con unos conocimientos y una experiencia relevantes. Cuando las circunstancias amenazan con derrotarnos, en lugar de buscar sólo en nuestro interior, podemos recurrir al exterior para encontrar mentores, profesores, entrenadores, compañeros o modelos que imitar. El andamiaje que proporcionen tendrá un aspecto diferente y provocará sensaciones distintas según el tipo de reto al que nos enfrentemos, pero al final tendrá el mismo efecto: ofrecer un punto de apoyo o un buen impulso.

Segundo: el andamiaje está hecho a la medida del obstáculo que aparece en el camino. Cuando los psicólogos proponen jugar al Tetris, es porque éste tiene un beneficio muy concreto: modifica la manera en que el cerebro construye la imaginería mental. El escáner cerebral revela que el Tetris bloquea las imágenes invasivas porque activa el circuito visual-espacial: estamos demasiado ocupados procesando las formas que aparecen en la pantalla como para vigilar la amenaza de unas imágenes perturbadoras.[109] Otros tipos de juegos, como los de preguntas y respuestas, no reducen los recuerdos recurrentes. El Tetris es un andamiaje muy efectivo porque ayuda a ignorar un problema concreto.

Tercero: el andamiaje se utiliza en un momento crucial en el tiempo. Jugar al Tetris antes de ver la película no tiene ningún beneficio, pues todavía no hay ninguna imagen que bloquear.[110]

---

109. Agren, Thomas, *et al.*, «The neural basis of Tetris gameplay: Implicating the role of visuospatial processing», *Current Psychology*, 42, (2021), pp. 8156-8163. Price, Rebecca B., *et al.*, «Neural correlates of three neurocognitive intervention strategies: A preliminary step towards personalized treatment for psychological disorders», *Cognitive Therapy and Research*, 37, 4 (2013), pp. 657-672.

110. James, Ella L., *et al.*, «Playing the computer game Tetris prior to viewing traumatic film material and subsequent intrusive memories: Exami-

La estructura se vuelve útil después de la escena inquietante, y parece que las veinticuatro horas siguientes son el período crítico.[111] Si la espera se alarga, la memoria se solidifica, así que primero hay que reactivar el recuerdo de la escena antes de recurrir al Tetris para que la bloquee.

Cuarto: el andamiaje es temporal. No hace falta seguir una terapia vitalicia de Tetris para recuperarse de una película de terror. Con jugar sólo unos diez minutos es suficiente para interferir con la consolidación del recuerdo y reducir las imágenes intrusivas. Cuando se obtiene el apoyo necesario, ya no se depende de la estructura, es posible seguir adelante sin ella.

Como el tipo de andamiaje que se necesita varía de un día para otro, esos apoyos se obtienen de fuentes diferentes, en momentos diferentes y para obstáculos diferentes. Quizás decidamos recurrir a un mentor o un entrenador para que nos enseñe que esa aparente barrera infranqueable puede transformarse en una escalinata. Quizás confiemos en un compañero de clase o de equipo para enseñarnos que la pieza clave que faltaba se encuentra a la vuelta de la esquina. Y quizás debamos trabajar todos juntos para llegar al próximo nivel cuando las apuestas estén en contra.

Con excesiva frecuencia, sentimos que los errores se van acumulando, mientras los éxitos desaparecen. Pero con el apoyo adecuado en los momentos precisos, podemos superar los obstáculos que nos impiden crecer. Para aprender a construir estas estructuras de apoyo, he buscado a personas que han recorrido una distancia extraordinaria a pesar de enfrentarse a unos desafíos extremos, tanto físicos como emocionales. Alpinistas, músicos, soldados y atletas que han superado las adversidades y han cambiado mi manera de entender el andamiaje. No hay que ser un fanático de los deportes para apreciar sus reflexiones, son válidas para cualquier aspecto de la vida.

---

ning proactive interference», *Journal of Behavior Therapy and Experimental Psychiatry*, 53 (2016), pp. 25-33.

111. James, Ella L., *et al.*, «Computer game play reduces intrusive memories of experimental trauma via reconsolidation-update mechanisms», *Psychological Science*, 26, 8 (2015), pp. 1201-1215.

El andamiaje libera el potencial oculto porque nos ayuda a abrir caminos que de otro modo seríamos incapaces de ver. Nos permite encontrar la motivación en medio de la rutina diaria, cobrar impulso frente a las adversidades y convertir las dudas y las dificultades en fuentes de energía.

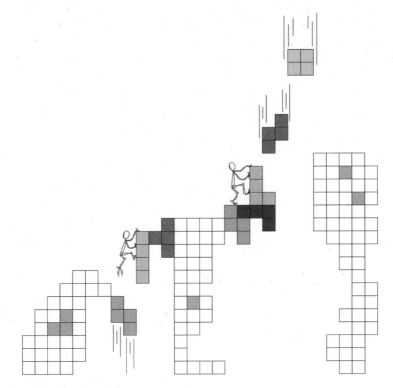

Fuente: @researchdoodles por M. Shandell.

4

Transformar la rutina cotidiana

Infundir pasión en la práctica

> Lo que nos motiva no es el trabajo ni el juego, la trascendencia ni la intrascendencia. Es la danza entre ambos.
>
> BERNARD DE KOVEN[112]

Mientras daba los retoques finales a su solicitud, una adolescente llamada Evelyn Glennie sentía mariposas en el estómago.[113] Criada en un granja de Escocia, siempre había soñado con convertirse en música. Se sentía atraída por el ritmo de los sonidos que la rodeaban: el traqueteo del tractor, los graves mugidos de las vacas, los golpes metálicos de los herreros, el susurro de los árboles que movía el viento. Después de cuatro años perfeccionando sus habilidades con la percusión, y de varios más practicando al piano, Evelyn sentía que ya estaba preparada. Solicitó la

---

112. De Koven, Bernard, *The well-played game: A player's philosophy*, MIT Press, Estados Unidos, 2013.

113. Entrevista personal, 8 de agosto de 2022; Glennie, Evelyn, *Good vibrations: My autobiography*, Hutchinson, Reino Unido, 1990; *Listen world!*, Balestier Press, Reino Unido, 2019; y «How to truly listen», charla TED, 2003, <ted.com/talks/evelyn_glennie_how_to_truly_listen>. Pasternack, Sofia, «Evelyn Glennie on the Olympics Opening Ceremony», *Tom Tom*, febrero de 2013.

admisión en uno de los conservatorios más prestigiosos del Reino Unido.

La Real Academia de la Música sólo acepta a la flor y nata. Elton John y Annie Lennox son algunos de sus antiguos alumnos. Cuando Evelyn llegó a Londres para hacer la prueba de admisión, sólo tenía veinte minutos para demostrar sus capacidades. Tocó la Obertura de *Guillermo Tell* con los timbales, varias piezas en la caja y el xilofón, y una sonata de Mozart al piano.

La Academia no la aceptó. Varios miembros del jurado expresaron su preocupación por su falta de capacidad. Concluyeron que no tenía ninguna posibilidad de hacer carrera como música profesional.

Menos de una década después, Evelyn se convertía en la primera percusionista solista del mundo a tiempo completo.

Por norma, el público no acude en masa a ver la actuación de un batería. Tocan en un segundo plano, detrás de un grupo o una orquesta, como Ringo Starr a la sombra de John y Paul. Pero Evelyn tenía tanto talento que, cuando realizó una gira mundial en solitario, las entradas del centenar de conciertos que ofreció en un solo año solían estar agotadas.

Ganó tres premios Grammy: al mejor solo instrumental en música clásica, a la mejor interpretación en música de cámara y al mejor disco de fusión clásica. Ha actuado con Björk, ha tocado en *Barrio Sésamo* y fue nombrada Dama del Imperio Británico por la reina Isabel II. En 2015, fue la primera percusionista que recibía el premio Polar de la música —el equivalente musical del Nobel—, y así pasó a formar parte del Panteón donde figuran personajes de la talla de Elton John, Yo-Yo Ma, Paul McCartney, Joni Mitchell, Paul Simon, Bruce Springsteen y Stevie Wonder.

Cuando la Real Academia de la Música decidió que Evelyn carecía de la capacidad necesaria, no se equivocaba. Desde un punto de vista técnico, no tenía oído musical; de hecho, no podía oír nada. La mejor percusionista del mundo es completamente sorda.

Los oídos de Evelyn empezaron a fallar cuando tenía 8 años. Al cumplir los doce, cuando la gente hablaba con ella, apenas podía distinguir un solo sonido. Un otorrino diagnosticó que su nervio auditivo sufría un proceso de degeneración y le dijo que nunca podría tocar un instrumento. El nivel de dificultad era demasiado alto y la distancia que recorrer demasiado larga.

La sordera convirtió el aprendizaje musical en un trabajo excepcionalmente difícil. Pero Evelyn no dedicaba una cantidad de horas desorbitada a la aburrida tarea de hacer escalas. Su profesor de percusión en el colegio, Ron Forbes, no la obligaba a seguir un tedioso programa de ejercicios repetitivos. Trabajaron juntos con el fin de crear un andamiaje que le permitiera disfrutar del proceso de aprendizaje.

Cuando Evelyn conoció a Ron, él le preguntó cómo podría oír la música. No tenía otra opción que adoptar un estilo de aprendizaje diferente. Evelyn le explicó que, a pesar de no poder escuchar los distintos tonos con los oídos, podía sentir sus vibraciones en los brazos, el estómago, las mejillas y el cuero cabelludo. Empezó a pensar en su cuerpo como en una especie de oído gigantesco. Mientras Ron tocaba los timbales, Evelyn ponía las manos sobre la pared, para aprender a asociar los distintos tonos con partes del cuerpo diferentes. Algunas de las notas más altas resonaban alrededor de la cara y el cuello. Las más bajas solían reverberar en las piernas y los pies. Empezó a tocar descalza para sentir las vibraciones con más intensidad.

Al comienzo de cada clase, Evelyn disfrutaba del desafío que representaba sentir los sonidos. A medida que iba dominando la materia, Ron reducía los intervalos entre los tonos. Era como pasar de nivel en un videojuego: ahora podía distinguir las distintas notas con mayor precisión usando sólo las yemas de los dedos. Poco después, Ron reavivaba su entusiasmo al ofrecerle nuevos retos que superar. «¿Ves esta obra de Bach? ¿Crees que puedes tocarla en la caja?» Como no dejaba de variar las tareas y subir el listón, el aprendizaje se convirtió en un placer. «Nunca hubo una diferencia clara entre la diversión y el trabajo duro —me dice—. Era como una esponja.» Empezó a crear sus propias versiones de la música de Bach con un estilo de percusión contemporáneo.

Casi todo el mundo dice que para poder desarrollar una habilidad hay que obligarse a cumplir con largas horas de monótonas repeticiones. Pero la mejor manera de liberar el potencial oculto no tiene nada que ver con sufrir la rutina cotidiana. Consiste en transformar la rutina cotidiana en una fuente de placer cotidiano. No es ninguna coincidencia que, en el mundo de la música, la palabra que se utiliza para *tocar* sea *jugar*.[114]

Vivir en armonía

Si quieres convertirte en un experto en cualquier campo, no basta con ser un prodigio de la naturaleza. Nadie ha nacido con la capacidad innata para tocar *Amazing Grace* con una gaita, sacar del horno un burbujeante Baked Alaska,[115] hacer malabares con siete bolas a la vez o incluso deletrear palabras como *onomatopeya o mayonesa*. Para dominar una habilidad, hay que practicar.

Desde que la idea de alcanzar la maestría dedicando diez mil horas a la práctica sacudió los cimientos del universo, los padres, profesores y entrenadores sienten una profunda fascinación por esta clase de hábito tan particular. La práctica deliberada es la repetición de una tarea para mejorar el rendimiento a partir de unos objetivos claros y una evaluación inmediata. Sin embargo, el tiempo que se debe dedicar a esta clase de ejercicios es una cuestión mucho más discutible de lo que nos quiere hacer creer la idea de las diez mil horas.

Las investigaciones afirman que el número real de horas necesarias para alcanzar la excelencia varía de forma espectacular en función de la persona y la tarea. Parece claro que la práctica deliberada resulta particularmente valiosa para mejorar la habilidad en tareas predecibles con movimientos constantes: golpear con un palo de golf, resolver el cubo de Rubik o tocar el violín.[116]

---

114. *Play* es una palabra polisémica que significa 'jugar' y 'tocar, interpretar' en inglés. (*N. del t.*)

115. *Baked Alaska* es un pastel horneado de helado y bizcocho cubierto de merengue. (*N. del t.*)

116. Macnamara, Brooke N.; Hambrick, David Z.; y Oswald, Frederick L., «Deliberate practice and performance in music, games, sports, education, and professions: A meta-analysis», *Psychological Science*, 25, 8 (2014), pp. 1608-1618.

Hoy sabemos que hasta los niños prodigio han dedicado largas y obsesivas horas a la práctica deliberada. El padre violinista de Mozart le impuso unos horarios de ensayos y unos ejercicios tan extenuantes que un biógrafo los describió como «una esclavitud incondicional».[117] Pero esa clase de ensayos tan fanatizados se cobran un peaje. Mozart escribía cartas en las que expresaba la extenuación que sentía, y cuando era adolescente confesaba que «mis dedos arden de dolor por componer tantos recitativos», mientras que al final de la veintena decía que estaba «cansado [...] de tanto actuar».[118,119] Hay motivos para creer que alcanzó el éxito a pesar de aquellos ensayos tan compulsivos y no gracias a ellos.

Las investigaciones demuestran que las personas que se obsesionan con su trabajo le dedican muchas más horas, pero que no rinden mejor que sus semejantes.[120] Sólo tienen más posibilidades de ser víctimas de un agotamiento físico y emocional. La monotonía de la práctica deliberada las pone en riesgo de sufrir el síndrome de desgaste profesional, el conocido *burnout*, por no hablar del aburrimiento asociado al *boreout*. Sí, el *boreout*, el aburrimiento profesional, es un término real en el campo de la psicología. Mientras que el desgaste profesional es el agotamiento físico que se acumula por el exceso de trabajo, el *boreout* es el embotamiento emocional que se siente cuando escasean los estímulos.[121] Aunque la práctica deliberada es necesaria para lograr grandes

---

117. Solomon, Maynard, *Mozart: A life*, HarperCollins, Estados Unidos, 2005.
118. Mozart, Wolfgang Amadeus, *Cartas de Wolfgang Amadeus Mozart*, Jesús Dini, ed., Muchnik Editores, Barcelona, 1986.
119. Spaethling, Robert, *Mozart's letters, Mozart's life*, Norton, Estados Unidos, 2000.
120. Clark, Malissa A., *et al.*, «All work and no play? A meta-analytic examination of the correlates and outcomes of workaholism», *Journal of Management*, 42, 7 (2016), pp. 1836-1873.
121. Westgate, Erin C.; y Wilson, Timothy D., «Boring thoughts and bored minds: The MAC model of boredom and cognitive engagement», *Psychological Review*, 125, 5 (2018), 689-713. Abubakar, A. Mohammed, *et al.*, «Burnout or boreout: A meta-analytic review and synthesis of burnout and boreout literature in hospitality and tourism», *Journal of Hospitality Marketing & Management*, 31, 8 (2022), pp. 458-503.

cosas en la vida, no hay que trabajar hasta el punto de erradicar el placer de la actividad y convertirla en un sobresfuerzo obsesivo.

En un estudio sobre concertistas de piano que obtuvieron el reconocimiento internacional antes de cumplir los 40, muy pocos estaban obsesionados con su oficio. En sus primeros años, la mayoría sólo tocaban el piano una hora al día. No fueron educados por tratantes de esclavos o sargentos de instrucción, sus padres respondieron con entusiasmo a su motivación intrínseca. Cuando llegaron a la adolescencia, aumentaron progresivamente la carga diaria de trabajo, pero sin convertir el piano en una obsesión o una tarea rutinaria. «Ensayaban porque estaban interesados en lo que estaban haciendo —explica la psicóloga Lauren Sosniak— [y] porque disfrutaban del trabajo con el profesor.»[122]

Los músicos de élite casi nunca se sienten motivados por una compulsión obsesiva. Por regla general, se alimentan de lo que los psicólogos llaman «pasión armoniosa»,[123] que consiste en disfrutar del proceso, en lugar de sentir presión por lograr un resultado. Ya no hay que ensayar bajo el espectro del «debería». «Debería estudiar. Se supone que tendría que estar ensayando.» Al contrario, se produce un desplazamiento hacia el deseo. «Tengo ganas de estudiar, me entusiasma la idea de ensayar.» Con estas frases resulta más sencillo encontrar el flujo adecuado: enseguida te adentras en una zona de absoluta concentración, donde el mundo desaparece y te fusionas con el instrumento. En lugar de controlar tu vida, los ensayos la enriquecen.

La importancia de la pasión no es exclusiva de la música. En 127 estudios con unas cuarenta y cinco mil personas, la persistencia tenía más posibilidades de traducirse en una mejora del rendimiento cuando la pasión estaba presente.[124,125] La cuestión es

---

122. Sosniak, Lauren A., «Learning to be a concert pianist», en Bloom, Benjamin, *Developing talent in young people*, Ballantine Books, Nueva York, 1985.

123. Bonneville-Roussy, Arielle; Lavigne, Geneviève L.; y Vallerand, Robert J., «When passion leads to excellence: The case of musicians», *Psychology of Music*, 39 (2011), pp. 123-138.

124. Jachimowicz, Jon M., et al., «Why grit requires perseverance and passion to positively predict performance», *PNAS*, 115, 40 (2018), pp. 9980-9985.

125. Mi colega Nancy Rothbard ha descubierto que el precio a pagar

cómo construir el andamiaje que infunde pasión a la práctica cotidiana. Mi respuesta favorita recibe el nombre de «juego deliberado».

PROGRESO

«TENGO QUE»
100%

«QUIERO»
100%

LIZ FOSSLIEN

Fuente: Liz Fosslien.

---

por dedicar muchas horas depende de los sentimientos de cada persona sobre su situación. La gente tiene más riesgo de sufrir depresión, insomnio, hipertensión y colesterol alto cuando trabajan hasta las tantas empujados por la obsesión, pero no cuando lo hacen motivados por la pasión. Las pruebas también indican que la obsesión anticipa más conflictos entre el trabajo y el resto de la vida: hay más dificultades para desconectar, lo que contribuye al desgaste profesional. Mientras tanto, la pasión armoniosa se vincula con una mejora de la satisfacción y el equilibrio entre la vida y el trabajo: resulta más sencillo mantener la armonía entre distintas prioridades cuando no existe la presión de pasarse el día trabajando. Ten Brummelhuis, Lieke L.; Rothbard, Nancy P.; y Uhrich, Benjamin, «Beyond nine to five: Is working to excess bad for health?», *Academy of Management Discoveries*, 3, 3 (2017), pp. 262-283. Vallerand, Robert J., *et al.*, «On the role of passion for work in burnout: A process model», *Journal of Personality*, 78, 1 (2010), pp. 289-312.

Juego a juego

El juego deliberado es una actividad estructurada que se ha diseñado para poder disfrutar del desarrollo de una habilidad.[126] Combina elementos de la práctica deliberada y el juego libre.[127] Como ocurre con el juego libre, su versión deliberada es divertida, pero se estructura a partir del aprendizaje y la destreza, además del entretenimiento. Está diseñado para dividir tareas complejas en partes más simples, con la finalidad de poder perfeccionar una habilidad concreta.

Cuando pregunté a Evelyn Glennie en qué consisten sus ensayos, me dijo que dedica casi todo el tiempo al juego deliberado. Cuando se aburre, cambia de instrumento, por lo que pasa de una herramienta de percusión a otra sin apenas esfuerzo. «Si mi intención es seguir interesada en una nueva técnica con la marimba, la traslado a la batería», me dice. Mezclar las cosas rompe la monotonía y mantiene la pasión con armonía. «No hay nada parecido a la rutina —me dice entre risas—. Eso me suena a estar secuestrada.»

En muchos casos, el juego deliberado incluye la introducción de la variedad y la novedad en los ensayos. Puede aplicarse al método de aprendizaje, las herramientas utilizadas, los objetivos planteados o las personas con quien se interactúa. En función de la habilidad que se intenta desarrollar, puede adoptar la forma de un juego, una actuación con personajes o un ejercicio de improvisación.

Cuando leí por primera vez las investigaciones sobre el juego deliberado, me abrieron los ojos a la posibilidad de infundir la pasión armoniosa a cualquier tipo de práctica, ensayo o entrenamiento. Empecé a preguntarme si podría transformar la rutina cotidiana de la formación tradicional en el puesto de trabajo. En

---

126. Côté, Jean, «The influence of the family in the development of talent in sport», *The Sport Psychologist*, 13, 4 (1999), pp. 395-417.

127. Côté, Jean; Baker, Joseph; y Abernethy, Bruce, «Practice and play in the development of sport expertise», en Tenenbaum, Gershon; y Eklund, Robert C., eds., *Handbook of sport psychology*, Wiley, Estados Unidos, 2007. Lordo, Jackie, «The development of music expertise applications of the theories of deliberate practice and deliberate play», *Update: Applications of Research in Music Education*, 39, 3 (2021), pp. 56-66.

un experimento con trabajadores sanitarios, mis colegas y yo descubrimos que el síndrome de desgaste profesional caía en picado después de animarlos a incorporar un poco de juego deliberado en sus tareas más estresantes.[128] Una enfermera experta en alergias empezó a presentarse como la «enfermera del veloz picotazo», lo que relajaba de inmediato a los pacientes jóvenes. Les dejaba que la cronometraran mientras pinchaba, y cuando volvían para la siguiente visita, siempre pedían a la «Enfermera del veloz picotazo» y la retaban a batir su tiempo anterior.

Existe una corriente que aboga por incorporar el juego deliberado al desarrollo profesional. Las facultades de Medicina han empezado a ofrecer clases de improvisación cómica para añadir un poco de trivialidad al desafío de aprender a interpretar las señales no verbales.[129] En un ejercicio, llamado «película extranjera», los alumnos observan a sus compañeros mientras gritan palabras sin ningún sentido y tratan de descifrar su significado analizando sus gestos y expresiones faciales. Los estudiantes explicaban que, además de ser muy divertido, el juego deliberado los convertía en mejores médicos, y los resultados iniciales eran muy prometedores en este sentido.[130] Después de incorporar esta clase de sesiones de improvisación a un curso de comunicación en la facultad de Farmacia, los alumnos obtenían mejores resultados cuando examinaban a los pacientes.[131] Estaban mejor capacitados para identificar la principal queja del paciente y empatizar con sus preocupaciones.

128. Grant, Adam M.; Berg, Justin M.; y Cable, Daniel M., «Job titles as identity badges: How self-reflective titles can reduce emotional exhaustion», *Academy of Management Journal*, 57, 4 (2014), pp. 1201-1225.
129. Watson, Katie; y Belinda, Fu, «Medical improv: A novel approach to teaching communication and professionalism skills», *Annals of Internal Medicine*, 165, 8 (2016), pp. 591-592.
130. Watson, Katie, «Serious play: Teaching medical skills with improvisational theater techniques», *Academic Medicine*, 86, 10 (2011), pp. 1260-1265.
131. Boesen, Kevin P., *et al.*, «Improvisational exercises to improve pharmacy students' professional communication skills», *American Journal of Pharmaceutical Education*, 73, 2 (2009), art. 35.

Los beneficios no se restringen a la atención médica. En algunos cursos para agentes de ventas, se invita a los alumnos a interpretar el papel del comercial y del cliente.[132] En un ejercicio, el cliente se aproxima mientras sostiene una caja, y el vendedor le pregunta qué hay dentro con el objetivo de mantener la conversación durante tres minutos sin que el ritmo decaiga. El mes siguiente, cuando ese centro de formación recibió el encargo de vender entradas para los partidos de un equipo deportivo profesional, los estudiantes que habían participado en el ejercicio de dramatización vendían un 43 por ciento más que el grupo de control que no había pasado por la misma experiencia. Y también decían que habían disfrutado más de las clases.

Normalmente, suele ser un profesor o un entrenador quien monta el andamiaje para el juego deliberado, pero también es posible lograr avances reales por tu propia cuenta. Si quieres mejorar en leer la partitura cuando tocas el piano, puedes ponerte el reto de contar las notas que aciertas al interpretar una pieza nueva mientras registras tus progresos semana a semana. Si eres un jugador de Scrabble que desea mejorar sus habilidades con los anagramas, puedes practicar dibujando series aleatorias de piezas y ver cuántas palabras eres capaz de deletrear en un minuto.

El juego deliberado se ha convertido en una práctica muy popular en el mundo del deporte. Las pruebas indican que los atletas que se especializan muy pronto en un único deporte suelen llegar rápido a su techo y se queman en poco tiempo.[133] Tener que dar el callo desde una edad muy temprana aumenta el riesgo de sufrir problemas de salud, tanto física como mental.[134] Con el

---

132. Rocco, Richard A.; y Whalen, Joel D., «Teaching yes, and... improv in sales classes: Enhancing student adaptive selling skills, sales performance, and teaching evaluations», *Journal of Marketing Education*, 36, 2 (2014), pp. 197-208.

133. Güllich, Arne; Macnamara, Brooke N.; Hambrick, David Z., «What makes a champion? Early multidisciplinary practice, not early specialization, predicts world-class performance», *Perspectives on Psychological Science*, 17, 1 (2022), pp. 6-29.

134. Waldron, Shelby, *et al.*, «Exploring early sport specialization: Asso-

juego deliberado es mucho más sencillo mantener la diversión y conseguir grandes cosas en la vida.

En el deporte, el juego deliberado casi siempre se organiza alrededor de un subcomponente, como puede ser un partido o la realización de una tarea.[135] En el tenis, por ejemplo, contar cuántos saques consecutivos entran en el cuadro puede servir para perfeccionar el servicio. El éxito puede consistir en derrotar al adversario, superarse a uno mismo o batir el cronómetro. No se cuentan las horas, se hace un seguimiento del proceso de mejora. La puntuación no es una señal de victoria, es un medidor del progreso.

En un pequeño experimento en Brasil, un grupo de psicólogos deportivos comparó la efectividad del juego deliberado y de la práctica deliberada para enseñar a jugar al baloncesto a un grupo de jóvenes.[136] Algunos dedicaron más de la mitad del tiempo de entrenamiento a la práctica deliberada. Los entrenadores organizaron ejercicios mecánicos para aprender a driblar, pasar y tirar, mientras comentaban y corregían sus esfuerzos, con y sin defensas.

El resto del grupo dedicó casi tres cuartas partes del tiempo de entrenamiento al juego deliberado. Para desarrollar las habilidades necesarias, los entrenadores diseñaron juegos en lugar de ejercicios mecánicos. A veces, los jugadores tenían un compañero que podía pasar, pero no tirar. En otros momentos, jugaban en desventaja: uno contra dos o tres contra cuatro. Varios meses después, los psicólogos analizaron la inteligencia y la creatividad de ambos grupos jugando al baloncesto: midieron su capacidad para colocarse en los espacios libres de la pista y para hacer pases que superaran a los defensores. El juego deliberado —y no la práctica deliberada— fue el método que condujo a las mejoras más significativas.

Al alimentar la pasión armoniosa, el juego deliberado es capaz de evitar tanto el desgaste como el aburrimiento. Aunque

---

ciations with psychosocial outcomes», *Journal of Clinical Sport Psychology*, 14 (2019), pp. 182-202.

135. Memmert, Daniel, *Teaching tactical creativity in sport: Research and practice*, Routledge, Reino Unido, 2015.

136. Greco, Pablo; Memmert, Daniel; y Morales, Juan C. P., «The effect of deliberate play on tactical performance in basketball», *Perceptual and Motor Skills*, 110, 3 (2010), pp. 849-856.

puede parecer similar a la gamificación, el juego deliberado tiene una esencia muy distinta. En muchos casos, la gamificación sólo es un truco, un intento de añadir un poco de parafernalia a una tarea aburrida. Su objetivo es ofrecer un chute de dopamina que distraiga del aburrimiento o evite el agotamiento. Desde luego, un marcador de puntos quizás aporta la motivación para soportar el dolor, pero no basta para engatusar a alguien hasta el punto de disfrutar una rutina que odia.[137] En el juego deliberado se redefine la propia tarea para lograr que al mismo tiempo sea motivadora y pedagógica. El mejor ejemplo que conozco es obra de un entrenador de baloncesto.

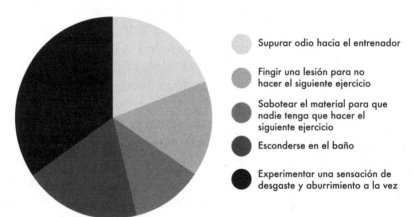

Fuente: Matt Shirley.

137. Hace poco me enteré de que las primeras cintas de correr se diseñaron como instrumentos de tortura. A comienzos del siglo xix, los presos británicos tenían que pasar unas seis horas al día andando sobre los radios de una gran rueda que bombeaba agua o movía molinos. Un guarda de prisiones escribió que «lo que conforma su terror» no era la «severidad», sino la «monotonía constante». Heffernan, Conor, «The treadmill's dark and twisted past», TED-Ed, <www.ted.com/talks/conor_heffernan_the_treadmill_s_dark_and_twisted_past>.

Perder la práctica

En cuanto leí sobre la filosofía de entrenamiento de Brandon Payne, sentí la necesidad de contactar con él.[138] Cuando Brandon era un niño y vivía en un barrio residencial a las afueras de Charlotte, sus sueños estaban marcados por el baloncesto. Como su padre era entrenador de este deporte, enseguida aprendió los conceptos básicos. Después de pasar las tardes, las noches y los fines de semana tirando a la canasta en la entrada del garaje, se convirtió en un excelente lanzador de tiros libres que entraban limpios, sin tocar el aro, y las enchufaba desde la línea de tres puntos con seguridad. Pero poco después de llegar a la Universidad de Wingate con la aspiración de entrar en el equipo de baloncesto, Brandon tropezó con un problema. Cuando veía un espacio favorable para el tiro, no conseguía despegarse de sus rivales. Cuando fintaba a un lado y driblaba hacia el otro, no se separaban de él. Al final, el juego de Brandon tocó techo, y le dijeron que su carrera en el baloncesto había llegado a su fin. «Me destrozó —se lamenta Brandon—. No hay peor sensación que cuando alguien te dice que estás acabado y aún te encanta jugar.»

Aunque a Brandon le encantaba jugar, cuando llegaba la hora de mejorar otras cualidades aparte del tiro, no le gustaba entrenar. Para conseguir que los defensores mordieran el polvo y poder crear su propio espacio de tiro, tenía que trabajar la velocidad y la agilidad. «Como atleta, estaba limitado —reconoce— [y] no hice las cosas que debía haber hecho.» No hizo los esprints necesarios para mejorar la velocidad, los estiramientos básicos para aumentar la flexibilidad, ni los ejercicios imprescindibles para perfeccionar el juego de pies.

Brandon se convirtió en entrenador. Ahora tendría que motivar a los deportistas para que hicieran los mismos ejercicios que él siempre había evitado. Los jugadores detestaban resollar

---

138. Entrevista personal, 22 de julio de 2022. Sohi, Seerat, «Meet the coaches who scrutinize the world's greatest shot», Yahoo! Sports, 29 de enero de 2021. Haberstroh, Tom, «The story of Luka Doncic's undercover Stephen Curry workout», NBC Sports, 24 de enero de 2019.

de agotamiento después de esprintar por la pista hasta exprimir el cuerpo y la monotonía de los ejercicios de pies que abotargaban la mente. Como a Brandon, lo que les gustaba era tirar. Pero esa pasión armoniosa no se trasladaba a los ejercicios más sosos, de hecho, los hacía aún más insípidos. El placer del tiro en suspensión aumentaba el pánico a los regates interminables.

La pasión por una tarea puede provocar el abandono de las menos atractivas, aunque también estén en el menú.[139] He puesto a prueba este patrón en una investigación con una antigua alumna, Jihae Shin. En un estudio sobre agentes de ventas en Corea, descubrimos que cuanto más les gustaba su tarea predilecta en el trabajo, peor realizaban aquellas que detestaban. Decidimos replicar este efecto en un experimento, y asignamos a los participantes la aburrida tarea de copiar los nombres y los números de una agenda telefónica. Cometían más errores si les pedíamos que antes vieran unos vídeos bastante divertidos de YouTube. El contraste entre las dos tareas convertía la entrada de datos en una labor aún más insoportable.

Un entrenamiento incluye el trabajo de distintas habilidades, y es poco habitual que todas sean de nuestro agrado. Brandon empezó a buscar diversas formas de trabajar la pasión armoniosa en cada parte del entrenamiento. Aunque no podía eliminar el dolor de los ejercicios, podía incorporar el placer al proceso. En vez de obligar a los jugadores a realizar las partes más insufribles de cada entrenamiento, iba a rediseñar las sesiones para que sintieran más interés. «Quería crear un sistema para garantizar que ningún jugador fuera víctima de lo que yo me había provocado a mí mismo», reflexiona Brandon. Construiría un andamiaje que iba a ayudar a los deportistas a liberar todo su potencial aprovechando su pasión por el juego.

En 2009, Brandon montó un centro de entrenamiento para jugadores de baloncesto. Un día se cruzó con un joven jugador de la NBA cuyos defectos parecían demasiado evidentes para los ojeadores. Uno escribió que era «extremadamente limitado por sus pobres

---

139. Shin, Jihae; y Grant, Adam M., «Bored by interest: Intrinsic motivation in one task can reduce performance in other tasks», *Academy of Management Journal*, 62 (2019), pp. 1-22.

atributos físicos». Otro usaba estas palabras para expresar su decepción: «No tiene la altura, la fuerza, la velocidad ni la condición física para los movimientos laterales [...]. Es muy posible que nunca llegue a ser una estrella de la liga por su falta de explosivida».

Brandon reconoció algunas de sus propias carencias en aquel jugador y le entregó su tarjeta de visita. Al día siguiente, empezaron a trabajar juntos. En su primera temporada después de empezar a entrenar con Brandon, aquel jugador estableció un nuevo récord de triples en la NBA. Unos pocos años después, fue elegido el jugador más valioso de la NBA (el «MVP») durante dos temporadas consecutivas. Su nombre es Stephen Curry.[140]

Cambiar el juego

Stephen Curry está considerado el mejor tirador de la historia de la NBA. Muchos dicen que Curry ha hecho con los triples lo mismo que Michael Jordan hizo con los mates: ha revolucionado el deporte tras convertirlo en un concurso de puntería. Los dos jugadores que en el pasado habían superado el récord histórico de triples en la competición necesitaron más de 1.300 partidos para establecer sus marcas. Curry los eclipsó en sólo 789 partidos.

A pesar de ser hijo de un jugador de la NBA, Curry no recibió ni una sola beca de las universidades con los equipos de baloncesto más importantes. Al terminar el instituto estaba muy infravalorado: en una escala de cinco estrellas, lo habían etiquetado como un jugador de tres. En el verano anterior a su último año de instituto, el entrenador del Davidson College había ido a verlo jugar: «Era

140. Greene, Nick, «8 early criticisms of Stephen Curry that sound absurd in retrospect», *Mental Floss*, 17 de mayo de 2016. «How Stephen Curry went from ignored college recruit to NBA MVP», *Yahoo! Sports*, 23 de abril de 2015. Hanif, Abdurraqib, «The second coming of Stephen Curry», *GQ*, 10 de enero de 2022. Tran, Lee, «Muggsy bogues on Stephen Curry as a child», *Fadeaway World*, 17 de enero de 2021. Medina, Mark, «"He's in love with getting better": How Stephen Curry has maintained peak conditioning», NBA.com, 13 de junio de 2022, y «After offseason focused on perfection, Stephen Curry could be even more unstoppable», NBA.com, 22 de octubre de 2021.

terrible. Tiraba el balón a las graderías, perdía muchos pases, al driblar se la tiraba al pie, fallaba tiros —recuerda el entrenador—. Pero ni una sola vez durante el partido echó las culpas al árbitro o señaló con el dedo a un compañero de equipo. Siempre estaba animando desde el banquillo [...] y nunca se acobardaba. Eso me llegó».

No eran los primeros indicios de sus habilidades del carácter. Cuando era niño e iba a ver al equipo de su padre, uno de los jugadores se dio cuenta de que Curry «era como una pequeña esponja [...] que absorbía información allí donde iba». En el instituto, incluso en las malas rachas, tenía la disciplina para apoyar al equipo y mantener la calma. Sin embargo, las investigaciones demuestran que las personas con más disciplina utilizan muy poco esta cualidad. Mi colega Angela Duckworth ha descubierto que en lugar de recurrir a la fuerza de voluntad para superar las situaciones difíciles, las transforman para que sean menos exigentes.[141]

Las investigaciones sobre el test de la golosina aportan varios ejemplos al respecto.[142] Se trata de uno de los estudios más famosos —y más incomprendidos— de la historia de la psicología. Quizás ya conozcas la versión clásica del experimento: unos psicólogos colocaron una golosina en un plato y le dijeron a un grupo de niños de cuatro años que, si podían aguantar unos minutos sin comérsela, recibirían dos a cambio. Los preescolares que resistieron la tentación de zamparse la golosina a cambio de una dulce recompensa obtuvieron unas notas más altas en las pruebas de acceso a la universidad cuando llegaron a la adolescencia; un hallazgo que se ha replicado de nuevo hace poco.[143]

---

141. Galla, Brian M.; y Duckworth, Angela L., «More than resisting temptation: Beneficial habits mediate the relationship between self-control and positive life outcomes», *Journal of Personality and Social Psychology*, 109, 3 (2015), pp. 508-525.

142. Mischel, Walter; Shoda, Yuichi; y Rodriguez, Monica L., «Delay of gratification in children», *Science*, 244, 4907 (1989), pp. 933-938. Shoda, Yuichi; Mischel, Walter; y Peake, Philip K., «Predicting adolescent cognitive and self-regulatory competencies from preschool delay of gratification: Identifying diagnostic conditions», *Developmental Psychology*, 26, 6 (1990), pp. 978-986.

143. Falk, Armin; Kosse, Fabian; y Pinger, Pia, «Re-visiting the Marshmallow Test: A direct comparison of studies by Shoda, Mischel, and Peake

Cuando vi por primera vez los vídeos del test de la golosina, esperaba encontrarme con un subconjunto de niños con una fuerza de voluntad excepcional. En cambio, lo que vi fue a un grupo de niños que creaban pequeños andamiajes para eliminar la necesidad de recurrir a la fuerza de voluntad. Algunos se tapaban los ojos o cubrían la golosina. Otros se sentaban sobre las manos. Otro machacó la golosina para moldear una pelota y la convirtió en un juguete. Habían improvisado su propia versión del juego deliberado.[144] Eso es lo que hizo Brandon Payne por Stephen Curry.

Por amor al entrenamiento

Brandon entrena a Curry desde hace más de una década. Me explicaba que comenzó con un principio básico: «No podemos aburrirnos en nuestros ejercicios». Construyó el andamiaje para hacer más agradables las partes más duras del entrenamiento y así ayudar a Curry a avanzar sin depender tanto de la disciplina pura.

Para que el entrenamiento fuera divertido mientras trabajaban las habilidades técnicas, Brandon creó un menú de actividades basadas en el juego deliberado. En el «Veintiuno», hay que

---

(1990) and Watts, Duncan, and Quan (2018)», *Psychological Science*, 31, 1 (2020), pp. 100-104.

144. Las primeras investigaciones sobre el test asumieron que posponer la gratificación es una señal de disciplina: la capacidad para priorizar los objetivos a largo plazo sobre las recompensas a corto plazo. Pero una réplica reciente del experimento sugiere que esperar para recibir una golosina adicional podría ser un indicador más claro de apoyo social: los niños que se han educado en entornos más gratificantes confiaban más en que el investigador cumpliera con su promesa y les diera el premio acordado. Con una proporción exagerada, los niños que sucumbían al dulce placer inmediato provenían de familias desfavorecidas desde un punto de vista socioeconómico. Cuando has crecido en un mundo de carencias e incertidumbre, no puedes confiar en obtener una recompensa más grande en el futuro. Michaelson, Laura E.; y Munakata, Yuko, «Same data set, different conclusions: Preschool delay of gratification predicts later behavioral outcomes in a preregistered study», *Psychological Science*, 31, 2 (2020), pp. 193-201. Payne, Keith; y Sheeran, Pascal, «Try to resist misinterpreting the Marshmallow Test», *Behavioral Scientist*, 3 de julio de 2018.

conseguir veintiún puntos en menos de un minuto con tiros de tres, tiros en suspensión y entradas a canasta (por valor de un punto). Después de cada tiro, hay que esprintar hasta la mitad de la pista y volver. «Cada ejercicio es un juego —explica Brandon—. Siempre hay que derrotar al tiempo. Siempre hay una cifra que superar. Si consigues superar la cifra, pero no vences al cronómetro, has perdido.»

El aspecto negativo de competir contra otros es que puedes ganar sin tener que mejorar. El rival ha podido tener un mal día, o quizás has podido aprovechar un golpe de buena suerte. En la adaptación de Brandon del juego deliberado, la persona contra la que compites es tu yo del pasado, y el listón que vas subiendo es para tu yo del futuro. No aspiras a la perfección, trabajas para mejorar. La única forma de ganar es crecer.

Yo daba por sentado que la situación ideal era practicar una habilidad hasta lograr claros avances, y sólo entonces pasar a la siguiente. Pero, en vez de repetir los mismos retos una y otra vez, Brandon los va combinando. A intervalos de veinte minutos, Brandon obliga a Curry a pasar de un ejercicio de velocidad y tiro a otro diferente. La variedad no sólo aporta motivación, también parece mucho más adecuada para aprender. Cientos de experimentos demuestran que la gente mejora más rápido cuando alterna entre distintas habilidades.[145] Los psicólogos llaman a esta estrategia «intercalado», y funciona en distintos ámbitos, desde la pintura hasta las matemáticas, sobre todo cuando las competencias que desarrollar son similares o complejas. Incluso un mínimo cambio, como pasar de un pincel más fino a otro más grueso, o modificar ligeramente el peso de un balón de baloncesto, puede suponer una gran diferencia.[146]

El juego deliberado resulta muy adecuado para transformar la

---

145. Brunmair, Matthias; y Richter, Tobias, «Similarity matters: A meta-analysis of interleaved learning and its moderators», *Psychological Bulletin*, 145 (2019), pp. 1029-1052.

146. Wymbs, Nicholas F.; Bastian, Amy J.; y Celnik, Pablo A., «Motor skills are strengthened through reconsolidation», *Current Biology*, 26, 3 (2016), pp. 338-343; Johns Hopkins Medicine, «Want to learn a new skill? Faster? Change up your practice session», *ScienceDaily*, 28 de enero de 2016.

rutina de los entrenamientos de verano. Cuando cada semana hay partidos, la mayoría de los deportistas no tienen ningún problema para mantener la motivación. Cuando la temporada ha terminado, sin embargo, es mucho más fácil perder el interés. Después de que Luka Doncic, la nueva estrella de la NBA, se presentara en baja forma el primer día de la pretemporada, empezó a entrenar con Brandon y perdió peso al mismo tiempo que ganaba velocidad. «A no ser que juegues partidos improvisados, en ciertos casos los veranos se hacen muy largos. Los entrenamientos pueden convertirse en algo un poco monótono en cuanto te descuidas», declaró Stephen Curry a un periodista. El juego deliberado «crea una situación similar a un partido con presión —dijo— [lo cual significa que] debes seguir implicado y concentrado».

Tras una década de entrenamiento, Curry pudo hacer realidad su potencial oculto. Ahora puede compensar sus carencias físicas —mide 1,88 metros y pesa 83 kilos— con una fuerza explosiva y una gran precisión en el tiro. Atribuye gran parte del mérito al juego deliberado que Brandon ha creado: así incorpora la pasión armoniosa a los entrenamientos. Y lo aprovecha al máximo gracias a su determinación. «Adora el proceso. Ésa es una de las cosas que comparten todos los grandes deportistas —observa Steve Kerr, entrenador de Curry durante muchos años—. Hay una rutina [...] pero que se disfruta de verdad cada día. Hay una pasión que la acompaña. Y eso es lo que la mantiene en el tiempo. Cuando una cosa te gusta mucho, como les pasa a estos tipos, trabajas en ella, vas mejorando y simplemente sigues adelante.»

Aunque no vayas a convertirte en un deportista profesional, el juego deliberado puede aumentar la motivación y acelerar tu desarrollo personal. Un día vi un vídeo de un *youtuber* que había seguido el régimen de entrenamientos de Stephen Curry durante dos horas al día.[147] Al principio sólo encestaba el 8 por ciento de los tiros de tres puntos. Después de cincuenta días de juego deli-

---

147. «I trained like Stephen Curry for 50 days to improve my shooting», Goal Guys, YouTube, 18 de agosto de 2021, <youtu.be/2Cf0n7PmMJ0>. Ellis, Philip, «An average guy trained like Golden State Warrior Stephen Curry for 50 days to improve his shooting», *Men's Health*, 19 de agosto de 2021.

berado, había avanzado muchísimo: encestaba el 40 por ciento de los tiros de tres puntos.

Está claro que el juego deliberado puede desatar y mantener la pasión armoniosa. Pero ¿es posible mantener esa pasión durante largos períodos de tiempo? Evelyn Glennie así lo cree; la siente desde hace medio siglo. Conoce de primera mano lo que demuestran las investigaciones: no hay que recurrir al juego deliberado cada día, ni durante todo el día. Aprendió esta lección por las malas.

Fuente: @researchdoodles por M. Shandell.

Dame un descanso

Vi tocar a Evelyn por primera vez en la ceremonia de apertura de los Juegos Olímpicos de 2012. Para crear un *crescendo*, le pidieron que dirigiera a un grupo de cien baterías. Ante un amplio despliegue de instrumentos de percusión, pasaba de unos toquecitos rítmicos a unos golpes más rápidos, mientras el estadio crepitaba por la energía. Más tarde, cuando un medallista de oro entró al estadio portando la antorcha olímpica, Evelyn presentó al mundo el nuevo sonido de un instrumento que había ayudado a diseñar, el «*alufono* para concierto de Glennie». Tenía el aspecto de un carrillón compuesto de unas campanas con forma de champiñón, y mientras lo golpeaba con cuatro mazas, sonaba como una versión más cálida y estimulante de las campanas tubulares. Yo no tenía ni idea de que sufría una discapacidad física, y menos aún una sordera que le impedía oír la música que hacía.

En la prueba de acceso a la Real Academia de la Música que Evelyn hizo cuando era una adolescente, lo que ocurrió fue que los expertos del jurado no creyeron que una chica sorda pudiera convertirse en profesional. Ella los desafió a que prestaran atención a la calidad de la interpretación y no a la discapacidad de la persona. Después de una segunda prueba, la Academia no se conformó con admitirla, la institución cambió todo su reglamento para evaluar a los candidatos en función de sus habilidades musicales y no de sus capacidades físicas.

Cuando estudiaba en la Academia, Evelyn adoraba ensayar. Empezó tocando entre dos y tres horas al día, pero no tardó mucho en sentir la presión para que dedicara más tiempo a la práctica. Cuando veía que sus compañeros dedicaban más horas, se percataba de que una sensación de obsesión se iba metiendo en su cabeza. Se preguntaba a sí misma cuánto tiempo debía dedicar a ensayar y se cuestionaba sobre si debía tocar más horas. Empezó a levantarse una hora antes y a ensayar hasta última hora por la tarde. Pero el sentimiento de obligación absorbía los juguetones ritmos de la percusión, y vio que, por culpa de eso, la creatividad y el progreso se evaporaban. Empezó a darse cuenta de que empezaba a padecer algo así como un «exceso de ensayos». Para asegurarse de que la música no se convertía en una rutina, decidió empezar a tomarse descansos periódicos.

Resulta que tomarse un descanso tiene como mínimo tres ventajas. Primero, estar un rato apartado de los ensayos ayuda a mantener la pasión armoniosa. Las investigaciones señalan que incluso con una pausa mínima de cinco a diez minutos, ya hay suficiente para reducir el cansancio y aumentar la energía.[148] No sólo se trata

---

148. Albulescu, Patricia, *et al.*, «"Give me a break!". A systematic review and meta-analysis on the efficacy of micro-breaks for increasing well-being and performance», *PLoS ONE*, 17, 8 (2022), e0272460.

de evitar el síndrome de desgaste: las investigaciones demuestran que cuando trabajamos por las noches y los fines de semana, el interés y el placer en el trabajo caen en picado.[149] Sólo con recordar que hoy es sábado, la motivación intrínseca disminuye; en vez de trabajar, podrías estar haciendo algo divertido y relajante. Yo-Yo Ma dedica entre tres y seis horas como máximo a ensayar, y hace todo lo posible para evitar las sesiones a primera hora de la mañana y a última hora de la noche. Chopin pedía a sus alumnos que no tocaran más de dos horas al día durante el verano.[150]

Segundo, los descansos liberan nuevas ideas.[151] En mi investigación con Jihae Shin, he descubierto que hacer un descanso incrementa la creatividad en las tareas por las que se siente una pasión armoniosa.[152] El interés hace que el problema siga activo en algún rincón de la cabeza, mientras aumentan las posibilidades de concebir nuevas maneras de enmarcarlo y nuevas formas de resolverlo. Lin-Manuel Miranda concibió el musical *Hamilton* mientras divagaba durante las vacaciones, sentado sobre un flotador en la piscina con un margarita en la mano.[153] Por esta razón Beethoven, Chaikovski y Mahler tenían la costumbre de dar largos paseos en sus días de trabajo.[154]

Tercero, los descansos consolidan el aprendizaje. Según un experimento, tomarse un descanso de diez minutos después de apren-

---

149. Giurge, Laura M.; y Woolley, Kaitlin, «Working during non-standard work time undermines intrinsic motivation», *Organizational Behavior and Human Decision Processes*, 170, 1 (2022), 104134.

150. Shaw Roberts, Maddy, «How many hours a day do the world's greatest classical musicians practice?», Classic FM, 21 de junio de 2021.

151. Sio, Ut Na; y Ormerod, Thomas C., «Does incubation enhance problem solving? A meta-analytic review», *Psychological Bulletin*, 135 (2009), pp. 94-120.

152. Shin, Jihae; y Grant, Adam M., «When putting work off pays off: The curvilinear relationship between procrastination and creativity», *Academy of Management Journal*, 64, 3 (2021), pp. 772-798.

153. Grant, Adam, «Lin-Manuel Miranda daydreams, and his dad gets things done», *Re:Thinking*, 29 de junio de 2021.

154. Currey, Mason, «Tchaikovsky, Beethoven, Mahler: They all loved taking long daily walks», *Slate*, 25 de abril de 2013. Burkeman, Oliver, «Rise and shine: The daily routines of history's most creative minds», *The Guardian*, 5 de octubre de 2013.

der alguna cosa mejoraba la retención de los alumnos entre un 10 por ciento y un 30 por ciento; y más todavía entre los pacientes que habían sufrido un ictus o tenían Alzheimer.[155] Cuando pasan veinticuatro horas, la información empieza a desvanecerse en el recuerdo, caemos por la curva del olvido.[156] Se ha demostrado que podemos evitar esa curva del olvido con la repetición espaciada, es decir, intercalar pausas en los ejercicios.[157] En una primera fase, habría que ejercitar el recuerdo una vez por hora, y después tomarse descansos más largos hasta que sólo haya que practicar una vez al día.

La obsesión nos lleva a ver los descansos como el equivalente a levantar el pie del acelerador. No ponemos el freno hasta que nos obligamos a llegar al límite del agotamiento. Es el precio que hay que pagar por la excelencia. Pero con la pasión armoniosa, es mucho más sencillo comprender que el descanso es como repostar combustible. Hay que permitirse un momento de recuperación para mantener la energía y evitar el síndrome de desgaste.

Fuente: Liz Fosslien.

155. Dewar, Michaela, *et al.*, «Brief wakeful resting boosts new memories over the long term», *Psychological Science*, 23, 9 (2021), pp. 955-960. Robson, David, «An effortless way to improve your memory», BBC, 12 de febrero de 2018.

156. Murre, Jaap M. J.; y Dros, Joeri, «Replication and analysis of Ebbinghaus' forgetting curve», *PLoS ONE*, 10, 7 (2015), e0120644.

157. Sonnad, Nikhil, «You probably won't remember this, but the "forgetting curve" theory explains why learning is hard», *Quartz*, 28 de febrero de 2018.

Relajarse no es una pérdida de tiempo, es una inversión en bienestar. Las pausas no son una distracción, son una oportunidad para resetear la atención e incubar ideas. El juego no es una actividad frívola, es una fuente de placer y el camino a la maestría.

Si observas a Evelyn en la actualidad, verás que desprende la misma alegría cuando ensaya en solitario que cuando actúa delante del mundo entero. Pero muy pocas veces ensaya más de veinte minutos seguidos sin tomarse antes una pausa. «A veces siento que quiero coger un par de baquetas y hacer algo, y otras veces pienso "No, sólo quiero quedarme sentada y mirar la pared". Otras veces puede que me entren ganas de escribir alguna cosita en mi libreta o de leer un buen libro.»

Me cuenta que cuando pierde el interés o la atención, lo único que hace es dejar de tocar, por completo. «Los ensayos que valen la pena son esos en los que avanzas y progresas. Lo importante es la calidad, no la cantidad. Tienes que sentir que ha habido un cambio: cuando sales de la sala de ensayo, algo es diferente.»

Hace poco tiempo, una madre contactó con Evelyn para hacerle una consulta. Después de pasar por un calvario con una serie de exámenes de música, su hija había perdido el interés por las clases de violín. La mujer esperaba que Evelyn pudiera darle una pequeña charla motivacional y animarla a seguir ensayando.

En lugar de eso, Evelyn improvisó varios juegos deliberados. Retó a la niña a interpretar varias piezas al revés, a inventar diez maneras incorrectas de tocar el violín, y a incorporar a la música los sonidos de su animal y su programa de televisión favoritos. La niña salió de la sesión rebosante de alegría. Antes, su tiempo de ensayo estaba dedicado «a los resultados obtenidos tras someterse a juicio», dice Evelyn. El juego deliberado le enseñó que «el verdadero resultado es su propio placer». Sin ese placer, el potencial permanece oculto.

5

Salir del bucle

Un buen rodeo para seguir avanzando

Todo límite es un principio, así como un final.

GEORGE ELIOT[158]

En primero de secundaria, la gente empezó a decir que era un fenómeno. Tres cursos después, ya en el instituto, los ojeadores profesionales acudían en tropel para verlo jugar en los partidos de béisbol. Cuando era estudiante universitario, ganó una medalla olímpica de bronce como lanzador titular del equipo estadounidense. Ese mismo año, los Texas Rangers lo escogieron en la primera ronda del *draft* y le ofrecieron una prima de fichaje superior a 800.000 dólares. Empezaría en lo más alto de las ligas menores, y en sólo uno o dos años saltaría a las grandes ligas. R. A. Dickey iba a llegar lejos.

Y entonces, de repente, dejó de ir a ninguna parte.

Cuando en 1996 R. A. acudió a firmar su contrato, un miembro del cuerpo técnico se dio cuenta de que su brazo colgaba en un ángulo extraño y sugirió que le hicieran una radiografía. Sin saberlo, a R. A. le faltaba un ligamento en el codo derecho. Era

---

158. Eliot, George, *Middlemarch*, Pan Macmillan, Reino Unido, 2018/1872.

un tejido fundamental para el brazo de un lanzador, y significaba que su potencial tenía un techo claro. Su bola rápida nunca tendría la velocidad necesaria. Los Rangers recortaron su prima a menos de 80.000 dólares y lo enviaron al nivel inferior del sistema de las ligas menores. *Primer strike*.

Aquello no tendría que haber ocurrido. El béisbol era su forma de escapar de una vida desoladora.[159] R. A. nació en una familia pobre de Nashville, y a los 5 años su madre se lo llevaba por los bares de la zona para beber hasta la hora de cierre. Sus padres se divorciaron unos pocos años después, y la figura paterna casi siempre estuvo ausente. Aquel sentimiento de abandono le hacía sentir que tenía algo que demostrar.

Durante siete años, R. A. trabajó sin descanso en las ligas menores de béisbol. Se sentía como si estuviera desperdiciando los mejores años de su carrera. Como no podía lanzar una bola rápida que fuera imparable, perfeccionó su habilidad para engañar a los bateadores cambiando la velocidad y el efecto. Por fin, a punto de cumplir los 30, le llegó la gran oportunidad: los Rangers se lo llevaron a las grandes ligas a tiempo completo.

R. A. no tardó demasiado en darse cuenta de que no estaba a la altura. Los ojeadores y los periodistas escribían unos análisis

---

159. Entrevista personal, 2 de enero de 2023. Dickey, R. A., *Wherever I wind up: My quest for truth, authenticity, and the perfect knuckleball*, Plume, Estados Unidos, 2012, y «Reaching the summit of Kilimanjaro», *The New York Times*, 14 de enero. Kurkjian, Tim, «The knuckleball experiment», ESPN, 1 de diciembre de 2012. Bertha, Kevin, «A missing ligament and the knuckleball: The story of R. A. Dickey», *Bleacher Report*, 11 de abril de 2010. Schwarz, Alan, «New twist keeps Dickey's career afloat», *The New York Times*, 27 de febrero de 2008. Stahl, Jeremy, «Master of the knuckleball», *Slate*, 29 de octubre de 2012. Costa, Brian, «Knuckleballs of Kilimanjaro: Dickey plots ascent», *The Wall Street Journal*, 27 de diciembre de 2011. Maller, Ben, «Mets pitcher R. A. Dickey risking $4 million salary to climb Mount Kilimanjaro», *ThePostGame*, 2 de noviembre de 2011. Kinkhabwala, Aditi, «Rocket boy vs. the baffler», *The Wall Street Journal*, 3 de julio de 2010. Kaminsky, James, «R. A. Dickey: Did Mt. Kilimanjaro turn New York Mets pitcher into an All-Star?», *Bleacher Report*, 6 de junio de 2012. «R. A. Dickey climbed Mount Kilimanjaro, the Mets' knuckleballer again beats fear with staunch belief», *Yahoo! Sports*, 29 de junio de 2012.

brutales sobre su rendimiento y su potencial. «Un jornalero.» «Un marginado.» «Un mediocre.» Concedió muchas carreras y perdió más partidos de los que ganó. Sabía lo que aquello quería decir. Era cosa del pasado. «No había llegado a nada.»

Hacia la mitad de su tercera temporada con los Rangers en las grandes ligas, los entrenadores lo llamaron para tener una conversación difícil. Le dijeron que no estaba «yendo a ninguna parte —recuerda—, un análisis con el que difícilmente podía estar en desacuerdo. Hacía mucho tiempo que no iba a ninguna parte». Lo degradaron de nuevo a las ligas menores. *Segundo strike*.

R. A. estaba decidido a volver a las grandes ligas. Durante las vacaciones, se dedicó a lanzar miles de bolas contra bloques de hormigón y en el coche tenía una pelota de béisbol para mejorar el agarre mientras conducía. Se esforzaba más que nunca.

En la siguiente temporada, los Rangers le dieron otra oportunidad. En su partido de regreso, estableció todo un récord en las grandes ligas.

Pero no un récord de los buenos. R. A. concedió seis jonrones en sólo tres entradas. Ningún lanzador lo había hecho tan mal en toda la historia. Mientras el público lo abucheaba, los Rangers lo sacaron del partido a la fuerza y lo enviaron de nuevo a las ligas menores. *Tercer strike. Eliminado.*

Los lanzadores suelen llegar a la cumbre de su carrera en la segunda mitad de la veintena y se retiran poco después de entrar en la treintena.[160] A sus 31 años, estaba claro que ya era tarde para que R. A. pudiera protagonizar un regreso triunfal. Todas las señales apuntaban en una misma dirección: su carrera en el béisbol había terminado.

Una de las partes más frustrantes de perfeccionar una habilidad es quedarse estancado. En vez de seguir mejorando, el progreso se detiene. Aparece una sensación de haber llegado al límite superior de las capacidades físicas y mentales. Como

---

160. Speier, Alex, «What is a baseball player's prime age?», *The Boston Globe*, 2 de enero de 2015. Hardy, Rich, *et al.*, «Determinants of Major League Baseball pitchers' career length», *Arthroscopy*, 33 (2017), pp. 445-449.

el estancamiento señala el final del crecimiento, todo parece anunciar el principio del fin. Mis mejores días han quedado atrás. A partir de aquí todo va a ir cuesta abajo. Los cirujanos saben que van a estancarse y empezar a decaer cuando la visión y los reflejos se deterioran. Los científicos también se preparan para estancarse y decaer cuando las neuronas van muriendo. Los deportistas se estancan y decaen sin remedio cuando la fuerza y la velocidad desaparecen. O al menos eso es lo que damos por sentado. Pero la realidad es menos lineal, y mucho más inspiradora.

A los 35 años, R. A. rompió todos los techos de una vez por todas. Después de pasar la mayor parte de los últimos catorce años en las ligas menores, regresó otra vez a las grandes ligas. Y aquel año, su promedio de carreras ganadas lo convirtió en uno de los diez mejores lanzadores de todas las ligas y le valió un contrato multimillonario con los New York Mets para varias temporadas. De los nueve lanzadores que lo habían superado en la primera ronda del *draft*, ocho ya se habían retirado, y el noveno nunca más volvería a las grandes ligas. Por su parte, R. A. sólo estaba empezando a liberar su potencial oculto.

La clave de su victoria final fue el andamiaje que otras personas le ayudaron a construir. Aquella ayuda provino de muchas fuentes diferentes, y R. A. tardó un poco en juntar todas las piezas. Pero nunca habría podido salir del atolladero si sus entrenadores no hubieran decidido mandarlo de vuelta a la pizarra.

Pasar por un bache no señala un fracaso. Estancarse no significa haber tocado techo. Cuando una persona se queda estancada, muchas veces se debe a que avanzaba en la dirección errónea, a que había tomado el camino equivocado o a que se estaba quedando sin gasolina. Para volver a cobrar impulso, con frecuencia hay que dar marcha atrás y orientarse de nuevo para encontrar un camino diferente, incluso si no es aquel que en principio se quería recorrer. Puede tener un aspecto desconocido, serpenteante y accidentado. El progreso casi nunca tiene lugar en línea recta, casi siempre avanza en círculos.

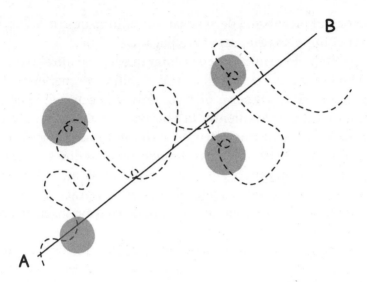

Fuente: Liz Fosslien.

Dar marcha atrás para salir adelante

Las habilidades no se desarrollan a un ritmo constante. Mejorarlas es como subir una montaña. A medida que vamos subiendo más alto, el camino es cada vez más empinado, y los pasos son también más pequeños. Cuando se pierde impulso, empezamos a estancarnos. Ya no basta con pisar el acelerador: las ruedas siguen girando, pero hemos dejado de movernos.

Después de repasar minuciosamente más de un siglo de datos e investigaciones sobre el desarrollo personal, los científicos cognitivos Wayne Gray y John Lindstedt detectaron un arco fascinante. Cuando el rendimiento se estanca, antes de volver a mejorar, primero desciende. Cuando las habilidades de una persona en tareas tan diversas como memorizar datos o jugar al Tetris o al golf se quedan estancadas, no suelen volver a mejorar hasta que se han deteriorado.

Cuando llegamos a un callejón sin salida, quizás primero tengamos que retroceder y bajar la montaña para seguir adelante. Una vez que ya nos hemos alejado lo suficiente, podemos encontrar otra forma de avanzar, un camino que permita recobrar el impulso necesario para llegar a la cima.

A menudo resulta difícil aceptar que ha llegado el momento de una retirada. Dar marcha atrás significa romper en pedazos el plan inicial y empezar otra vez. Ésa es la causa del descenso temporal del rendimiento: la renuncia a los logros obtenidos hasta ahora. Hay que retroceder con el fin de progresar. «El rendimiento sufre mientras los nuevos métodos se inventan, prueban, rechazan o aceptan», explican Gray y Lindstedt. Avanzamos otra vez después de «poner en práctica un nuevo método que sea satisfactorio [...] para así sobrepasar los niveles anteriores de éxito».

Encontrar el método adecuado significa recurrir al ensayo y error. Algunos ensayos no serán más que errores evidentes: las ruedas patinan al escoger una mala estrategia. Pero incluso si encontramos un método mejor, la falta de experiencia con respecto a sus particularidades nos hará empeorar en un primer momento. Esos pasos atrás no sólo son normales, en muchas situaciones son incluso necesarios.

Al escribir con un teclado, si primero buscas la letra y después pulsas la tecla, es probable que te sitúes entre las treinta-cuarenta palabras por minuto.[161] Por más que practiques, siempre chocarás contra un muro. Si quieres doblar la velocidad y llegar a las sesenta-setenta palabras por minuto, hay que probar un método diferente: escribir a ciegas en lugar de con la vista. Pero antes de poder subir la marcha, hay que reducir la velocidad. Aprender las teclas de memoria exige su tiempo.

Las habilidades más complejas requieren unas curvas de aprendizaje aún más pronunciadas.[162] Si quieres resolver el cubo de Rubik, el método más sencillo es hacerlo cara por cara.[163] Ha-

161. Yechiam, Eldad, *et al.*, «Melioration and the transition from touch-typing training to everyday use», *Human Factors*, 45, 4 (2003), pp. 671-684.

162. Donner, Yoni; y Hardy, Joseph L., «Piecewise power laws in individual learning curves», *Psychonomic Bulletin & Review*, 22, 5 (2015), pp. 1308-1319.

163. Jerry Slocum, et al., The cube: The ultimate guide to the world's best-selling puzzle, Black Dog & Leventhal, Estados Unidos, 2009.

ces una cruz azul en una cara, luego lo vas girando para rellenar las esquinas y empiezas a trabajar en el siguiente lado. Unos 130 movimientos después, habrás terminado. Para hacerlo más deprisa, hay que memorizar una lista de algoritmos. Al principio requiere más tiempo, pero al final sólo se necesitan sesenta movimientos. En el proceso, también hay que reconstruir la memoria muscular, perder los viejos hábitos para adoptar otros nuevos.

Una de las cosas más sorprendentes de dar marcha atrás es que puede allanar el terreno para el progreso, incluso cuando ocurre de manera involuntaria. En un análisis de 28.000 partidos de baloncesto de la NBA, los investigadores estudiaron lo que ocurría después de que un equipo perdiera por lesión a su jugador estrella.[164] Como era previsible, los equipos empeoraban su rendimiento. Pero después de que la estrella volviera, ganaban más partidos que antes de la lesión de su jugador más importante. ¿Cómo es posible que perder a su mejor jugador ayudara a todo el equipo a mejorar a largo plazo?

Sin sus estrellas, los equipos tenían que volver a la casilla de salida y buscar nuevos caminos para obtener la victoria. Reorganizaban sus roles para permitir que los jugadores periféricos dieran un paso adelante y planeaban nuevas jugadas que aprovecharan sus puntos fuertes. Cuando la estrella regresaba, el balance de tiros mejoraba. Dependían menos del héroe solitario que se echa el equipo a cuestas.[165]

---

164. Chen, John S.; y Garg, Pranav, «Dancing with the stars: Benefits of a star employee's temporary absence for organizational performance», *Strategic Management Journal*, 39, 5 (2018), pp. 1239-1267.

165. La duración de la lesión es importante. Si una estrella de la NBA sólo se perdía uno o dos partidos, el equipo no mejoraba después de su regreso; parece que no hay ni el tiempo ni la necesidad de adoptar nuevos roles y aprender nuevas rutinas. Y si la estrella estaba ausente demasiado tiempo, y se perdía más de la mitad de la temporada, tampoco había ninguna ventaja: posiblemente porque los equipos se quedaban atrapados en los nuevos roles y rutinas adoptados y tenían serias dificultades para usar a la estrella de manera eficaz cuando regresaba. Antes de desear que tu equipo favorito pierda a su estrella durante unos cuantos partidos, deberías saber que, para que las ventajas supe-

Las líneas más gruesas indican más pases

Fuente: Chen, John S.; y Garg, Pranav, «Dancing with the stars: Benefits of a star employee's temporary absence for organizational performance», *Strategic Management Journal*, 39, 5 (2018), pp. 1239-1267.

En los equipos de hockey de la NHL se observa un patrón similar después de que un jugador se lesione. Cuanto más experimentaban los equipos con la alineación para combinar a distintos jugadores sobre la pista, mejores eran sus actuaciones.[166]

No tendría que hacer falta llegar a una situación tan extrema como una lesión para parar, dar media vuelta y cambiar de ruta. Pero la verdad es que muchas veces tenemos miedo de dar marcha atrás. Bajar la velocidad nos parece equivalente a ceder terreno, dar marcha atrás es similar a renunciar y cambiar de ruta es como perder el rumbo. Nos preocupa que, si retrocedemos, podamos perder el equilibrio. Y, así, nos quedamos en el mismo lugar donde estábamos: en terreno firme, pero estancados. Hay que aceptar la incomodidad de perderse.

---

ren a los inconvenientes, el grupo necesita que su gran figura juegue una media de 43 partidos después de perderse 15. No obstante, estos datos plantean una nueva lógica y un nuevo sistema para dar descanso a los jugadores estrella. Normalmente, para gestionar la sobrecarga de partidos, los jugadores se saltan un encuentro de vez en cuando para evitar las lesiones y la fatiga. Cuando un equipo se queda estancado, quizás saldría a cuenta retirar a la estrella durante unos cuantos partidos: es una oportunidad para que todo el equipo se reinicie.

166. Stuart, H. Colleen, «Structural disruption, relational experimentation, and performance in professional hockey teams: A network perspective on member change», *Organization Science*, 28, 2 (2017), pp. 283-300.

Un cambio y un error

Dar marcha atrás nos sitúa en un paisaje nuevo, estamos en territorio inexplorado. Vamos a seguir un camino desconocido hacia un destino que nunca hemos visitado, y es muy posible que la cumbre no pueda verse desde el punto de partida. Para encontrar el camino, necesitamos un andamiaje que adopte la forma de unas herramientas de navegación básicas.

La mala noticia es que el mapa perfecto no existe. Nadie ha trazado la ruta exacta que seguir, y quizás ni siquiera exista un camino. Igual tenemos que abrir nuestro propio camino y descubrir la ruta a medida que avanzamos, pasito a pasito.

La buena noticia es que, para empezar a movernos, no necesitamos un mapa. Sólo hace falta una brújula que indique si avanzamos en la dirección adecuada.

Fuente: Liz Fosslien.

Dependiendo de la habilidad que quieras aprender, la brújula podría encontrarse en un libro, en internet o en una conversación. Una buena brújula te orienta hacia la dirección más adecuada cuando te has desviado del camino. Por ejemplo, si te estancas mientras aprendes a programar en C++, tras una búsqueda rápida en internet quizás encuentres una brújula que redirige hacia Python: es un lenguaje más fácil de aprender e igualmente idóneo para realizar una amplia variedad de proyectos. Si la pintura al óleo sale del tubo llena de grumos, la brújula podría encontrarse en una charla con un artista más experimentado que sugiere un disolvente para diluir el pigmento. Y si eres un lanzador de béisbol que intenta salir de lo que parece un pozo sin fondo, la brújula quizás provenga de un entrenador capaz de advertirte de que tus bolas rápidas son demasiado lentas y que te señala el camino hacia una nueva técnica.

Así comenzó la transformación de R. A. Dickey. Sentí la necesidad de contactar con él porque nunca he visto a nadie mejorar de una forma tan espectacular después de haber estado estancado durante tanto tiempo y de dar tantos pasos atrás. Si hay alguien en este mundo que sabe cómo salir del atolladero, ése debe ser el tipo que pasó de ser uno de los peores en su trabajo a uno de los mejores.

Tras casi una década como lanzador en las ligas menores, R. A. estaba pasando por serias dificultades para hacerse un hueco y mantener a su familia. Para poder pagar las facturas al final de la temporada, se vio obligado a vender las pelotas de golf que recuperaba en unas lagunas infestadas de caimanes. En un período de diez años, había cambiado de residencia más de treinta veces, y sólo para acabar en el mismo lugar donde había empezado. Era como si estuviera atrapado en arenas movedizas: cuanto más intentaba salir de su situación, más dificultades tenía para escapar.[167]

---

167. Según la ciencia de las arenas movedizas (sí, eso existe), es imposible que un ser humano se ahogue en esa clase de superficie. Con la presión, la mezcla de arena, arcilla y agua salada se vuelve más líquida y arrastra a la persona con ella, pero los seres humanos son demasiado densos para hundirse por encima del tronco. Sin embargo, liberarse es muy difícil: para sacar un solo pie se necesita tanta fuerza como para levantar un coche. Para escapar, hay que mover las piernas en un serpenteo para hacer que el agua se vaya moviendo ahí abajo, ya que así se expulsa la arena que atrapa a la persona. Acto seguido, hay que tumbarse de espaldas para repartir el peso sobre la superficie, lo cual reduce la presión sobre la arena y hace que el cuerpo flote.

Cuando R. A. volvió por última vez a las ligas menores, a los 31 años, los entrenadores encargados de trabajar con los lanzadores le ofrecieron una brújula. Le dijeron que había tomado el camino equivocado: nunca podría volver a las grandes ligas si seguía con el rumbo actual. En un intento de salvar su carrera, le hablaron de un camino oscuro y misterioso que muy pocos habían recorrido. Durante años, y como una parte más de su repertorio de jugadas, R. A. había lanzado alguna vez una bola muy extraña, que él llamaba «La cosa». Los entrenadores reconocieron la forma en que sostenía la pelota: era muy similar al agarre que se utiliza en un lanzamiento poco habitual, la «bola de nudillos». Animaron a R. A. a trabajar ese lanzamiento y convertirlo en la pieza central de su juego.

En lugar de volar a una velocidad inhumana y con un efecto envenenado, una bola de nudillos surca el aire mucho más despacio, y tan plana como sea posible. En vez de rodear la bola con los dedos, el lanzador la agarra clavando las uñas del índice y el corazón en su superficie. Al lanzarla, los nudillos de esos dos dedos se extienden en el aire, y de ahí que reciba ese peculiar nombre. Ese agarre tan poco habitual elimina la rotación de la bola, de modo que zigzaguea de forma errática en el aire y confunde a los bateadores.[168]

La bola de nudillos es tan impredecible que los receptores tienen que llevar unos guantes extragrandes para poder atraparla. Como no exige una fuerza explosiva ni provoca un estrés inusual, puede prolongar varios años la vida del brazo de un lanzador. Pero si ya es difícil batear y atrapar una bola de nudillos, aún resulta más complicado lanzarla bien, y como R. A. pronto descubriría, dominar la técnica sólo está al alcance de unos pocos escogidos.

A partir de ahí, para salir sólo hay que nadar de espaldas. Khamsi, Roxanne, «Quicksand can't suck you under», *Nature*, 28 de septiembre de 2005. Khaldoun, Asmae, *et al.*, «Liquefaction of quicksand under stress», *Nature*, 437, 7059 (2005), p. 635.

168. Lewis, Danny, «Physicists may have finally figured out why knuckleballs are so hard to hit», *Smithsonian*, 20 de julio de 2016.

R. A. Dickey lanzando una bola de nudillos

Fuente: Fotografía de Michael Baron/SNY.

R. A. no tenía por delante un camino marcado para poder desarrollar esa nueva habilidad. Sus entrenadores nunca habían trabajado con un lanzador de nudillos. No podían ofrecerle un mapa, porque no tenían ninguno. No había tutoriales ni manuales sobre la bola de nudillos. Todo lo que podían ofrecerle era una brújula que indicara una dirección genérica para lanzar una bola que no gira sobre sí misma.

R. A. tenía la sensación de que todo lo relacionado con la bola de nudillos era como dar pasos atrás. Para evitar que la bola girase, tenía que mantener la muñeca tan rígida como le fuera posible en el momento del lanzamiento. Desde que era un niño, por el contrario, le habían enseñado que debía rotar la muñeca muy deprisa justo en el momento de soltar la pelota. Las bolas rápidas giran hacia atrás, las curvas hacia delante y las *sinker* [descendentes] hacia un lado. «Tuve que olvidarme de todo aquello [y] volver a aprender la mecánica —me dijo R. A.—. Tuve que pasar por una deconstrucción a gran escala para ser capaz de volver a construir. Tuve que derribarlo todo y dejarlo como un solar raso para iniciar la reconstrucción.» Y no había ninguna garantía de que ese esfuerzo llegara a buen puerto.

La búsqueda de la incomodidad era una habilidad del carácter que podía aceptar sin grandes problemas. Pero los primeros intentos de R. A. con las bolas de nudillos no fueron fáciles. Durante el primer partido de las ligas menores en que probó el lanzamiento, concedió doce carreras en seis entradas. Después de la gran debacle que protagonizó en el estreno de su bola de nudillos en las grandes ligas —el partido en que marcó el peor récord de la historia para un equipo local—, los Rangers decidieron rescindir su contrato y desvincularlo de su organización. Aun así, R. A. creía que la bola de nudillos tenía el potencial de llegar a su destino. El problema era que no sabía cuál era el camino.

El inconveniente de las brújulas es que sólo marcan la dirección, no ofrecen instrucciones concretas. Son muy útiles para alejarse del camino equivocado y orientarse hacia otro más adecuado. Pero para recorrer ese camino con éxito, hace falta un guía.

Fuente: Janis Ozolins, de ozolinsjanis.com

Hay algo que los expertos no pueden enseñar

Cuando no estamos seguros del camino hacia el objetivo, muchas veces pedimos a un guía experto que nos dé las indicaciones. El mantra suena familiar: si quieres ser bueno, aprende de los mejores. Asiste a una clase magistral de cocina que imparte un gran chef. Apunta a tus hijos a una clase de tenis con un profesional. Convence a una gran estrella de tu profesión para que se convierta en tu mentor y aprende a seguir sus pasos. ¿Qué podría ser mejor que asistir a una primera clase de física con un profesor llamado Albert Einstein?

Pues parece que muchas cosas. En un inteligente estudio, un grupo de profesores de Economía quiso averiguar si los alumnos aprendían más cuando era un gran experto quien impartía la clase. Del año 2001 al 2008, recogieron datos de todos los alumnos de primer curso en la Universidad del Noroeste. Luego observaron si los alumnos obtenían notas más altas en el segundo año de una asignatura si el profesor del curso anterior había sido una persona altamente cualificada. Cualquiera podría pensar que los estudiantes sacarían mejores notas cuando aprendían los conceptos básicos con un experto (como un catedrático o un profesor titular) en vez de con un docente menos experimentado (un interino menos especializado). Pero los datos revelaron todo lo contrario: los alumnos que asistieron al curso introductorio del experto sacaron peores notas al año siguiente.

El mismo patrón se repetía en carreras diferentes: los alumnos aprendían menos en los cursos introductorios impartidos por los expertos en todas las asignaturas.[169] La tendencia se mantenía a lo largo de los años —con más de 15.000 estudiantes— y en carreras con sistemas de evaluación más o menos exigentes. Además, los expertos demostraban ser especialmente torpes cuando tenían que enseñar a los alumnos peor preparados.[170]

---

169. Figlio, David N.; Schapiro, Morton O.; y Soter, Kevin B., «Are tenure track professors better teachers?», *The Review of Economics and Statistics*, 97, 4 (2015), pp. 715-724.

170. Esta investigación ofrece argumentos muy sólidos para reconsiderar el trabajo en la universidad. El modelo habitual consiste en exigir al profesorado que publique investigaciones e imparta clases, aunque desde hace mucho tiempo todos estamos esperando un segundo sistema para los investigadores que no son buenos dando clase y un tercero para los profesores que no investigan. Sea como fuere, son habilidades separadas: la correlación entre la productividad en las investigaciones y la eficacia como profesor es igual a cero. Los investigadores podrían revisar el temario para garantizar su rigor y exhaustividad, mientras que los profesores podrían aportar sus conocimientos a los estudios sobre eficacia pedagógica. Hattie, John; y Marsh, Herbert W., «The relationship between

Por lo visto, al empezar un nuevo camino, los mejores expertos suelen ser los peores guías. Hay al menos dos razones que explican por qué los expertos tienen serias dificultades para ofrecer una buena orientación a los principiantes. La primera es la distancia que han recorrido: han llegado demasiado lejos como para recordar lo que se siente en la piel de un novato. Es lo que se conoce como la maldición del conocimiento: cuanto más sabe una persona, más difícil le resulta entender lo que significa no tener ni idea.[171] Como bien resume el científico cognitivo Sian Beilock: «A medida que vas mejorando en lo que haces, la capacidad para comunicar tus conocimientos o para ayudar a otros a aprender esa habilidad no deja de empeorar».[172]

Ésa era la maldición de Einstein en el aula.[173] Sabía demasiado, y sus alumnos sabían muy poco. Como tenía tantas ideas en la cabeza, le costaba mucho mantener una mínima estructura en sus clases, y mejor no hablar de explicarle a un principiante que la gravedad es capaz de curvar la luz. Cuando se estrenó como profesor en un curso de Termodinámica, y a pesar de ser una estrella emergente en el mundo de la física, la mediocridad de sus métodos pedagógicos sólo atrajo a tres estudiantes. Con frecuencia, los materiales estaban muy por encima del nivel de los alumnos, y después de mostrarse incapaz de atraer a un grupo más numeroso en el siguiente semestre, Einstein canceló el curso. Unos cuantos años después, estuvo a punto de perder otro trabajo como profesor porque el rector de la universidad estaba muy decepcionado por su capacidad pedagógica.

---

research and teaching: A meta-analysis», *Review of Educational Research*, 66, 4 (1996), pp. 507-542.

171. Camerer, Colin; Loewenstein, George; y Weber, Martin, «The curse of knowledge in economic settings: An experimental analysis», *Journal of Political Economy*, 97, 5 (1989), pp. 1232-1254.

172. Beilock, Sian, «The best players rarely make the best coaches», *Psychology Today*, 16 de agosto de 2010.

173. Isaacson, Walter, *Einstein: su vida y su universo*, Editorial Debate, Barcelona, 2020. Overbye, Dennis, *Las pasiones de Einstein*, Ediciones Lumen, Barcelona, 2010. Smith, Peter, *Einstein*, Ediciones Tutor, Madrid, 2006.

Suele decirse que quienes no saben hacer nada se dedican a enseñar.[174] Sería más preciso decir que quienes sí saben hacer algo no pueden enseñar lo más básico. Gran parte del conocimiento experto es tácito, es implícito, no explícito.[175] Cuanto más se acerca una persona a la maestría, menos consciente es de los conceptos fundamentales. Los experimentos demuestran que los golfistas y los enólogos expertos tienen serias dificultades para explicar su técnica en el *green* o en una cata de vinos; basta con pedirles que expliquen su visión para interferir en su rendimiento, por lo que casi siempre trabajan con el piloto automático.[176] Cuando vi por primera vez a un saltador de élite haciendo cuatro mortales y medio, le pregunté cómo conseguía girar tan rápido. Su respuesta: «Sólo subo como una bola». Los expertos suelen tener un conocimiento intuitivo del camino, pero les cuesta articular los pasos que seguir.[177] Cuando comparten sus conocimientos, se andan por las ramas.

En vez de ayudar a encontrar el camino, la orientación de un guía experto puede agravar el estancamiento. Aún peor, puede crear la sensación de que, si una persona no avanza, es culpa de sus propias limitaciones. Comencé mi andadura en la universidad combinando asignaturas de Física con otras de Psicología, mis dos materias favoritas en el instituto. Me entusiasmaba la idea de asistir a una clase que impartía un eminente astrofísico. Un día anunció en clase que el universo abarcaba todas las cosas

---

174. Shaw, George Bernard, *Hombre y superhombre: Comedia y filosofía, en cuatro actos*, Forgotten Books, Londres, 2018/1903.

175. Thomas, Asha; y Gupta, Vikas, «Tacit knowledge in organizations: Bibliometrics and a framework-based systematic review of antecedents, outcomes, theories, methods and future directions», *Journal of Knowledge Management*, 26 (2022), pp. 1014-1041.

176. Flegal, Kristin E.; y Anderson, Michael C., «Overthinking skilled motor performance: Or why those who teach can't do», *Psychonomic Bulletin & Review*, 15 (2008), pp. 927-932. Melcher, Joseph M.; y Schooler, Jonathan W., «The misremembrance of wines past: Verbal and perceptual expertise differentially mediate verbal overshadowing of taste memory», *Journal of Memory and Language*, 35 (1996), pp. 231-245.

177. Levari, David E.; Gilbert, Daniel T.; y Wilson. Timothy D., «Tips from the top: Do the best performers really give the best advice?», *Psychological Science*, 33, 5 (2022), pp. 685-698.

y presentó las pruebas de que estaba en expansión... pero no pudo explicar hacia qué se estaba expandiendo. Pasé de estar fascinado a sentirme frustrado, de seguro de mí mismo a incompetente. Aunque el profesor derrochaba pasión y se preocupaba por los alumnos, había aprendido demasiado —y había sido un principiante hacía demasiado tiempo— como para poder conectar con mi ignorancia. Nunca más volví a matricularme en una clase de Física.

Incluso si el experto que elijas sabe guiarte por la ruta que siguió en el pasado, cuando le pidas indicaciones para recorrer la tuya, te encontrarás con un segundo problema. No compartís las mismas virtudes y defectos, sus altibajos no van a ser los mismos que los tuyos. Quizás quieres llegar al mismo destino, pero empiezas muy lejos de su punto de partida. Por eso tu camino le resulta tan extraño como a ti el suyo.

Desde luego, si encuentras a un experto que te conoce bien, obtendrás consejos más personalizados. Pero por más tentador que sea recurrir a un mentor de confianza para recibir sus sabios consejos, no hay nadie que tenga todas las indicaciones pertinentes. Una investigación sobre la trayectoria que sigue un abogado hasta convertirse en socio de un bufete ilustra muy bien esta cuestión. La orientación de un único mentor no servía para marcar la diferencia en los ascensos.[178] Aunque sí había otras ventajas: los abogados que contaban con el apoyo de un mentor se sentían más implicados y satisfechos que aquellos que no tenían ninguno. Pero a la hora de conseguir un ascenso y convertirse en socios, lo que importaba de verdad era contar con la orientación de distintos mentores. Esa variedad de guías permitía acceder a consejos muy diversos sobre la mejor forma de avanzar en la profesión. Y tampoco hacía falta reclutar a media ciudad, sólo era necesario que un abogado dispusiera de dos o tres mentores para encontrar la forma de llegar a socio y no quedarse estancado.

178. Higgins, Monica C.; y Thomas, David A., «Constellations and careers: Toward understanding the effects of multiple developmental relationships», *Journal of Organizational Behavior*, 22 (2001), pp. 223-247.

Del mismo modo que es poco prudente pedir orientaciones básicas a los expertos más eminentes, también lo es confiar en un único guía. Nadie en el mundo conoce tu trayectoria exacta. Pero si tienes la posibilidad de recabar orientaciones distintas de múltiples guías, en algunos casos podrás combinarlas para revelar rutas que hasta ese momento permanecían invisibles. Cuanto más incierto sea el camino, y más alta la montaña que escalar, mayor será la variedad de guías que necesitarás.[179] El desafío consiste en juntar las distintas piezas para construir una ruta que funcione.

Escribir tu propio manual de instrucciones

Aprender de diversos guías es un proceso interactivo e iterativo. No es tan simple como acercarse a alguien y preguntarle: «Oye, ¿me prestas tu cerebro?». *Además, la imagen de coger un cerebro es bastante asquerosa.* La información no está ahí guardada, a la espera de que alguien venga a recogerla. No vivimos en Matrix. Un guía no puede subir sus ideas a la red para que alguien venga después y las descargue.

La finalidad de involucrar a un grupo de guías no es seguir a ciegas sus indicaciones. Más bien consiste en trazar posibles caminos que después podéis explorar juntos. Para ello, primero hay que convertir su sabiduría implícita en algo más explícito. El proceso de transformarse en una esponja comienza buscando sus consejos, pero en vez de exigirles que te presten su cerebro, pídeles que rememoren la ruta que han seguido.

El objetivo sería que los guías vayan dejando pistas por el camino, los grandes puntos de referencia e inflexión que han marcado su desarrollo personal. Para refrescar el recuerdo de un camino que quizás ya hayan olvidado, habría que preguntarles

179. Cotton, Richard D.; Shen, Yan; y Livne-Tarandach, Reut, «On becoming extraordinary: The content and structure of the developmental networks of Major League Baseball Hall of Famers», *Academy of Management Journal*, 54, 1 (2011), pp. 15-46.

por las encrucijadas a las que tuvieron que enfrentarse. Podrían ser las habilidades que aprendieron, los consejos que aceptaron o ignoraron, o los cambios que se vieron obligados a realizar. Explicarles los caminos que has seguido hasta ahora también puede ser de gran ayuda. Cuando conozcan las rutas que has seguido en el pasado y tu ubicación en el presente, podrían detectar nuevas vías para el desarrollo personal que en un principio no habían pensado en mencionar.

Las pistas que dejen por el camino no van a dibujar un mapa completo. Algunas no servirán de nada: una pista puede pedirte que cruces un río, cuando en realidad no viajas a bordo de un barco, sino sobre una bicicleta. Otras quizás hayan dejado de funcionar porque te llevan por una carretera cerrada. Quizás tengas que dar muchas vueltas antes de encontrar el camino correcto. Y también podría ser que los guías desconozcan la ubicación de los puentes construidos hace poco.

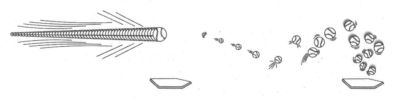

Fuente: @researchdoodles por M. Shandell.

Cuando pregunté a R. A. Dickey cómo encontró su propio camino, una de las primeras cosas que mencionó fue la cantidad de guías a los que se vio obligado a involucrar. Por aquel entonces, no tenía un único mentor. Cuando R. A. empezó su viaje en 2005, Tim Wakefield era el único lanzador que usaba los nudillos que estaba en activo en las grandes ligas. Muy pocos habían tratado de seguir aquel camino, sólo una docena de jugadores, todos ya retirados, habían utilizado con éxito el lanzamiento. No había ni un solo experto que pudiera desvelarle los misterios de la bola de nudillos, ni un solo entrenador que pudiera darle todas las indicaciones. Tendría que convertirse en una esponja para encontrar fuentes fiables, filtrar los consejos que no le parecieran relevantes y adaptar su método de la forma correspondiente.

Después de muchos meses de duro trabajo en solitario, R. A. tomó la iniciativa y se puso a buscar a unos cuantos guías. Como aquel camino era largo y polvoriento, necesitaba muchas perspectivas diferentes. Empezó a contactar con las escasas personas que en el pasado habían sido unos verdaderos magos de la bola de nudillos y que aún seguían con vida. Confiaba en poder aprovechar algunas de sus pistas. Pero no tenían una colección completa de soluciones predefinidas, sólo pudieron presentarle algunas ideas que podía probar.

En 2008, antes de un partido contra el equipo de Tim Wakefield, R. A. consiguió convencerlo para que le diera algunas pistas. Así de solitario es el camino de la bola de nudillos: un jugador revela los secretos del oficio a un rival sólo para que el lanzamiento no se pierda en el tiempo. Después de observar los lanzamientos de Wakefield y de hacerle unas cuantas preguntas, R. A. se alejó de la ruta para probar un nuevo camino: debía asegurarse de bajar el brazo por el centro del cuerpo en el momento de soltar la bola. Al año siguiente peregrinó a la residencia de Phil Niekro, miembro del Salón de la Fama y el mejor lanzador de nudillos de todos los tiempos. Niekro se dio cuenta de que R. A. no movía las caderas hacia delante cuando lanzaba, un detalle que le abrió un nuevo camino que podía probar. Y después hizo más viajes para ver a otro lanzador retirado, Charlie Hough, quien le enseñó a ajustar el agarre y a optimizar la fase inicial del lanzamiento. Para evitar que la bola girara sobre sí misma, R. A. aprendió a visualizarse bajo el umbral de una puerta y a ejecutar todo el lanzamiento sin permitir que el cuerpo entrara en contacto con el marco. Restringía el movimiento del brazo hasta el extremo de sentirse como un *Tyrannosaurus rex*, pero aquel descubrimiento se convirtió en un gran punto de inflexión.

R. A. también tuvo que aprender a identificar las pistas que debía ignorar. Sus entrenadores le decían que lanzara la bola más despacio, dentro del rango de los 100 kilómetros por hora, tal como hacían Wakefield y Hough. Pero después de experimentar con distintas velocidades, R. A. descubrió que sus mejores bolas de nudillos muchas veces volaban a 130 kilómetros por hora.

En ocasiones, tenemos que descubrir en solitario las lecciones que ningún guía puede enseñarnos y escribir las indicaciones que necesitamos. A través del ensayo y error, R. A. descubrió que necesitaba aprender una nueva habilidad: el arte de la manicura. Para lanzar una buena bola de nudillos, las uñas debían ser lo bastante largas para ofrecer un buen agarre, pero lo bastante cortas para no romperse. Así que se convirtió en un salón de manicura unipersonal.

Después de dar un rodeo de tres años, R. A. ya no se sentía estancado. Había encontrado un camino que le permitía avanzar, y gracias a un manual de instrucciones que habría escrito él mismo.

Aun así, el camino no era nada sencillo. Los guías le habían advertido que el viaje emocional podía ser tan accidentado como el físico. Como una bola de nudillos no sale disparada como una bala, es imposible apuntar a un blanco concreto. La única opción es dejarla volar como una mariposa. Tendría que aceptar las imperfecciones: su rendimiento iba a ser tan errático como la trayectoria del lanzamiento. «Sin hablar antes con las personas que se habían visto en mi misma situación, no habría podido tener confianza en que más adelante habría un punto de inflexión —me dijo R. A.—. La esperanza es un combustible increíble. Pude contar con personas que me ayudaron a conservar la esperanza.»

R. A. calcula que lanzó más de treinta mil bolas de nudillos contra muros de ladrillos, bloques de hormigón y redes de todo tipo antes de dominar bien la mecánica. Debido a la pasmosa lentitud de su desarrollo personal, se preguntaba si alguna vez podría volver a las grandes ligas. Tampoco ayudó mucho que en 2008 estableciera otro récord en la categoría «el peor de la historia». Quizás estaba destinado a pasar a la posteridad como el Sr. Cuatro Lanzamientos Descontrolados en una Sola Entrada. Como me explicó en persona: «Cuando te vuelcas en una cosa y ves que no da resultado, es muy desalentador».

Fuente: Liz Fosslien.

Con el depósito en reserva

El desánimo es un obstáculo habitual después de cambiar de dirección. El motivo es que dar marcha atrás no siempre acaba llevándote a la cima. En algunos casos, es muy fácil atascarse, y no porque el camino no sea el adecuado. Lo que ocurre es que el camino lleva a la meta por una ruta que avanza en grandes círculos, y ni siquiera es posible vislumbrar que poco a poco se gana terreno. No se pueden ver los avances que ayudan a mantener la motivación.

Hay una palabra para esta sensación: es lo que se conoce como *languidez*.[180] Esa languidez es un sentimiento de vacío y estancamiento. El término fue acuñado por una socióloga

---

180. Keyes, Corey L. M., «The mental health continuum: From languishing to flourishing in life», *Journal of Health and Social Behavior*, 43, 2 (2002), pp. 207-222.

(Corey Keyes) e inmortalizado por una filósofa (Mariah Carey).

La languidez es la experiencia emocional asociada a la parálisis. La persona no tiene por qué sentirse quemada o deprimida, pero resulta evidente que está desganada. Cada día empieza con la sensación propia de los lunes. La vida se reduce a salir del paso y las semanas se desvanecen en las sombras.[181]

Cuando me puse a escribir este capítulo, tuve serias dificultades para encontrar un contexto que me sirviera para describir el avance no lineal. Probé infinidad de ideas que no funcionaban: demoler y renovar un edificio, cavar un túnel, atravesar una pared o trasplantar un árbol. Ese borrador obtuvo un 4/10 de mis jueces, y estaban siendo generosos. *Me propusieron un mantra: mata a la criatura.* Así que me dediqué a salir a la pizarra una y otra vez. Cuando vi que nada funcionaba, intenté resucitar a la criatura. Y entonces me regalaron una guillotina.

Después de unas cuantas semanas, había dado tantas vueltas que empecé a sentir la languidez. No se me escapaba la ironía de verme atrapado en un capítulo que abordaba el problema de verse atrapado. Estaba metaatrapado y no era divertido. Como soy un pensador lineal y un escritor disciplinado, suelo empezar cada mañana delante del ordenador con una visión muy clara. Carecer de esa visión me parecía desconcertante. Mientras no apartaba la vista del cursor que parpadeaba en la pantalla, decidí investigar los orígenes del término.[182] A la hora de cenar, tenía

---

181. Escribí por primera vez sobre la sensación de languidez en un artículo para *The New York Times* en 2021, y hablaba de ella como si fuera esa hermana mediana abandonada de la salud mental: el vacío entre la depresión y la prosperidad. Nunca he visto a personas más entusiasmadas en hablar de su falta de pasión, aunque pocas veces musitaban algo más que una simple sílaba: «Bah». Grant, Adam, «There's a name for the blah You're feeling: It's called languishing», *The New York Times*, 19 de abril de 2021, y «How to stop languishing and start finding flow», TED, 2021.

182. Por si te lo preguntas, *cursor* proviene del latín *currere*, 'correr', y en algunos casos se traduce como 'mensajero' o 'chico de los recados'. En un principio, era el nombre de una pieza de una regla de cálculo —la que se mueve de un lado a otro— y unos pioneros de la informática tomaron prestado el térmi-

la sensación de que había desperdiciado todo el día. Era exasperante. Me puse a buscar algo que me distrajera del capítulo, hasta que se me hicieron las tantas de la madrugada mientras no podía parar de comer helado y pasaba el rato delante de la tele con mis *Friends* Monica y Chandler. Bienvenido a la venganza de la procrastinación a la hora de meterse en la cama.[183] Pero tampoco sirvió de nada. El depósito de gasolina ya estaba en la reserva.

Cuando empecé a estudiar el potencial oculto, me di cuenta de que la languidez es mucho más que la sensación de estar atascado. También consigue que te quedes atrapado de verdad. Las investigaciones demuestran que la languidez deteriora la atención y asfixia la motivación. Se convierte en un círculo vicioso: sabes que tienes que hacer algo, pero dudas de si tendrá la menor utilidad. Ahí es cuando necesitas desviarte de la carretera y volver a llenar el depósito.

Tomar un desvío

Cuando pregunto a la gente qué hace falta para lograr grandes cosas en la vida, una de las respuestas más habituales es que resulta imprescindible estar muy concentrado y volcado en el trabajo. Hay que doblar la apuesta y bloquear cualquier elemento que amenace con absorber la energía o distraer la atención. Si quieres destacar en el trabajo, hay que pasar más tiempo en la oficina: llegar pronto y salir tarde. Es el momento de guardar las aficiones en un cajón... y, sin duda, nunca hay que aceptar un

---

no. Durante un breve período de tiempo, intentaron llamarlo «bicho», pero seamos sinceros: a nadie le gustan los bichos. English, William K.; Engelbart, Douglas C.; y Berman, Melvyn L., «Display-selection techniques for text manipulation», *IEEE Transactions on Human Factors in Electronics*, HFE-8, 1 (1967), pp. 5-15.

183. Hill, Vanessa M., *et al.*, «Go to bed: Systematic review and meta-analysis of bedtime procrastination correlates and sleep outcomes», *Sleep Medicine Reviews*, 66 (2022), 101697. Liang, Lui-Hai, «The psychology behind "revenge bedtime procrastination"», BBC, 25 de noviembre de 2020.

segundo trabajo. Porque lo último que hace falta es distraerse y acabar agotado.

Pero los datos cuentan una historia muy distinta. Una digresión no tiene por qué ser una distracción. Puede ser una fuente de energía.

Según un estudio, cuando los sujetos estaban entretenidos por las tardes en un segundo trabajo, rendían mejor al día siguiente en su ocupación principal.[184] Los avances de la tarde daban un impulso renovado a sus esfuerzos la mañana siguiente. Los beneficios para la motivación superaban los posibles costes por las distracciones.

Las aficiones tienen efectos similares. En otro estudio, cuando los participantes llegaban a casa y se dedicaban en serio a una afición, su confianza en el trabajo se disparaba, pero sólo si sus *hobbies* estaban en una órbita diferente a la del trabajo.[185] Si un artista siente que languidece, dedicarse a la cerámica en sus ratos libres no le va a servir de mucho para generar una nueva sensación de maestría. Pero un trabajador social o un contable con esa misma sensación de aburrimiento quizás encuentre en las clases de cerámica un camino para desarrollarse.

De todos los factores estudiados, el ingrediente más potente para impulsar la motivación cotidiana es la sensación de progreso.[186] Pero no siempre es posible encontrar la motivación centrando toda la atención en las cosas que no funcionan. En ciertos casos, existe la posibilidad de recuperar el impulso tomando un desvío hacia un nuevo destino.

Un desvío es una ruta que se aparta de la carretera principal

---

184. Sessions, Hudson, *et al.*, «Do the hustle! Empowerment from side-hustles and its effects on full-time work performance», *Academy of Management Journal*, 64, 1 (2021), pp. 235-264.

185. Kelly, Ciara M., *et al.*, «The relationship between leisure activities and psychological resources that support a sustainable career: The role of leisure seriousness and work-leisure similarity», *Journal of Vocational Behavior*, 117 (2020), 103340.

186. Amabile, Teresa; y Kramer, Steven, *The progress principle: Using small wins to ignite joy, engagement, and creativity at work*, Harvard Business Review Press, Estados Unidos, 2011.

para poder repostar. No se trata de tomar un descanso, tampoco de dedicarse a hacer el vago. Es un desvío temporal de la ruta principal, pero el movimiento no se detiene. Avanzas hacia un objetivo diferente.

Los psicólogos han descubierto que para obtener una cierta sensación de progreso, no hace falta hacer grandes avances. El combustible puede provenir de una pequeña victoria.[187] El simple hecho de avanzar, incluso si ha sido necesario alejarse de la carretera principal, sirve para recordar que es posible desplazarse hacia delante. En vez de tener miedo al largo camino que queda por recorrer, estás listo para tomar la próxima curva.

Cuando me quedé atascado al escribir este capítulo, me di cuenta de que debía tomarme muy en serio el mensaje que quería ofrecer. La diversión que elegí fue el Scrabble en internet, una afición que tengo desde hace tiempo. Tras unas cuantas partidas, tenía las letras «r-a-l-g-n-o-i». Las reordené y las combiné con una «i» que ya estaba en el tablero. *Original.* Aquella pequeña victoria era el combustible que necesitaba. Ya estaba preparado para volver a la carretera principal y trabajar en el capítulo.

El primer paso fue rebajar las expectativas. No iba a ser capaz de resolver todo el capítulo de una tirada. En vez de esperar el mapa perfecto, me dedicaría a tomar una sola curva por cada sesión de trabajo. Matar a la criatura. Buscar una mejor metáfora general (la orientación por carretera). Seleccionar una herramienta clave (una brújula). Aunque las había evitado toda mi vida porque tengo un pésimo sentido de la orientación. Es tan malo, que cuando doy un giro de 180°, mi familia política lo llama «el giro de Adam». Pero con un puñado de pequeñas victorias, empecé a coger velocidad. Algunos giros me obligaron a dar marcha atrás, pero cuando los combiné todos me ayudaron a avanzar. Más o menos como había hecho R. A. Dickey.

En una primera fase, R. A. obtuvo esas pequeñas victorias sin tomar ningún desvío. Medía su progreso contando cuántos lanzamientos era capaz de hacer sin que la bola girara sobre sí mis-

---

187. Weick, Karl E., «Small wins: Redefining the scale of social problems», *American Psychologist*, 39, 1 (1984), pp. 40-49.

ma. Cada lanzamiento sin rotación era un chute de motivación. En unos pocos años, pasó de lanzar una buena bola de nudillos la mitad de las veces a conseguirlo en tres de cada cuatro ocasiones. Cuando los Mets cerraron su fichaje, después de cumplir los 35 años, R. A. se había convertido en un lanzador fiable para las grandes ligas. Pero todavía no había llegado a la cima de su particular montaña. Si su bola rápida de nudillos no zigzagueaba lo suficiente, los bateadores podían destrozarla. Para seguir avanzando, necesitaba meter algo más en el depósito de gasolina.

Decidió llenar el depósito escalando una nueva montaña. Los entrenadores estaban en contra, pero R. A. estaba decidido a hacerlo. Y de manera literal.

Una cumbre más alta

En invierno de 2012, R. A. decidió escalar el monte Kilimanjaro, la montaña más alta de África. Siempre había soñado con conquistar su cima, desde que leyó un relato de Hemingway sobre la montaña en la adolescencia. R. A. lo hacía además con un fin solidario: recaudó más de 100.000 dólares para poder rescatar a los adolescentes que caían en las redes de explotación sexual de Bombay.

Los Mets intentaron sacarle la idea de la cabeza e incluso le enviaron una carta en la que dejaban muy claro que tenían derecho a rescindir su contrato si sufría un accidente. Pero a riesgo de perder todos sus ingresos de la próxima temporada, R. A. decidió seguir adelante. Cuando llegó a Tanzania, dedicó siete días a escalar más de 5.800 metros con un grupo, mientras luchaba contra el mal de altura, el cansancio extremo y los constantes vientos helados. Al llegar a la cumbre del Kilimanjaro, «me sentí más pequeño de lo que jamás me había sentido en toda mi vida. Es embriagador», escribió.

Aquel año, R. A. hizo la mejor temporada de toda su carrera. Amplió los límites de su zona de confort más allá de la bola rápida de nudillos y creó un lanzamiento extremadamente lento, que cambiaba de velocidad para dejar a los bateadores con la incertidumbre de saber cuál era el lugar y el momento de golpear. Algunas veces, los propios bateadores estallaban en una carcajada porque su forma de errar el golpe no podría haber sido más lamentable. Y así se ganó su apodo: «el Acertijo».

A la considerable edad de 37 años, R. A. consiguió cosas muy grandes en la vida. Fue seleccionado por primera vez para el partido de las estrellas. Encadenó varios partidos consecutivos donde sólo concedió un único bateo y estableció un nuevo récord en los Mets, con 32 entradas consecutivas sin ceder una sola carrera. Lideró la lista de eliminaciones por *strikes* durante toda la liga y se convirtió en el primer «nudillero» que ganaba el premio Cy Young al mejor lanzador.

«¿El monte Kilimanjaro convirtió al lanzador de los New York Mets en una superestrella?», se preguntaba un periodista. Una pregunta bastante provocadora. Como científico social, estoy seguro de poder responder a la pregunta con un indudable «quizás».

Las investigaciones sobre las aficiones y los segundos trabajos indicarían que la ascensión pudo haber marcado la diferencia. Pero también podría haber sido pura casualidad. Cuando pregunté a R. A. sobre la cuestión, sin embargo, no dudó en responder: «No creo que sea una coincidencia —me dijo—. Para mí, fue muy importante. Disfruté de ponerme a prueba a mí mismo».

Es posible que el desvío al Kilimanjaro cargara hasta los topes la batería de R. A. Recaudar dinero con fines benéficos le reportó la sensación de contribuir a la sociedad. Sentirse pequeño alivió la presión competitiva y le dio la energía para hacer cosas aún más grandes. El éxito de la ascensión significó una inyección de confianza. «Fue como una aventura —relataba—. Empecé el año en la cumbre de África y lo estoy acabando en la cumbre del béisbol.»

Para un observador externo, aquella temporada triunfal parecía haber salido de la nada. Pero la verdad no podía ser más distinta. R. A. tuvo que pasar por siete relegaciones a las ligas menores y dedicar siete años a trabajar la bola de nudillos para alcanzar el éxito de la noche a la mañana. Lo que a simple vista parece un gran descubrimiento es, en muchos casos, una acumulación de pequeñas victorias.[188]

---

188. Si plantas una semilla de bambú Moso, puedes regarla durante muchos meses, o incluso durante años, sin ver un solo brote. Parece que no pasa

Si te quedas atascado al subir una montaña, es mucho mejor dar marcha atrás que quedarse en el mismo sitio. Al dar giros de 180 grados y tomar varios desvíos, es fácil sentir que sólo estás dando vueltas. A corto plazo, una línea recta permite avanzar más deprisa. Pero a largo plazo, los rodeos conducen a las cumbres más elevadas.

Es muy difícil detectar el desarrollo personal a partir de una única instantánea congelada en el tiempo. Si centras toda tu atención en un único momento difícil en particular, es muy fácil sentirse atascado. Sólo cuando observas tu trayectoria a lo largo de las semanas, los meses o los años, serás capaz de comprender la distancia que has recorrido.

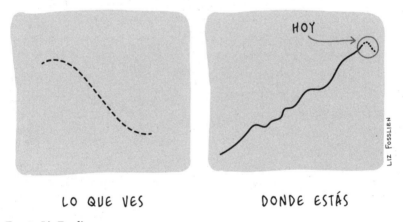

Fuente: Liz Fosslien.

nada hasta que un día surge de la superficie de la tierra. Entonces, en sólo unas pocas semanas, se eleva más de seis metros. Lo que no podías ver es que, bajo la tierra, la semilla estaba echando raíces y almacenando energía. Estaba creciendo, despacio pero con seguridad, debajo de la superficie. La criatura resucitó. Yang, Zhaohe, *et al.*, «Identification and characterization of the PEBP family genes in Moso Bamboo (*Phyllostachys Heterocycla*)», *Scientific Reports*, 9, 1 (2019), art. 14998. Emamverdian, Abolghaseem, *et al.*, «Application of bamboo plants in nine aspects», *Scientific World Journal*, 2020, art. 7284203.

6

Desafiar la gravedad

El arte de volar tirando de uno mismo

> Creo que es posible salir adelante tirando de uno mismo.
> Creo que sí es posible. Vi a un tipo del Cirque du Soleil
> que era capaz de hacerlo.
>
> STEPHEN COLBERT[189]

Los misteriosos mensajes se presentaban en formas diferentes, pero todos los destinatarios sentían una misma urgencia. Jesse Arbor se encontraba en medio de una partida de póker cuando alguien le hizo saber que un coche lo esperaba en la puerta y que su tren saldría en 35 minutos. Ni siquiera tuvo tiempo de sacar algunas prendas de ropa de la lavadora. James Hair iba a bordo de un barco remolcador cuando le dijeron que volviera a puerto para recoger un gran sobre marrón. Cuando rompió el sello de lacre rojo, lo que encontró en su interior no era una invitación. Era una orden para presentarse en unas instalaciones al norte de Chicago.

Aquella orden les llegó a dieciséis hombres en todo el país. Estaban entre la veintena y la treintena, y tenían orígenes socia-

---

189. Stephen Colbert en la cena de la Asociación de Corresponsales de la Casa Blanca, 29 de abril de 2006.

les muy diversos: el grupo incluía un mecánico, un encuadernador de libros, un botones de hotel, un abogado y un trabajador metalúrgico. Corría el mes de enero de 1944, y no tenían ni idea de lo que les esperaba. En mitad de la Segunda Guerra Mundial, tendrían una oportunidad para hacer historia. Estaban a punto de convertirse en los primeros afroamericanos que entraban en la academia de oficiales de la Marina.

Entre las distintas ramas de las fuerzas armadas, la Marina era particularmente famosa por sus prejuicios. Sólo un cuarto de siglo antes, la Marina había prohibido que los afroamericanos pudieran alistarse. Cuando por fin cambiaron la política, los afroamericanos sólo podían realizar funciones serviles, como trabajar de cocineros o limpiabotas. Pero entonces, las presiones políticas de Eleanor Roosevelt les abrieron las puertas de la oficialidad, aunque muchos mandos dudaban de que tuvieran la inteligencia necesaria para comandar a los marineros de raza blanca.

Cuando se presentaron en la academia de oficiales, los candidatos negros se mantenían en su propio grupo, segregados de los marineros blancos. Tuvieron que soportar insultos racistas y comentarios humillantes de los mismos instructores encargados de su formación. Para ellos, el mensaje estaba claro: todos esperaban que fracasaran.

Algunos de aquellos hombres tenían un motivo adicional para dudar de sí mismos. En el pasado, unos cuantos habían tenido serios problemas con sus estudios. Jesse Arbor era un estudiante mediocre que había suspendido Introducción a la Economía, y Charles Lear no había pasado de la secundaria obligatoria. William «Syl» White no tenía experiencia militar, ya que sólo había completado la instrucción básica en el campamento. «Era exigente —recordaba White—. La formación de los oficiales era como tener que pelearte con los ojos cerrados.»

Para empeorar las cosas, como el país estaba en guerra, el período de formación se había reducido a la mitad. Los candidatos tenían que completar todo un semestre de clases en diez agotadoras semanas. Cada día tenían que levantarse a las seis para hacer una marcha, asistir a ocho horas de clase y estudiar hasta bien entrada la noche. Recibieron la orden de dominar las asignaturas de náutica, navegación, artillería, derecho, ordenanzas navales, reconocimiento aéreo, señales con banderas, código Morse y supervivencia, y todo en un tiempo récord.

En un curso normal de formación para oficiales de la Marina, sólo tres cuartas partes de los candidatos aprobaban los exámenes. Pero la primera promoción de oficiales navales afroamericanos no sólo fue capaz de aprobar por los pelos, sino que los dieciséis candidatos lograron destacar por encima de la media. En Washington, los mandamases sospecharon de inmediato. Para demostrar que no habían copiado o que se habían beneficiado de algún error en la corrección, aquellos hombres tuvieron que volver a hacer algunos de sus exámenes. Obtuvieron una puntuación aún más elevada, ya que el grupo sacó una nota media de 3,89 sobre 4. Unos años después, descubrirían que habían obtenido las notas más altas en la historia de la Marina. Su potencial ya no estaba oculto.

Trece de los candidatos acabaron sirviendo como oficiales en la Marina.[190] Al ser el primer grupo de afroamericanos que llevó las barras y estrellas doradas, recibieron el nombre de los «Trece de Oro».[191] En vez de sucumbir a las fuerzas de la gravedad que tiraban de ellos hacia abajo, los Trece de Oro se las arreglaron para vencerlas. Como observó Samuel Barnes: «Estábamos decididos a tener éxito a pesar de la carga que habían puesto sobre nuestros hombros».

Los Trece de Oro hicieron muy bien una cosa que los demás solemos hacer muy mal. Ante un obstáculo que parece insupera-

---

190. En la actualidad aún se desconoce por qué tres de los dieciséis candidatos —Augustus Alves, J. B. Pinkney y Lewis «Mummy» Williams— no fueron llamados a filas. Y también sigue siendo un misterio por qué aquellos dieciséis hombres fueron los escogidos.
191. Stillwell, Paul, *The Golden Thirteen: Recollections of the first black Naval officers*, Naval Institute Press, Estados Unidos, 1993. Goldberg, Dan C., *The Golden 13: How black men won the right to wear Navy Gold*, Beacon, Estados Unidos, 2020. Grossman, Ron, «Breaking a Naval blockade», *Chicago Tribune*, 8 de julio de 1987. «The Golden Thirteen», Naval History and Heritage Command, 25 de noviembre de 2020. Briscoe, Kevin Michael, «Remembering the sacrifices of the "Golden 13"», *Zenger*, 26 de noviembre de 2020.

ble, la idea de renunciar tiene muchas veces un aspecto muy tentador. Todo parece demasiado difícil: las fuerzas en contra son demasiado poderosas. En momentos así, el consejo habitual es tratar de salir adelante tirando de uno mismo. El mensaje implícito es que debemos buscar en nuestro interior para encontrar una reserva oculta de confianza y sabiduría. Pero, en realidad, al mirar hacia el exterior para aprovechar al máximo los recursos disponibles con (y para) otras personas, es cuando descubrimos —y desarrollamos— de verdad nuestro propio potencial oculto. Cuando todas las apuestas están en contra, dejar de centrarnos en nosotros mismos es lo que nos permite abrir las alas y alzar el vuelo.

PORCENTAJE DE DÍAS MALOS EN LOS QUE CONSEGUISTE SALIR ADELANTE

100 %

Fuente: Liz Fosslien.

Educación mutua

Al enfrentarnos a una tarea abrumadora, resulta imprescindible demostrar confianza y competencia. En primer lugar, la capacidad para elevar las expectativas y mejorar las propias habilidades depende de cómo interpretamos los obstáculos que tenemos por delante. Muchas pruebas confirman que cuando un obstáculo se vive como una amenaza, tendemos a retroceder y darnos por vencidos. Pero cuando pensamos que una barrera es un reto que superar, entonces estamos a la altura de las circunstancias.[192]

En parte, ver los obstáculos como un reto depende de tener una mentalidad orientada al crecimiento, es decir, creer en la capacidad propia para mejorar.[193] Pero la psicóloga que presentó esta idea, Carol Dweck, ha demostrado hace poco que una mentalidad orientada al crecimiento no puede hacer gran cosa sin un andamiaje que la sustente. Varios experimentos rigurosos, con unos quince mil alumnos de bachillerato, han revelado que el fomento de una mentalidad orientada al crecimiento sólo mejora las notas cuando los profesores reconocen el potencial de los estudiantes y las escuelas promueven una cultura basada en aceptar los desafíos.

Si no tenemos la suerte de que otras personas nos proporcionen ese andamiaje, quizás tengamos que construirlo por nuestra cuenta. Ahí es cuando entra en acción la cuestión de salir adelante tirando de uno mismo [en inglés, se conoce como *bootstrapping*]. Consiste en utilizar los recursos que ya están a nuestra disposición para salir de una situación complicada. El origen del término se asocia a una leyenda sobre un barón que quedó atrapado en un pantano con su caballo y que escapó usando su propia trenza como si fuera una cuerda. Otras versiones posteriores quizás sustituyeran la trenza del barón por las trabillas de sus botas, de ahí *bootstrapping*.

Por regla general, el *bootstrapping* se considera una habilidad individual. No necesitas la ayuda de los demás. Tiras de las trabillas de tus botas para superar los obstáculos con tus propios recursos. La verdad es que parece una expresión de individualis-

---

192. Podsakoff, Nathan P.; LePine, Jeffery A.; y LePine, Marcie A., «Differential challenge stressor-hindrance stressor relationships with job attitudes, turnover intentions, turnover, and withdrawal behavior: A meta-analysis», *Journal of Applied Psychology*, 92, 2 (2007), pp. 438-454.

193. Yeager, David S., *et al.*, «Teacher mindsets help explain where a growth-mindset intervention does and doesn't work», *Psychological Science*, 33 (2022), pp. 18-32. Yeager, David S., *et al.*, «A national experiment reveals a growth mindset improves achievement», *Nature*, 573, 7774 (2019), pp. 364-369.

mo en estado puro, un acto independiente. Pero sólo cuando se enfoca desde un punto de vista interdependiente obtenemos la confianza y las competencias necesarias para superar los obstáculos. Lo he visto en mi propia clase.

Un otoño expliqué a mis alumnos de Wharton que el examen final tendría una dificultad extraordinaria y les puse unas cuantas preguntas de ejemplo. Días después volvieron a clase muy alarmados por el apartado de preguntas tipo test. Mi intención era motivarlos para que dominaran la materia, pero en realidad socavé su confianza.

Les recordé que mi deseo era que todos aprobaran la asignatura. Incluso les prometí prorratear las puntuaciones al alza si la media de la clase era baja. Pero seguían estando nerviosos y llenos de dudas, así que decidí hacerles un favor. En aquella pregunta que los dejara con la boca abierta, podrían escribir el nombre de un compañero de clase que quizás supiera la respuesta. Si el alumno escogido acertaba, su respuesta también sería correcta. Era el equivalente académico al «comodín de la llamada» en el programa de «¿Quién quiere ser millonario?».

Cuando me fijé en las notas que habían sacado en el examen, me llevé toda una sorpresa. En comparación con el año anterior, la media de clase había subido varios puntos, y el motivo no era el comodín de la llamada. En los años siguientes, el rendimiento de cada nueva promoción no dejaba de mejorar. Empecé a repasar la lista de las posibles explicaciones. El examen no se había vuelto más fácil. Los estudiantes no eran más inteligentes que los del año pasado. Al final, descubrí lo que estaba ocurriendo: el pequeño comodín de la llamada había tenido un gran impacto en la manera de prepararse para el examen.

Para sacar buena nota, los estudiantes todavía tenían que dominar todo el contenido, no bastaba con aplicar al temario la estrategia «divide y vencerás». Pero si querían obtener ese punto adicional en una pregunta difícil, tendrían que descubrir quién era el experto en cada área concreta. Así que, en lugar de empollar a solas, decidieron estudiar todos juntos. Empezaron a quedar en pequeños grupos para sintetizar los conceptos clave.

Los alumnos habían creado su propio andamiaje. Unos años

después, una clase llevó la colaboración al siguiente nivel: crearon un mapa gigante del contenido para todo el semestre. Un alumno reservó una sala para estudiar el sábado por la tarde e invitó a toda la clase a unirse y compartir sus conocimientos. Otros se sumaron a la iniciativa para compartir sus propios resúmenes de las lecturas, guías de estudio y cuestionarios de prueba. Los alumnos se dieron cuenta de que el *bootstrapping* más potente no era el que creaban en solitario, sino el que construían juntos.

Muchas investigaciones han demostrado que estudiar con otros compañeros que dominan la materia permite mejorar los resultados. En el caso de los servicios de inteligencia de Estados Unidos, para poder predecir qué equipos harán el mejor trabajo, el factor más importante que se debe tener en cuenta es la frecuencia con la que sus miembros se ayudan y orientan mutuamente.[194] En las facultades de Medicina, los estudiantes no aprenden menos si el encargado de enseñar el temario es un compañero, en lugar de un profesor.[195] En la sesión de los sábados de mi asignatura, no hay ningún alumno que comience el curso siendo un experto. Todos tienen que recurrir a los conocimientos colectivos del grupo. Y hay motivos para creer que adquieren una parte de sus conocimientos cuando dan clase a otros compañeros.

Enseñar es un método increíblemente potente para aprender. En un metaanálisis de dieciséis estudios, los alumnos que recibieron la misión de dar clase a sus compañeros acabaron sacando unas notas más altas en las materias que impartían.[196] Los

---

194. Hackman, J. Richard; y Wageman, Ruth, «Asking the right questions about leadership», *American Psychologist*, 62 (2007), pp. 43-47. Hackman, J. Richard; y O'Connor, Michael, «What makes for a great analytic team? Individual vs. team approaches to intelligence analysis», Office of the Director of the Central Intelligence Agency, Washington D. C., Estados Unidos, febrero de 2004.

195. Rees, Eliot L., *et al.*, «How does peer teaching compare to faculty teaching: A systematic review and meta-analysis», *Medical Teacher*, 38, 8 (2016), pp. 829-837.

196. Leung, Kim Chau, «An updated meta-analysis on the effect of tutoring on tutors' achievement», *School Psychology International*, 40, 2 (2019), pp. 200-214.

alumnos que enseñaban comprensión lectora mejoraban dicha competencia y los que daban clase de Matemáticas progresaban de forma espectacular en esa materia. Cuanto más tiempo dedicaban a enseñar, más aprendían. Según la conclusión de uno de los grupos de investigación:[197] «Como los niños a los que ayudaban, los estudiantes que daban clases particulares comprendían mejor y desarrollaban actitudes más positivas hacia la materia cubierta en el programa».[198]

197. Cohen, Peter A.; Kulik, James A.; y Kulik, Chen-Lin C., «Educational outcomes of tutoring: A meta-analysis of findings», *American Educational Research Journal*, 19 (1982), pp. 237-248.

198. El «efecto profesor particular» ayuda a esclarecer uno de los grandes misterios de la mente: ¿por qué los hermanos mayores tienen una ventaja cognitiva sobre los pequeños? Aunque no se manifiesta en todos los casos, numerosos estudios —rigurosos y a gran escala— han demostrado que el hijo mayor de la familia suele obtener unos resultados ligeramente superiores en los test de inteligencia que los hijos menores, incluso después de tener en cuenta el tamaño de la familia, el estatus socioeconómico, la inteligencia de los padres y toda una serie de factores diversos. Podemos descartar las causas biológicas y prenatales: un estudio con más de 240.000 adolescentes noruegos demostró que los hijos menores cuyos hermanos mayores morían en la infancia —y que, por lo tanto, crecieron como si fueran los mayores— también obtienen unos resultados más altos en los test de inteligencia. Si el hijo mayor tiene una ventaja en el aprendizaje se debe a la educación, no a la naturaleza. Una teoría popular es que los primogénitos reciben más tiempo y atención de los padres. Esa atención de los padres puede ser un motivo, pero no explica por qué los hijos únicos —que reciben la atención más exclusiva— son menos brillantes en las pruebas que los niños mayores con hermanos pequeños. Ahí es cuando entra en acción el «efecto profesor particular». Un hijo único no tiene hermanos que puedan convertirse en sus alumnos particulares, como también les pasa a los pequeños, y eso limita su desarrollo. El primogénito de una gran familia aprende cuando enseña a sus hermanos y hermanas menores. Curiosamente, las ventajas de actuar como un profesor particular empiezan a emerger hacia los 12 años de edad, cuando los hermanos mayores tienen más cosas que enseñar y sus hermanos pequeños están más preparados para aprender. Rohrer, Julia M.; Egloff, Boris; y Schmukle, Stefan C., «Examining the effects of birth order on personality», *PNAS*, 112, 46 (2015), pp. 14224-14229, y «Probing birth-order effects on narrow traits using specification-curve analysis», *Psychological Science*, 28, 12 (2017), pp. 1821-1832. Damian, Rodica Ioana; y Roberts, Brent W., «The associations of birth order with personality and inte-

Los psicólogos hablan del «efecto profesor particular».[199] Y funciona incluso con los alumnos principiantes: la mejor forma de aprender cualquier cosa es enseñársela a otra persona. Después de evocarla, se recuerda mejor, y después de explicarla, se comprende mejor.[200] Sólo hace falta aceptar la incomodidad de sentarse en la silla del profesor antes de dominar del todo la materia. Incluso con sólo decirle al alumno que en breve va a tener que enseñar un contenido, ya basta para mejorar su aprendizaje.[201]

Este efecto da un giro a la idea de que quienes no pueden hacer nada se dedican a enseñar. El historiador Henry Adams se convirtió en un experto en Historia Medieval después de dar un curso sobre la materia.[202] Confesó a sus alumnos que al principio no sabía nada sobre el tema, y que sólo iba una clase por delante de ellos. La pintora Georgia O'Keefe perfeccionó su técnica abstracta con el carboncillo y la acuarela mientras

---

lligence in a representative sample of U.S. high school students», *Journal of Research in Personality*, 58 (2015), pp. 96-105. Black, Sandra E.; Devereux, Paul J.; y Salvanes, Kjell G., «Older and wiser? Birth order and IQ of young men», *CESifo Economic Studies*, 57 (2011), pp. 103-120. Barclay, Kieron J., «A within-family analysis of birth order and intelligence using population conscription data on Swedish men», *Intelligence*, 49 (2015), pp. 134-143. Kristensen, Petter; y Bjerkedal, Tor, «Explaining the relation between birth order and intelligence», *Science*, 316, 5832 (2007), 1717. Bjerkedal, Tor, *et al.*, «Intelligence test scores and birth order among young Norwegian men (conscripts), analyzed within and between families», *Intelligence*, 35, 5 (2007), pp. 503-514. Sulloway, Frank J., «Birth order and intelligence», *Science*, 316, 5832 (2007), pp. 1711-1712.

199. Zajonc, Robert B.; y Sulloway, Frank J., «The confluence model: Birth order as a within-family or between-family dynamic?», *Personality and Social Psychology Bulletin*, 33, 9 (2007), pp. 1187-1194.

200. Koh, Aloysius Wei Lun; Lee, Sze Chi; y Lim, Stephen Wee Hun, «The learning benefits of teaching: A retrieval practice hypothesis», *Applied Cognitive Psychology*, 32, 3 (2018), pp. 401-410.

201. Nestojko, John F., *et al.*, «Expecting to teach enhances learning and organization of knowledge in free recall of text passages», *Memory & Cognition*, 42, 7 (2014), pp. 1038-1048.

202. Lodge, Henry Cabot, en *Proceedings of the Massachusetts historical society*, The University Press, Estados Unidos, 1918.

era profesora de arte.[203] El físico John Preskill aprendió Informática Cuántica cuando lo contrataron para dar un curso sobre la materia.[204] Y los Trece de Oro bordaron los exámenes para entrar en la Marina porque enseñaron lo que querían aprender.

Potencial imprevisto

Al empezar el curso de oficiales, muchos de los integrantes de los Trece de Oro tenían la sensación de que sería imposible adquirir tantos conocimientos en tan poco tiempo. En palabras de George Cooper: «Cada uno de nosotros [...] dijo: "A la mierda con todo esto, maldita sea, es demasiado"». Como la mayoría de los superiores no les prestaban ningún apoyo, su única esperanza consistía en ayudarse mutuamente, aunque tendrían que hacerlo en un ambiente que arrastraba la infame reputación de ser cruel y despiadado.

Como, según la tradición de la Marina, no todos los candidatos podían pasar el corte, los aspirantes a oficiales solían ver a los demás como rivales y no como compañeros de equipo. Sin embargo, los Trece de Oro se reunieron en su barracón e hicieron un juramento prosocial: *todos para uno, y uno para todos*. «Nada más comenzar el partido, decidimos que lo haríamos juntos, ya fuera para ganar o perder —declaró Cooper—. Por suerte, como mínimo uno de nosotros ya estaba familiarizado con casi todas las materias que íbamos a tener que aprender.»

Para gestionar la abrumadora carga lectiva, los Trece de Oro decidieron confiar los unos en los otros. Se convertirían en esponjas y compartirían el conocimiento disponible entre todo el colectivo. Cada miembro enseñaría la materia que dominaba al resto

---

203. Drohojowska-Philp, Hunter, *Full bloom: The art and life of Georgia O'Keeffe*, Norton, Estados Unidos, 2005.

204. Preskill, John, «Celebrating theoretical physics at Caltech's Burke Institute», *Quantum Frontiers*, 24 de febrero de 2015. «John Preskill on quantum computing», *YCombinator*, 15 de mayo de 2018.

del grupo. Cuando recibieron los libros de texto, repasaron los temas a la espera de que alguien exclamara: «¡Ése es para mí!».

Como eran buenos con las matemáticas, Cooper, Graham Martin y Reginald Goodwin marcaron el paso con las materias analíticas, mientras John Reagan hacía lo propio con las técnicas. Los aficionados a la historia, Samuel Barnes y Dennis Nelson, se ocuparon de la tradición militar. A pesar de que carecía de instrucción formal en náutica, Lear compensaba esa carencia con su capacidad de liderazgo y su experiencia en marinería y cabuyería, así que se ocupó de la materia junto con Alves. Y como Arbor tenía experiencia y estudios avanzados en navegación, el grupo recurrió a él para recibir un curso acelerado de código Morse: daba golpecitos en la pared y ofrecía a sus compañeros algunas pistas cuando respondían con el mismo sistema. Pusieron en marcha un *bootstrapping* colectivo.

Según el reglamento, las luces se apagaban a las diez y media de la noche. Pero cada jornada, los Trece de Oro se apiñaban en los baños con sus linternas para estudiar hasta bien pasada la medianoche. Para que nadie los descubriera, colgaban sábanas de las ventanas para bloquear el paso de la luz.

Descubrí la historia de los Trece de Oro gracias al influyente libro de Paul Stillwell, un historiador naval que realizó una magnífica labor al documentar sus experiencias antes de que fallecieran. Mientras leía con atención las extensas entrevistas a la caza de historias, citas y reflexiones, me parecía que la explicación más evidente de su éxito era que tuvieron la oportunidad de aprender de otros compañeros más cualificados. Entonces se me ocurrió que el efecto «profesor particular» también tuvo su importancia: el acto de compartir el conocimiento amplió la competencia de los hombres encargados de la enseñanza. Estaban trabajando juntos para potenciar sus propios recursos.

Cuando se toparon con la primera pregunta sobre derecho, todos recurrieron a White, que era abogado. Pero les dijo que no tenía ni idea de derecho naval; iba a tener que buscar la información. Aprendió las ordenanzas navales mientras las enseñaba y también consiguió dominar los temas que había aprendido durante el período de instrucción mientras se los explicaba a todo el grupo. Convertirse en profesor le ayudó a reforzar sus conocimientos.

Debido a su pasado como maquinista, Frank Sublett se convirtió en el responsable de la mecánica, la artillería y las calderas, en colaboración con Dalton Baugh. Sin embargo, ambos encontraban muchas preguntas para las que no tenían respuesta. Cuando el profesor designado no sabía gran cosa sobre un tema en particular, los Trece de Oro pedían a cada uno de sus miembros que hicieran alguna aportación al grupo. De este modo, todos tenían la oportunidad de enseñar una materia que era relativamente nueva para ellos. Cuando estaban de acuerdo sobre cuál había sido la mejor exposición del grupo, llegaba el momento de los «ejercicios» e «interrogatorios». Mientras se iban haciendo preguntas los unos a los otros, creaban nuevas oportunidades para compartir los conocimientos que acababan de adquirir. Y al ver que cada uno de ellos ofrecía buenas ideas, Sublett comprendió que «los hombres de nuestro grupo tenían la habilidad y la capacidad para asimilar la información». Las trenzas y las trabillas de sus botas eran muy resistentes. Cuando llegaron los exámenes, todos habían adquirido los conocimientos necesarios para aprobar cada materia con muy buena nota.

Seguir nuestros propios consejos

Enseñar a los demás puede desarrollar nuestras habilidades. Pero orientar y ayudar a los demás es lo que incrementa la confianza. Cuando animamos a otras personas a superar los obstáculos, ese gesto puede ayudarnos a encontrar la motivación. Como padre, lo he visto con mis propios ojos.

Cuando estaba de los nervios porque tenía que dar mi primera charla TED, decidí pedirle consejo a mi hija mayor. Por aquella época, Joanna era una niña de ocho años muy tímida y me recomendó centrar la mirada en una persona del público que estuviera asintiendo y sonriendo. Volví a casa entusiasmado por contarle que había hallado la confianza en un radiante rostro de la primera fila.

Unas pocas semanas después, mi mujer, Allison, y yo nos percatamos de que Joanna estaba nerviosa por el papel que le había tocado interpretar en una obra de teatro del colegio. Cuando salió al escenario, dirigió la mirada hacia la platea y la fijó en nosotros, y entonces puso una sonrisa tan grande como la nuestra. En vez de depender de nosotros para que le diéramos un consejo, recordó su propia receta y la aplicó. Aquello fue un punto de inflexión: a partir de aquel momento, vimos que subía el listón de sus propias expectativas. Poco después, se presentaba voluntaria para hacer presentaciones en público, y sus profesores elogiaban su gracia y confianza.

He empezado a pensar en este fenómeno como «el efecto entrenador».[205] Tenemos más confianza en nuestra propia capacidad para superar las dificultades después de guiar a otras personas para que venzan las suyas. Así lo confirman los resultados de los experimentos que realiza la psicóloga Lauren Eskreis-Winkler. En uno de ellos, un grupo de estudiantes de bachillerato sacaba notas más altas en una amplia variedad de materias —entre ellas las Matemáticas— después de que se les asignara la tarea de orientar a los alumnos más jóvenes sobre cómo mantener la motivación y evitar la procrastinación. En otro, un grupo de alumnos de secundaria dedicaba más tiempo a los deberes después de recibir la misión de ofrecer consejos motivacionales a los estudiantes más jóvenes, en lugar de asistir a una charla con el mismo fin impartida por profesores expertos. Y las personas que tenían dificultades para ahorrar dinero, perder peso, controlar su temperamento o encontrar trabajo se sentían más motivadas al dar consejos que después de recibirlos.

Este fenómeno es distinto al «efecto profesor particular», que pone de relieve lo mucho que podemos aprender cuando compartimos los mismos conocimientos que queremos adquirir. El efecto

---

205. Eskreis-Winkler, Lauren, *et al.*, «A large-scale field experiment shows giving advice improves Academic outcomes for the advisor», *PNAS*, 116, 30 (2019), pp. 14808-14810. Eskreis-Winkler, Lauren; Fishbach, Ayelet; y Duckworth, Angela L., «Dear Abby: Should I give advice or receive it?», *Psychological Science*, 29, 11 (2018), pp. 1797-1806.

entrenador, en cambio, refleja que podemos obtener la motivación necesaria cuando ofrecemos nuestro apoyo a otras personas que lo necesitan. Al recordarnos a nosotros mismos las herramientas que ya tenemos, orientar a los demás aumenta nuestras expectativas.

Fuente: Matt Shirley.

Aprovechar el efecto entrenador es justo lo contrario de lo que solemos hacer cuando necesitamos ayuda. En los momentos difíciles, nuestro primer instinto es coger el teléfono y pedir consejo. Pero nos iría mucho mejor si pudiéramos reflexionar un momento sobre los consejos que hemos dado en el pasado o si llamáramos a alguien que se encuentra en una situación parecida y le brindáramos unas cuantas sugerencias. Tendríamos que escuchar los consejos que damos a los demás; casi siempre son los que deberíamos aplicarnos a nosotros mismos.

En mi investigación, he descubierto que ser donante es mucho más motivador que ser receptor.[206] Recibir es un acto pasivo: si

206. Grant, Adam, *Dar y recibir: por qué ayudar a los demás conduce al éxito*, Gestión 2000, Barcelona, 2014. Grant, Adam M.; y Dutton, Jane, «Beneficiary or benefactor: Are people more prosocial when they reflect on giving

siempre eres la persona que recibe los consejos, te colocas en una posición en la que dependes de los demás para saber adónde ir. Dar es un acto activo: aconsejar a los demás te recuerda que tienes algo que ofrecer. Así es más fácil convencerse de que los recursos que ya posees tienen la fuerza necesaria para proporcionar el apoyo que necesitas. Ya has visto que servían para ayudar a los demás.

Durante el invierno, los Trece de Oro se apoyaron mutuamente para encontrar ayuda y motivación. Para levantar el ánimo del grupo, Lear solía llegar a primera hora. Cuando alguien tenía dificultades para aprender a orientarse usando el sextante, le explicaba la técnica y lo animaba a seguir intentándolo. Se demostraba a sí mismo —y a sus compañeros— que podía aportar muchas cosas.

Al entrenarse unos a otros, los Trece de Oro no sólo se daban ánimos y consejos. También se responsabilizaban de cada miembro del grupo. «Cada uno de nosotros, en un momento dado [...] o quizás en más de uno, llegábamos a un extremo en el que ya sólo queríamos tirar la toalla —recordaba George Cooper—. Y los demás debían estar ahí para decirle: "No, tío, tenemos que hacerlo".» Graham Martin les recordaba que debían estar a la altura y echaba por tierra las excusas para bajar el ritmo. Otros llamaban la atención a sus compañeros si alguien se distraía y compartían consejos para seguir centrados en la tarea. Como se animaban a salir adelante tirando de sí mismos, sus propias expectativas también aumentaron.

Después de entrevistar a la mayoría de los Trece de Oro, Paul Stillwell se sentía fascinado por su reacción: «Ni los instructores más severos eran tan exigentes como lo eran ellos mismos». La difícil tarea que tenían por delante ya no era una amenaza, era un desafío. En vez de dudar de sí mismos por separado, creían en su capacidad colectiva. Tal como explicaba George Cooper: «Estábamos convencidos de que si uno de nosotros lo conseguía, todos íbamos a hacerlo».

---

or receiving?», *Psychological Science*, 23, 9 (2012), pp. 1033-1039. Grant, Adam M.; Dutton, Jane E.; y Rosso, Brent D., «Giving commitment: Employee support programs and the prosocial sensemaking process», *Academy Management Journal*, 51, 5 (2008), pp. 898-918.

Los Trece de Oro encontraron la forma de superar sus carencias iniciales en lo referente a la confianza y los conocimientos. Pero como sus superiores dudaban de sus capacidades, en el futuro todavía encontrarían muchos motivos para cuestionarse a sí mismos. Cuando otras personas no creen en tus capacidades, esa desconfianza puede convertirse en una losa que te deja clavado en el suelo o te hace salir corriendo en la dirección opuesta. Sufrir las faltas de respeto de los demás representa un particular obstáculo para el crecimiento y requiere un tipo de andamiaje concreto para poder superarlo.

Hace poco he encontrado a una persona que se enfrentó a este particular desafío. Durante años, todo lo que supe de ella es que era la oradora que había entusiasmado al público antes de que yo subiera al escenario. Cuando por fin pude conocerla en persona, me enseñó una sorprendente lección para encontrar la motivación cuando lo tenemos todo en contra.

Una montaña de dudas

Mientras jadeaba para recuperar el aliento, Alison Levine se preguntaba si había cometido un error.[207] Corría el año 2002, y Alison capitaneaba la primera expedición estadounidense formada íntegramente por mujeres al monte Everest, la montaña más alta de la Tierra. Alison había llegado a la parte más traicionera de la ascensión: la Cascada de Hielo del Khumbu. Tenía por delante más de seiscientos metros de hielo, que se volvería más inestable a medida que el calor del sol fuera aumentando. Tenía que avanzar deprisa para evitar la posibilidad de que el hielo se rompiera o de que se produjera una repentina avalancha.

Pero la velocidad no era el fuerte de Alison. Con sólo 1,60 me-

---

207. Entrevista personal, 28 de noviembre de 2022. Levine, Alison, *On the edge: The art of high-impact leadership*, Grand Central, Estados Unidos, 2014. Spain, Sarah, «Alison Levine proves she's all heart», ESPN, 27 de diciembre de 2011. Associated Press, «Climber conquers Everest and records Grand Slam», *The New York Times*, 14 de agosto de 2010.

tros de altura y 50 kilos de peso, carecía de la corpulencia y la fuerza para dar pasos largos y potentes. Estaba en mitad de la treintena y había empezado a escalar hacía pocos años. Cuando era niña, durante los abrasadores veranos de Phoenix, Arizona, devoraba libros sobre los exploradores árticos y veía todas las películas sobre alpinismo que podía encontrar. Su sueño era participar en una expedición a los polos, pero sus limitaciones físicas impedían que pudiera exponerse al frío extremo.

Alison había nacido con un agujero en el corazón, así que forjarse una carrera como expedicionaria no era una opción realista. Durante la adolescencia, sufría desmayos esporádicos y no dejaba de entrar y salir de las urgencias del hospital. Después de varias operaciones, los médicos por fin pudieron cerrar el agujero, y Alison recibió la autorización para escalar montañas. Pero todavía se enfrentaba a otro gran obstáculo: un problema circulatorio. En un entorno gélido, sus arterias dejarían de enviar sangre a los dedos de las manos y los pies, por lo que perderían la sensibilidad y sufrirían un grave riesgo de congelación.

Pero aquel problema no había impedido que Alison emprendiera el viaje al Everest. Había dedicado varios meses a encontrar una empresa patrocinadora y a reunir un equipo de consumadas atletas en deportes al aire libre. Ahora estaban todas juntas, con la mirada clavada en un agujero gigantesco en el glaciar que debían cruzar. Si resbalaban, podían sufrir una caída mortal.

Cuando Alison puso el pie en la escalera metálica, escuchó una voz detrás de ella. «Nunca vas a llegar a la cima a este ritmo —gritaba un hombre—. Si no puedes ir más rápido, no deberías estar aquí. Quizás deberías dejarlo y volver a casa.» Mientras hacía todo lo posible por ignorar aquella voz, se fue abriendo camino, despacio, pero con paso seguro.

Al final, consiguieron superar la cascada de hielo. Poco después, una parte del glaciar se vino abajo en una avalancha, y un alpinista estuvo a punto de perder la vida. Aquél no sería su único coqueteo con la muerte. El helicóptero que transportaba al equipo a través del valle del Khumbu se estrelló cuando regresaba a una montaña cercana. No hubo supervivientes. Y uno de los alpinistas que el grupo había conocido en el campamento base resbaló poco después y sufrió una caída que acabó con su vida. Alison sabía que su supervivencia dependía del resultado de infinidad de pequeñas decisiones, así como de circunstancias que escapaban a su control.

Después de casi dos meses de expedición, Alison y sus compañeras de equipo estaban a punto de atacar el último tramo de la ascensión. Un tramo conocido como «la zona de la muerte», un terreno situado a una altitud donde la mayoría de los seres humanos no pueden absorber suficiente oxígeno para sobrevivir. Ni siquiera con las bombonas de oxígeno, Alison tenía que respirar entre cinco y diez veces para obtener el aire que necesitaba y poder dar un solo paso. Pero el grupo continuó avanzando, y por fin pudo ver la cima.

En aquel momento, irrumpió una tormenta. Entre los fuertes vientos y la cortina de nieve era demasiado peligroso seguir adelante o esperar a que amainara. Después de escalar más de 8.800 metros, se veían obligadas a dejarlo... cuando estaban a menos de 90 metros de la cima. En vez de convertirse en las primeras mujeres de Estados Unidos que conquistaban el Everest, tuvieron que dar media vuelta. Alison guio al grupo durante el descenso.

En cuanto volvió a casa, no tuvo más remedio que enfrentarse a una avalancha de preguntas de los periodistas. «Felicidades, no lo conseguiste. ¿Cómo te sentiste al tener que renunciar?» En contra de su propio sentido común, Alison leyó los comentarios que se publicaban en internet. «No estaban preparadas. No merecían estar ahí.» Conocía a gente en cenas y fiestas que restaba importancia a sus logros. «Deja de decir que subiste al Everest... si no llegaste a la cima, entonces, no vale.» Se sentía una fracasada.

Alison se hundió en una espiral depresiva y perdió la autoestima. Sentía que había decepcionado al equipo, al patrocinador y a su país. Seguía escuchando la voz de aquel alpinista dentro de su cabeza. «Si no puedes ir más rápido...» Se juró a sí misma que nunca más pondría un pie en el Everest.

Encender una chispa

Las expectativas que otras personas depositan en nosotros a menudo se convierten en profecías autocumplidas. Cuando los demás creen en nuestro potencial, nos acercan una escalera. Elevan nuestras aspiraciones y nos permiten alcanzar cotas más elevadas. Docenas de experimentos demuestran que, en el ámbito laboral, cuando los jefes tienen altas expectativas, los empleados trabajan con más ganas, aprenden más y rinden mejor.[208] En los colegios, cuando los profesores tienen grandes esperanzas, los alumnos mejoran sus capacidades y sacan notas más altas, sobre todo cuando parten con desventaja.[209]

Si unas altas expectativas a menudo proporcionan el apoyo necesario para progresar, las bajas suelen convertirse en un lastre: es como si los pies se atascaran en el barro. Es lo que se conoce como el «efecto Gólem»: cuando la gente nos subestima, esa sensación restringe el crecimiento y el esfuerzo.[210] Este tipo de profecías autocumplidas son muy habituales entre los grupos más estigmatizados, que a menudo se sienten abrumados por las bajas expectativas.[211] Sin embargo, una investigación revolucionaria de mi colega Samir Nurmohamed ofrece una posible salida. En algunos casos, es posible convertir el desprecio ajeno en una ventaja.[212] Los desaires de los demás no tienen por qué inmovilizarte con unas correas y dejarte paralizado, puedes tirar de ellas y salir adelante.

208. McNatt, D. Brian, «Ancient Pygmalion joins contemporary management: A meta-analysis of the result», *Journal of Applied Psychology*, 85, 2 (2000), pp. 314-222.

209. Rosenthal, Robert, «Interpersonal expectancy effects: A 30-year perspective», *Current Directions in Psychological Science*, 3 (1994), pp. 176-179.

210. Davidson, Oranit B.; y Eden, Dov, «Remedial self-fulfilling prophecy: Two field experiments to prevent golem effects among disadvantaged women», *Journal of Applied Psychology*, 85, 3 (2000), pp. 386-398. Reynolds, Dennis, «Restraining golem and harnessing Pygmalion in the classroom: A laboratory study of managerial expectations and task design», *Academy of Management Learning & Education*, 4 (2007), pp. 475-483.

211. Jussim, Lee; y Harber, Kent D., «Teacher expectations and self-fulfilling prophecies: Knowns and unknowns, resolved and unresolved controversies», *Personality and Social Psychology Review*, 9, 2 (2005), pp. 131-155.

212. Nurmohamed, Samir, «The underdog effect: When low expectations increase performance», *Academy of Management Journal*, 63, 4 (2020), pp. 1106-1133.

En un experimento, Samir encargó a los sujetos una tarea sencilla: hacer clic con el ratón sobre unos círculos en movimiento. Después de completar una ronda de práctica, un observador les enviaba un mensaje. De manera aleatoria, algunas personas recibían un mensaje con unas expectativas altas: «Vas a arrasar y poder con todos haciendo esta tarea... Creo que tienes lo que se necesita para ganarles a todos». Otras recibieron una frase que transmitía unas expectativas bajas: «Todos los demás van a acabar contigo haciendo esta tarea... No creo que tengas lo necesario para ganarles».

El impacto de las expectativas dependía de la persona que las establecía. Unas expectativas altas conducían a un aumento del esfuerzo y a una mejor actuación... cuando provenían de una persona experta en la tarea. Pero si el observador carecía de credibilidad y no tenía conocimientos sobre la tarea en cuestión, el tiro salía por la culata: los participantes se esforzaban más y rendían mejor cuando se dudaba de ellos que cuando recibían apoyo.

| | | CREDIBILIDAD ||
		Ignorante	*Experto*
EXPECTATIVAS	*Escéptico*	Desafiado: «Les demostraré que se equivocan».	Amenazado: «No tengo lo que hay que tener».
	Creyente	Indiferente: «Se dejan impresionar con facilidad».	Empoderado: «Les demostraré que tienen razón».

Fuente: elaboración propia.

Cuando te vuelcas en un objetivo, las dudas de los expertos se convierten en una amenaza. Tienen toda la autoridad, pero como no reconocen el potencial oculto, no actúan como el entrenador que permite mejorar. Su desconfianza enseguida se transforma en inseguridad. Destrozan la autoestima y reprimen el crecimiento. Las bajas expectativas se convierten en una profecía autocumplida.

Pero la investigación señala que cuando las dudas provienen de un público desinformado, las bajas expectativas pueden convertirse en una profecía autonegada. Ahora existe una motivación para romper en mil pedazos esa idea de que el éxito es imposible. Samir lo llama «el efecto desprecio».

Las dudas de un pipiolo se convierten en todo un desafío. Te hacen hervir la sangre. No sabe de qué habla, por lo que no internalizas las bajas expectativas, aunque tampoco las ignoras. Te sientes empujado a desafiarlas. *Te lo voy a demostrar.* Las dudas que amenazan con destrozar tu confianza pueden convertirse en el crisol de tu fortaleza. Te sientes como una persona a la que han subestimado y que puede superar todas las expectativas.[213] Sólo hay que preguntárselo a Alison Levine.

Después de fracasar en su intento de llegar a la cima del Everest en 2002, Alison no podía sacarse a los críticos de la cabeza. Pero era muy consciente de que no tenían ninguna credibilidad. Los troles de internet, los periodistas y los parientes lejanos no sabían nada de montañismo. El alpinista que le pisaba los talones no tenía ni idea de lo que supone escalar una montaña con su talla y su peso. «Mi miedo a volver a fracasar no era tan fuerte como el deseo de demostrar a mis detractores que estaban equivocados —me cuenta

---

213. El «efecto desprecio» no se limita a las personas que ya tienen mucha confianza en sí mismas. Samir ha descubierto que las bajas expectativas de unos críticos ignorantes pueden ser muy motivadoras, independientemente de si la persona se siente capacitada para la tarea. Sin embargo, la convivencia constante con las bajas expectativas puede ser muy debilitante, como Samir y sus colegas demostraron en un par de experimentos con personas que buscaban empleo: las críticas se convertían en un golpe directo a su confianza. En cambio, cuando les pedían que contaran una anécdota sobre una situación en la que tuvieron éxito y las expectativas sobre ellos eran bajas, el rendimiento mejoraba y las probabilidades de encontrar trabajo aumentaban. Cuando has sido capaz de superar las adversidades, recordarse a uno mismo esa historia vital puede reforzar la creencia en las capacidades propias para demostrar que los demás se equivocan. Como dice Michelle Yeoh, ganadora de un Óscar: «Las limitaciones que te pones tú mismo establecen una barrera que debes respetar, pero las limitaciones que te ponen los demás establecen una barrera que debes romper en mil pedazos». Nurmohamed, Samir; Kundro, Timothy G.; y Myers, Christopher G., «Against the odds: Developing underdog versus favorite narratives to offset prior experiences of discrimination», *Organizational Behavior and Human Decision Processes*, 167 (2021), pp. 206-221. Yeoh, Michelle, «Harvard Law School Class Day», 24 de mayo de 2023: <youtube.com/watch?v=PZ7YERWPftA>.

Alison—. Cuando una persona que no tiene ni idea duda de ti, lo vives como un reto, como un desafío. Yo no quería dejar que mis detractores ganaran. Quería que se tragaran sus palabras.»

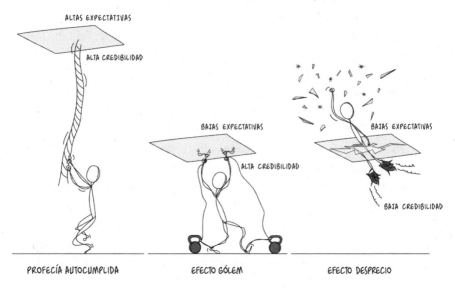

Fuente: @researchdoodles por M. Shandell.

Los grandes desafíos requieren un andamiaje que vaya más allá del efecto desprecio. En el caso de Alison, el deseo de poner en su sitio a los críticos no bastaba para llevarla otra vez al límite y aceptar la incomodidad de volver al Everest. Si tiraba de las trabillas de sus botas, podían romperse del todo. Un fracaso en un segundo intento podía suponer el fin de su carrera como escaladora. Nunca podría reunir a otro equipo ni atraer a un nuevo patrocinador. Necesitaba una razón de peso para asumir el riesgo.

Portar la antorcha

El deseo de demostrar a los demás que se equivocan puede encender una chispa de motivación. Convertir la chispa en una llama, sin embargo, suele requerir algo más. Los críticos que no saben de qué va el tema pueden ser un buen motivo contra el que luchar, pero una llama ardiente sólo aparece cuando tenemos algo por lo que luchar.

Superar un obstáculo es más sencillo cuando portas la antorcha en nombre de las personas que te importan. Cuando otras personas cuentan con nosotros, encontramos una fuerza que no sabíamos que teníamos. En un estudio, Marissa Shandell y yo comparamos el rendimiento de los saltadores olímpicos de trampolín cuando competían individualmente y cuando lo hacían en modalidad sincronizada con un compañero.[214] Ante un salto del mismo nivel de dificultad, tendían a fallar menos cuando participaban en la modalidad sincronizada que cuando lo hacían en solitario. Puede observarse un patrón similar en una nueva versión del test de la golosina. En sendos experimentos en Alemania y Kenia, los niños tenían la posibilidad de comerse una galleta ahora o esperar unos pocos minutos para recibir otra como recompensa. Cuando sabían que sucumbir a la tentación significaba privar a otro niño de una galleta extra, posponían más tiempo la gratificación.[215] Contar con un compañero puede aplacar las cavilaciones sobre las propias capacidades («¿Soy capaz de hacerlo?») y reforzar la determinación («No quiero ser la causa de tu fracaso»). Como escribió Maya Angelou: «Haré todo lo que pueda, porque cuento con que tú cuentas conmigo».[216]

Después de la fallida expedición al Everest, Alison Levine tenía a una persona que contaba con ella. Su amiga Meg le repetía que debía regresar. «Sólo si tú vienes conmigo», respondió Alison, aunque sabía que eso era imposible. Aunque Meg era una deportista de élite, un linfoma reincidente había dañado sus pulmones.

Lamentablemente, Meg falleció en 2009 por una infección en los pulmones. Alison quería hacer algo importante para honrar su memoria, así que decidió subir el Everest en homenaje a Meg. Por

---

214. Shandell, Marissa; y Grant, Adam M., «Losing yourself for the win: How interdependence boosts performance under pressure», documento de trabajo, 2023.

215. Koomen, Rebecca; Grueneisen, Sebastian; y Herrmann, Esther, «Children delay gratification for cooperative ends», *Psychological Science*, 31, 2 (2020), pp. 139-148.

216. Angelou, Maya, *Rainbow in the cloud: The wisdom and spirit of Maya Angelou*, Random House, Estados Unidos, 2014.

aquella causa sí valía la pena luchar. Unos meses después, grababa el nombre de Meg en su piolet y reservaba un vuelo a Nepal para unirse a una expedición con un grupo de alpinistas a los que no conocía de nada. En esta ocasión no lideraría a un equipo que había podido seleccionar personalmente, sólo mantendría un pequeño vínculo con un grupo de montañeros independiente.

Mientras Alison cruzaba la Cascada de Hielo del Khumbu, pensaba en todas las personas que habían dudado de ella. No sólo en aquel tipo que le pisaba los talones y los troles de internet, sino también en los médicos que le habían advertido de que su enfermedad circulatoria multiplicaba demasiado los riegos. «Todo lo que tengo que hacer para demostrar que estas personas se equivocan es poner un pie delante del otro», pensaba. Cuando aquello no era suficiente, miraba el piolet y se recordaba a sí misma: «Lo estoy haciendo por Meg». Ahí encontró el impulso adicional que necesitaba.

Después de muchas semanas, Alison regresó al lugar donde la expedición anterior había llegado a su fin hacía ocho años. Su depósito de energía ya estaba en la reserva y empezó a dudar de sí misma. Entonces escuchó que alguien gritaba su nombre: «¡Oye, Alison! Necesito que me prometas que vas a llegar más lejos de donde te has parado». Un guía de otra expedición, Mike Horst, se había quedado rezagado para animarla. «Sentí que esa carga desaparecía de mis hombros», me dijo. Confiaba en él porque sabía que era un experto en la materia, y que estaba de su lado: «Mike había subido el Everest varias veces. Si creía que yo era capaz de hacerlo, entonces podría hacerlo». Además de desacreditar a sus ignorantes detractores y de honrar la memoria de una amiga muy querida, ahora contaba con un experto partidario de su causa que la alentaba sin reservas. Le dio la mano a Mike y siguió adelante.

Cuando llegó a la cima, Alison no sólo había logrado el objetivo de conquistar la montaña más alta del mundo. Escalar el Everest era la última prueba que le quedaba para completar el Gran Slam de los Aventureros. Alison pasó a formar parte de la docena escasa de personas que han subido las montañas más altas de los siete continentes y que han llegado esquiando al polo Norte y al polo Sur. Pero, al echar la vista atrás, Alison reconoce que el momento de mayor orgullo no fue el último paso que dio para llegar a la cumbre. Fue la distancia que recorrió para volver al Everest y regresar al punto exacto donde había tenido que dar media vuelta.

Avanzar no siempre consiste en desplazarse hacia delante. Algunas veces, consiste en dar marcha atrás para recuperarse. El progreso no sólo se refleja en las cumbres que eres capaz de conquistar, también puede verse en los valles que tienes que cruzar. La resiliencia es una forma de crecimiento.

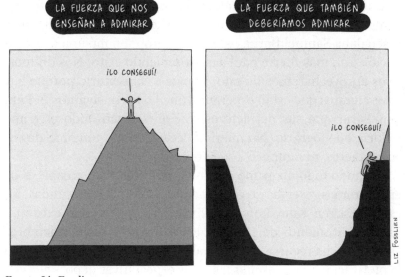

Fuente: Liz Fosslien.

Abrirse camino

Los Trece de Oro encontraron la motivación al trabajar por los demás y al luchar contra unas expectativas bajísimas. Se enfrentaron a algo mucho peor que los típicos críticos. En varias ocasiones, los altos mandos de la Marina habían llamado la atención a sus instructores por los prejuicios que demostraban. «Muchos no querían tener nada que ver con ellos —se lamentaba un teniente de raza blanca, John Dille—. Hubo que advertir a los oficiales que no podían exhibir ciertas actitudes y que debían tratar a los reclutas negros de la misma forma que a los blancos.» Incluso así, varios instructores blancos les dijeron que nunca lo conseguirían.

Los Trece de Oro tenían muy claro que sus detractores no estaban cualificados para juzgarlos. El instructor jefe sólo se había graduado en la Academia Naval dos años antes. Tenía menos experiencia que muchos de ellos, y además sentían que no tenía ni idea de sus capacidades. Aprovecharon su escepticismo y lo transformaron en un combustible motivacional: decidieron demostrarle que estaba equivocado. «Algunos estaban deseando que fracasáramos y así tener una excusa para cancelar cualquier iniciativa para reclutar oficiales negros, no sólo porque no fueran competentes, sino porque no tenían la suficiente inteligencia —señalaba Samuel Barnes—. Eso nos proporcionó una determinación aún más fuerte para acabar teniendo éxito. Nos dijimos: "Nos aprovecharemos de esto. Vamos a conseguirlo porque hay unos cuantos que están esperando que no lo consigamos".» Para demostrar que sus detractores se equivocaban, todo el grupo tendría que lograrlo. No querían decepcionar a ninguno de sus compañeros, ni tampoco a su comunidad.

Cuando todo un grupo confía en nosotros, somos capaces de encontrar las reservas de voluntad que están más escondidas. Mi colega Karren Knowlton ha demostrado que cuando existe un fuerte sentimiento de pertenencia a un grupo, sus miembros creen que sus recursos individuales están vinculados.[217] Sienten la motivación para desafiar las bajas expectativas depositadas en el grupo y así conseguir que todo el colectivo salga adelante. No sólo quieren demostrar que tienen razón a título individual, quieren abrir un camino para que los demás vayan detrás.

Los Trece de Oro sabían que eran un símbolo de algo mucho más importante. «Éramos conscientes de que estábamos abriendo un nuevo camino —destacaba George Cooper—. Si fracasábamos, habría ciento veinte mil hombres que no iban a tener la oportunidad de poder conseguirlo hasta dentro de mucho tiempo [...]. Era

217. Knowlton, Karren, «Trailblazing motivation and marginalized group members: Defying expectations to pave the way for others», tesis doctoral, Universidad de Pensilvania, 2021.

una responsabilidad impresionante. No dejábamos de hablar de ello.» Estaban animando a las futuras generaciones a avanzar tirando de sí mismas. En palabras de Jesse Arbor: «Aprendimos a caminar para que aquellos que venían detrás pudieran correr».

Consiguieron mucho más que romper con las barreras raciales que impedían el paso a los futuros oficiales de la Marina. Los Trece de Oro abrieron muchos caminos para que sus herederos pudieran avanzar por la senda que permite hacer grandes cosas en la vida. Dalton Vaugh obtuvo un máster en Ingeniería por el MIT y se convirtió en el primer ingeniero jefe de raza negra de la Marina de Estados Unidos. Dennis Nelson ascendió hasta convertirse en capitán de corbeta, y dirigió un programa de alfabetización que formó a miles de marineros y permitió que muchos de ellos votaran por primera vez. Reginald Goodwin dirigió el Departamento de Selección de la Marina. Samuel Barnes obtuvo un doctorado en Administración de Instituciones Educativas y se convirtió en el primer directivo de raza negra de la NCAA (Asociación Nacional Deportiva Universitaria). Syl White trabajó en el gabinete del gobernador de Illinois y más adelante se convertiría en juez. George Cooper y él defendieron los derechos de las mujeres y las personas LGTBI en la Marina de Estados Unidos antes de que fuera algo aceptado o habitual.

Es más importante ser un buen ancestro que un aplicado heredero. Hay demasiadas personas que dedican su vida a ser los custodios del pasado, en lugar de convertirse en los representantes del futuro. Queremos que nuestros padres se sientan orgullosos, cuando deberíamos centrarnos en que lo estén nuestros hijos. La responsabilidad de cada nueva generación no es contentar a nuestros antecesores, sino mejorar las condiciones de nuestros descendientes.

A pesar de aquel hito histórico, durante muchos años los Trece de Oro no recibieron el reconocimiento de la Marina. Cuando en 1944 completaron la formación para convertirse en oficiales, no hubo ninguna celebración o ceremonia de graduación. Les prohibieron la entrada al club de oficiales de Great Lakes.

En 1987, los miembros de los Trece de Oro que aún estaban vivos volvieron por fin al lugar donde todo había empezado, los alrededores de Chicago. El primer almirante negro de la Marina presidió la dedicatoria de un edificio para conmemorar sus logros. En la actualidad, cuando los nuevos reclutas llegan para recibir la instrucción básica, entran por el Centro de Admisión de Reclutas de los Trece de Oro.

Más que por el edificio bautizado en su honor, los Trece de Oro se emocionaron al ver que habían cambiado la vida de muchas personas. Cuando se reunieron por primera vez tres décadas después de completar el curso de formación, la mayoría de ellos sólo había visto a unos pocos oficiales de raza negra. Ahora, todo el auditorio estaba lleno, con cientos de oficiales que habían seguido el camino que ellos habían abierto primero. Capitán tras capitán, todos se acercaron para expresarles su gratitud: «Os lo debemos todo a vosotros».

Los Trece de Oro sufrieron la incomprensión de muchas personas de su entorno. Ellos también dudaron de sí mismos en algunos momentos. Pero creían el uno en el otro y estaban decididos a allanar el terreno para los que vendrían a continuación.

Es posible afrontar los obstáculos en solitario. Pero alcanzamos las cotas más elevadas cuando vinculamos nuestros propios recursos a los de otras personas. Si contamos con varios expertos fiables que creen en nosotros, quizás haya llegado el momento de creer en ellos. Si unos críticos ignorantes no creen en nosotros, quizás haya llegado el momento de demostrar que se equivocan. Y cuando la fe nos falle, vale la pena recordar por qué luchamos.

Parte III

Sistemas de oportunidad.
Abrir puertas y ventanas

Las habilidades del carácter y el andamiaje pueden ayudarnos a liberar el potencial oculto, tanto el que llevamos dentro como el que se esconde en aquellos que nos rodean. Pero para que cada vez más personas tengan la posibilidad de hacer cosas importantes, necesitamos algo más grande. Para crear oportunidades a gran escala, tenemos que desarrollar mejores sistemas en las escuelas, los equipos y las organizaciones. Hay datos muy reveladores sobre la influencia determinante que tiene el acceso a las oportunidades, y muchos provienen del trabajo de Raj Chetty, un economista que dirigió una investigación que ya ha aparecido en un capítulo anterior, la que vinculaba las habilidades del carácter que se desarrollan en la escuela infantil con el éxito en el futuro.[218]

Chetty y sus colegas querían descubrir cómo el acceso a las oportunidades determina quién acaba haciendo grandes innovaciones. Pensaron que algunos niños quizás crecían en un entorno que les ofrece un acceso privilegiado a los recursos. Cuando cruzaron los resultados de la declaración de la renta de más de un

---

218. Bell, Alex, *et al.*, «Becomes an inventor in America? The importance of exposure to innovation», *The Quarterly Journal of Economics*, 134, (2019), pp. 647-713.

millón de estadounidenses con los registros de patentes, obtuvieron un resultado alarmante. Las personas que habían nacido en el 1 por ciento con las rentas familiares más elevadas tenían diez veces más probabilidades de convertirse en inventores que las procedentes de hogares que estaban por debajo de los ingresos medios.

La probabilidad de que una persona nacida en la riqueza obtenga una patente es de 8 entre 1.000. Entre las que han crecido en la pobreza, la posibilidad se desploma a 8 entre 10.000.

La renta familiar sigue marcando la diferencia incluso cuando se compara a personas cuyas habilidades cognitivas están al mismo nivel. Si dos alumnos de tercero de primaria obtienen unas notas en los exámenes de Matemáticas que están dentro del percentil 95, el que proviene de una familia de clase alta tiene el doble de posibilidades de inventar algo que el de clase baja. Y para empeorar aún más las cosas, ese mismo genio de las matemáticas de clase baja no tiene más oportunidades de convertirse en inventor que un niño de familia acomodada cuyas notas están por debajo de la media en el mismo examen.

Cuando la gente piensa en los genios como en unas personas con unas capacidades extraordinarias, ignora la importancia que tienen las circunstancias de la vida para darles forma. Cuando tienen una idea, los niños ricos apuestan por ella. En cambio, algunos de los menos afortunados serán *Einsteins* frustrados: podrían haber sido grandes innovadores, siempre y cuando hubieran tenido la oportunidad.

No es difícil imaginar por qué. El equipo de Chetty descubrió que una de las ventajas de que disfrutan los niños de las familias acomodadas es que están más conectados y tienen un mejor acceso a las personas innovadoras en sus barrios y hogares. Tienen más guías a su disposición que les pueden proporcionar una brújula y las pistas oportunas. Pueden tener sueños más ambiciosos, apuntar más alto y viajar más lejos.

El efecto del acceso a las oportunidades es mucho más que una mera correlación y trasciende los factores asociados a la riqueza; de hecho, también depende de la geografía. Algunos códigos postales son hervideros de innovación, y mudarse a ellos tiene consecuencias. La investigación de Chetty reveló que después de que una familia se trasladara a una zona con una alta tasa de innovación, sus hijos tenían más posibilidades de registrar una patente al llegar a la edad adulta. Si los padres hacían las maletas y cambiaban Nueva Orleans por Austin durante la infancia de los niños —lo que supone pasar del percentil 25 al 75 en lo referente a inventores per cápita—, la probabilidad de que sus hijos registraran una patente en la edad adulta aumentaba un 37 por ciento. La geografía también predecía el ámbito de la innovación. Si se trasladaban a Silicon Valley, aumentaban las posibilidades de registrar una patente relacionada con la informática.

Sin embargo, compartir el mismo código postal no tiene los mismos beneficios para todos los residentes. Los modelos a seguir son importantes, y los grupos infrarrepresentados suelen tener serias dificultades para encontrarlos. Según los datos, las chicas sólo tenían más oportunidades de presentar patentes si habían crecido en un área rodeada de mujeres inventoras, lo que suele ser raro. Chetty y sus colegas calculan que si las chicas tuvieran más contacto con otras inventoras, igual que los chicos con otros hombres inventores, el porcentaje de patentes entre las mujeres se multiplicaría por más de dos, lo cual eliminaría más de la mitad de la brecha de género relativa a la innovación.

Los buenos sistemas ofrecen las oportunidades para recorrer grandes distancias. Abren las puertas a las personas que no han tenido los recursos necesarios, ofrecen una ventana a las que no pudieron acceder por la entrada principal y rompen los techos de cristal para todas aquellas a quienes se les niega con demasiada frecuencia la oportunidad de destacar. Cuando somos capaces de crear sistemas para liberar el potencial oculto en la sociedad, reducimos el riesgo de perdernos a un nuevo Einstein o Carver, Curie, Hopper o Ada Lovelace.

Si los diseñamos de la manera adecuada, los sistemas de acceso y contratación pueden reconocer el potencial de las personas que tardan en florecer o que parecen poco prometedoras. Los sistemas grupales y organizacionales pueden admitir que las buenas ideas no sólo fluyen de arriba abajo, y así llenar el silencio con unas voces que viajan de abajo arriba. Y los sistemas educativos pueden permitir que los niños que nacen sin oportunidades sean capaces de salir adelante. En vez de conformarnos con buscar a los genios allí donde esperamos encontrarlos, podríamos liberar todo el potencial que alberga la humanidad si cultivamos la genialidad de todas las personas.

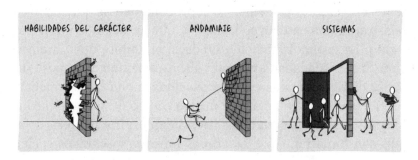

Fuente: @researchdoodles por M. Shandell.

7
Todos los niños salen adelante

Diseñar escuelas para sacar lo mejor de los alumnos

> Igual que Miguel Ángel creía que había un ángel encerrado en cada bloque de mármol, yo creo que hay un niño brillante encerrado dentro de cada alumno.
>
> MARVA COLLINS[219]

A comienzos del nuevo milenio, miles de estudiantes representaron a sus respectivos países en una competición internacional. Aunque los resultados estaban a punto de causar una gran conmoción en el mundo entero, las pruebas despertaron muy poco interés en aquel momento. No había combates en el ring, masas enfervorecidas ni medallas para los vencedores. Sólo estaba previsto convocar una pequeña rueda de prensa en París para anunciar los resultados.

Por primera vez en la historia, un grupo de expertos había diseñado un método fiable para comparar directamente las aptitudes de los jóvenes de medio mundo. Desde su primera edición en el año 2000, y con una periodicidad trianual, la OCDE invitaría a los estudiantes de 15 años de docenas de países a pasar las pruebas

---

219. Collins, Marva; y Tamarkin, Civia, *Marva Collins' way*, TarcherPerigee, Estados Unidos, 1990.

PISA, un examen estandarizado de matemáticas, lectura y ciencias.[220] Sus puntuaciones revelarían qué país tenía las mentes jóvenes mejor preparadas y, por tanto, los mejores colegios.

Los resultados no sólo servirían para fanfarronear. Nada es más imprescindible para el desarrollo de las futuras generaciones que la calidad de los actuales sistemas educativos. Los mejores países se convertirían en un faro para que el resto del mundo creara escuelas más efectivas y sociedades mejor formadas.

Entre los favoritos del certamen inaugural, destacaban Japón y Corea del Sur. Ambos países eran conocidos por tener alumnos muy brillantes con unos sólidos hábitos de estudio. Pero cuando se publicaron los resultados, el público se quedó estupefacto. El país que lo hizo mejor no estaba en ningún rincón de Asia. Tampoco era una de las habituales superpotencias en materia de educación de Europa o las Américas: no era Canadá, el Reino Unido, ni Alemania. Tampoco era Australia o Sudáfrica. El ganador no fue otro que un país al que todos habían subestimado, pero que pudo alzarse con una victoria inesperada: Finlandia.

Hace sólo una generación, Finlandia era conocida por ser un páramo educativo: a la par de Malasia y Perú, y muy rezagada con relación al resto de los países escandinavos. En 1960, el 89 por ciento de los finlandeses no seguía estudiando después de la educación secundaria. Durante los años ochenta, en las comparativas internacionales de las notas obtenidas, así como en los resultados de las olimpiadas de matemáticas y ciencias, los estudiantes finlandeses aún eran bastante mediocres.

Parecía extraño que un país hubiera recorrido una distancia tan grande en un período de tiempo tan breve. Algunos observadores argumentaron que había sido cuestión de suerte. Pero, entonces, la edición de 2003 demostró que se equivocaban: Finlandia volvió a obtener la primera posición, incluso con una puntuación más elevada.[221]

---

220. OCDE, «PISA 2000 Technical Report» (2002); «Learning for tomorrow's world: First results from PISA 2003» (2004); y «PISA 2006» (2008), todos en <https://www.oecd.org/pisa/>.

221. Sahlberg, Pasi, *Finnish lessons 3.0: What can the world learn from educational change in Finland?* Teachers College Press, Estados Unidos,

En 2006, se alzó con la victoria por tercera vez consecutiva, superando a otros cincuenta y seis países participantes.

Desde luego, todos los exámenes son imperfectos, pero la excelencia educativa de Finlandia no se restringía a las pruebas PISA, ni tampoco a los alumnos de secundaria. En 2012, cuando la OCDE repartió un examen distinto para comprobar los conocimientos de 165.000 adultos en docenas de países, Finlandia obtuvo la primera posición entre los adolescentes y los jóvenes de veintitantos, tanto en matemáticas como en lectura.[222]

Los periodistas, responsables políticos y directores de escuelas no tardaron en acudir en masa a Finlandia con la esperanza de encontrar el ingrediente secreto que diera un vuelco a sus sistemas educativos. Pero varios expertos en educación internacionales advirtieron que la receta no podía exportarse con tanta facilidad. Algunos de sus ingredientes básicos eran autóctonos: Finlandia era un país próspero y con una población culturalmente homogénea de cinco millones de personas.

Aunque estos ingredientes quizás hayan tenido su importancia en los éxitos de Finlandia, no bastan para explicar el ascenso meteórico del país. Veamos el caso de su vecino del norte, Noruega, que tenía una tasa de pobreza infantil aún más baja y grupos más pequeños.[223] Por extraño que parezca, durante el mismo período de tiempo en que Finlandia mejoró, la puntuación de Noruega se vino abajo.[224] Los resultados de Finlandia también superaban una y otra vez los del resto de Escandinavia. Algo más tenía que pasar.

2021; y «The fourth way of Finland», *Journal of Educational Change*, 12 (2011), pp. 173-185. OCDE, «Top-performer Finland improves further in PISA survey as gap between countries widens».

222. PIAAC, «International comparisons of adult literacy and numeracy skills over time», Institute of Education Sciences, NCES, 127, 2020, <nces.ed.gov/surveys/piaac/international_context.asp>.

223. Matthews, Dylan, «Denmark, Finland, and Sweden are proof that poverty in the U.S. doesn't have to be this high», *Vox*, 11 de noviembre de 2015.

224. Hanushek, Eric A.; y Woessmann, Ludger, *The knowledge capital of nations: Education and the economics of growth*, MIT Press, Estados Unidos, 2015. Ripley, Amanda, *The smartest kids in the world: And how they got that way*, Simon & Schuster, Estados Unidos, 2013.

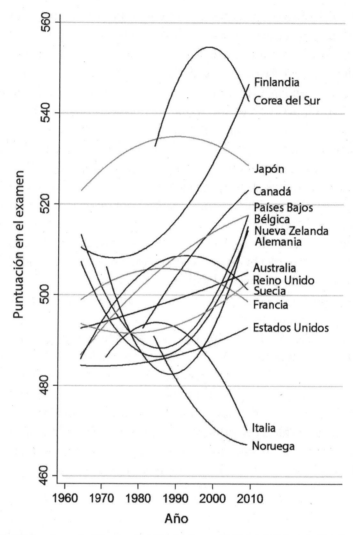

Fuente: Ripley, Amanda, *The smartest kids in the world*, Simon & Schuster, Estados Unidos, 2013; y Hanushek, Eric; y Woessmann, Ludger, *The knowledge capital of nations*, The MIT Press, Estados Unidos, 2015. Antes de la introducción de las pruebas PISA, los economistas crearon una métrica común para comparar los distintos exámenes que se hacían en cada país.

Mientras Finlandia seguía superando todas las expectativas, Estados Unidos no daba la talla. En las pruebas PISA de 2006, entre los cincuenta y siete países participantes, el país norteamericano obtuvo el puesto 35 en matemáticas y el 29 en ciencias; y en 2018 las cosas no habían mejorado demasiado, ya que terminó en el lugar vigésimo quinto de la clasificación general. Las escuelas de Estados Unidos tenían mucho que aprender de los extraordinarios avances de Finlandia.

En búsqueda de la receta que contenía el ingrediente secreto, decidí viajar a Finlandia. Después de hablar con numerosos expertos en educación y de leer con suma atención las investigaciones más exhaustivas, me quedó claro que Finlandia no tenía un único ingrediente mágico. Ni siquiera su típico zumo de arándanos, que es delicioso. Pero los datos más fiables indican que algunos de sus mejores ingredientes pueden aplicarse en todas partes y que con algunas adaptaciones se puede mejorar su eficacia. Después de estudiar las cosas que Finlandia hace de forma diferente, creo que gran parte de su éxito se deriva de la cultura que han creado.

Esa cultura se basa en la convicción de que todos los alumnos tienen un potencial. En lugar de identificar a los mejores y más inteligentes, las escuelas del país nórdico están diseñadas para ofrecer a cada alumno la oportunidad de desarrollarse. En las pruebas PISA, la brecha entre los distintos colegios y sus alumnos era la más pequeña del mundo. En Finlandia, el problema que supone partir con desventaja tiene mucha menos importancia que en cualquier otro país del mundo: además de tener el porcentaje más elevado de alumnos brillantes, tenían el más bajo de estudiantes con malas notas.

En las escuelas finlandesas, uno de los mantras más populares es «no podemos permitirnos perder un solo cerebro».[225] Esta ética hace que su cultura pedagógica sea diferente. El país sabe que la clave para alimentar el potencial oculto no es invertir en los estudiantes que muestran indicios de tener una gran capacidad a temprana edad. Es invertir en todos los alumnos, independientemente de su capacidad aparente.

---

225. Gross-Loh, Christine, «Finnish education chief: «We created school system based on equality», *The Atlantic*, 17 de marzo de 2014.

La tierra de las oportunidades

Las experiencias en el colegio pueden alimentar o congelar el desarrollo personal. Con los recursos que tienen a su disposición, sean cuales sean, algunos colegios y profesores encuentran la forma de crear un entorno de aprendizaje que saca lo mejor de los alumnos. En el mundo, los datos demuestran que el éxito o el fracaso de un niño depende en parte de las culturas existentes en las escuelas y las aulas.[226]

En la psicología organizacional, la cultura se compone de tres elementos: prácticas, valores y supuestos subyacentes.[227] Las prácticas son las rutinas diarias que reflejan y refuerzan los valores. Los valores son principios compartidos sobre las cosas importantes y deseables, es decir, las que merecen ser recompensadas y las que deben ser castigadas. Los supuestos subyacentes son creencias profundamente arraigadas sobre cómo funciona el mundo y que en muchos casos se dan por sentadas.[228] Esos supuestos determinan los valores, que a su vez condicionan las prácticas.

---

226. Doris Holzberger, *et al.*, «A meta-analysis on the relationship between school characteristics and student outcomes in Science and Maths: Evidence from large-scale studies», *Studies in Science Education*, 56 (2020), pp. 1-34. Bektas, Faith, *et al.*, «School culture and academic achievement of students: A meta-analysis study», *The Anthropologist*, 21, 3 (2015), pp. 482-488. Demirtas-Zorbaz, Selen; Akin-Arikan, Cigdem; y Terzi, Ragip, «Does school climate that includes students' views deliver academic achievement? A multilevel meta-analysis», *School Effectiveness and School Improvement*, 32 (2021), pp. 543-563. Corcoran, Roisin P., *et al.*, «Effective universal school-based social and emotional learning programs for improving academic achievement: A systematic review and meta-analysis of 50 years of research», *Educational Research Review*, 25 (2018), pp. 56-72.

227. Schein, Edgar H., «Organizational culture», *American Psychologist*, 45, 2 (1990), pp. 109-119. Denison, Daniel R., «What is the difference between organizational culture and organizational climate? A native's point of view on a decade of paradigm wars», *Academy of Management Review*, 21, 3 (1996), pp. 619-654. O'Reilly, Charles A.; y Chatman, Jennifer A., «Culture as social control: Corporations, cults, and commitment», *Research in Organizational Behavior*, 18 (1996), pp. 157-200.

228. Koltko-Rivera, Mark E., «The psychology of worldviews», *Review of*

El sistema educativo de Estados Unidos está construido sobre una cultura en la que el ganador se lo lleva todo.[229] Asumimos que, en gran medida, el potencial radica en unas capacidades innatas que pueden verse desde temprana edad. Como resultado, valoramos mucho las demostraciones de excelencia, lo que nos lleva a adoptar prácticas dirigidas a identificar e invertir en los alumnos que muestran signos claros de brillantez. Si ganas la lotería de la inteligencia, te llevas de premio recibir una atención especial en los programas para alumnos dotados y con talento. Si te incluyen entre los alumnos rezagados, quizás te veas obligado a repetir curso y sufrirás un golpe en la autoestima de larga duración. Si te ha tocado la lotería de la riqueza, es mucho más sencillo asistir a los mejores colegios y tener a los mejores profesores, mientras tus semejantes de familias más pobres juegan en campo contrario. Para ofrecer a los alumnos desfavorecidos la posibilidad de salir adelante, en 2001 el Congreso intervino e introdujo la ley «Que ningún niño se quede atrás». El objetivo era alcanzar una competencia del cien por cien en lectura y matemáticas, en todos los cursos, y responsabilizar a las escuelas si algún niño quedaba por debajo del nivel exigido. A pesar del apoyo de ambos partidos de la cámara, el plan no funcionó.[230] Los resultados todavía reflejan grandes diferencias entre las distintas escuelas, y entre los alumnos más ricos y los más pobres.

General Psychology, 8, 1 (2004), pp. 3-558. Clifton, Jeremy D. W., *et al.*, «Primal world beliefs» 31, 1 (2019), pp. 82-99.

229. Frank, Robert; Cook, Philip J., *The winner-take-all society: Why the few at the top get so much more than the rest of us*, Penguin, Estados Unidos, 1996. Markovits, Daniel, *The meritocracy trap: How America's foundational myth feeds inequality, dismantles the middle class and devours the elite*, Penguin, Estados Unidos, 2019.

230. Eskelsen García, Lily; y Thornton, Otha, «"No Child Left Behind" has failed», *The Washington Post*, 13 de febrero de 2015. Chakrabarti, Rajashri, «Incentives and responses under *No Child Left Behind*: Credible threats and the role of competition», Federal Reserve Bank of New York Staff Report n.º 525, noviembre de 2011. Casselman, Ben, «No Child Left Behind worked: At least in one important way», FiveThirtyEight, 22 de diciembre de 2015. «Achievement gaps», National Center for Education Statistics, <nces.ed.gov/nationsreportcard/studies/gaps/>.

En cambio, el sistema educativo de Finlandia ha creado una cultura de las oportunidades para todos los alumnos. El supuesto subyacente es que la inteligencia adopta expresiones diferentes y que cada niño alberga el potencial para destacar. Este supuesto da origen a un valor central basado en la equidad educativa y, de ahí, a un conjunto de prácticas diseñadas para ayudar a todos los niños a salir adelante.[231] El éxito no es patrimonio exclusivo de los alumnos más dotados y talentosos, el objetivo es que todos tengan acceso a los mejores profesores y a un plan de desarrollo personalizado. Si los alumnos se quedan rezagados, es muy poco habitual frenar su progreso y obligarlos a repetir curso. Para que se pongan al día, las escuelas ofrecen intervenciones tempranas con profesores individuales y apoyo adicional. Y se centran en desarrollar los intereses individuales de cada alumno, no sólo en fomentar el éxito.

Fuente: Basado en el iceberg sobre los modelos de cultura de Edgar Schein.

El valor dominante que se asigna al sistema educativo no sólo afecta a las escuelas, penetra en las sociedades. En Estados Uni-

231. Darling-Hammond, Linda, *The flat world and education: How America's commitment to equity will determine our future*, Teachers College Press, Estados Unidos, 2015.

dos, si preguntas a la gente por la profesión más respetada, la respuesta más habitual es «médico».[232] En Finlandia, la profesión que despierta la máxima admiración suele ser la de profesor.[233]

Podría parecer un envidiable accidente que la cultura de Finlandia consista en fomentar una educación excelente. Pero los valores y los supuestos de un país en materia de educación no vienen dados, se escogen. En los años setenta, Finlandia puso en marcha una reforma a gran escala para profesionalizar la educación. Como explica el experto en pedagogía Samuel Abrams, promovieron como valor central que «la educación es un instrumento para construir el país».[234]

La reforma comenzó con una profunda revisión del sistema utilizado para contratar y formar al profesorado. A diferencia de Noruega, Finlandia empezó a exigir a todos los profesores que cursaran un máster impartido por las mejores universidades. La medida atrajo a candidatos con una gran motivación, que sentían la vocación.[235] Recibían formación avanzada en prácticas profesionales validadas por datos y pruebas, y que en muchos casos ya se habían aplicado por primera vez en otros países.[236] También decidieron pagar un buen sueldo a los profesores.

Estos valores y prácticas no transformaron la cultura de la noche a la mañana. A comienzos de los años noventa llegaron nuevos dirigentes que exigieron la aplicación de un paquete de

232. Smith, Matthew; y Ballard, Jamie, «Scientists and doctors are the most respected professions worldwide», YouGovAmerica, 8 de febrero de 2021.
233. Sahlberg, Pasi, «The secret to Finland's success: Educating teachers», Stanford Center for Opportunity Policy in Education Research Brief, septiembre de 2010.
234. Abrams, Samuel E., *Education and the commercial mindset*, Harvard University Press, Estados Unidos, 2016.
235. Sahlberg, Pasi, «Q: What makes Finnish teachers so special? A: It's not brains», *The Guardian*, 31 de marzo de 2015.
236. Strauss, Valerie, «Five U.S. innovations that helped Finland's schools improve but that American reformers now ignore», *The Washington Post*, 25 de julio de 2014.

cambios profundos para crear «una nueva cultura educativa».[237] Los responsables políticos empezaron a implicar tanto a los profesores como a los alumnos en un trabajo colaborativo para definir la cultura ideal.[238] Articularon un nuevo supuesto —los profesores eran profesionales de confianza— y lo reforzaron con la introducción de nuevas prácticas que concedían a los maestros la libertad y la flexibilidad para articular un currículum que en el pasado era muy rígido.

En la actualidad, los profesores finlandeses tienen un alto grado de autonomía y pueden aplicar sus propios criterios para ayudar a los alumnos a crecer. Se espera que estén al día de las últimas investigaciones, y que se formen y orienten mutuamente para ponerlas en práctica. Y no tienen por qué perder tiempo enseñando los contenidos de un examen.[239]

Estas reformas allanaron el terreno para que las escuelas finlandesas desarrollaran una cultura basada en el acceso a las oportunidades. Al atribuir una gran importancia al trabajo del profesor, inculcaron el supuesto de que todos los alumnos son aprovechables desde una óptica pedagógica. Tal como explica Pasi Sahlberg, la primera autoridad mundial sobre el sistema educativo finlandés: «En Finlandia, una escuela de alto rendimiento es aquella donde todos los alumnos obtienen unos resultados que superan las expectativas».

237. Vilho, Hirvi, citado en Sahlberg, Pasi; y Walker, Timothy D., en *Teachers we trust: The Finnish way to world-class schools*, W. W. Norton, Estados Unidos, 2021.
238. Ibídem.
239. Finlandia monitoriza los progresos mediante unos exámenes estandarizados que cubren todo el currículum, pero que sólo realiza una pequeña muestra de los alumnos. A diferencia de sus compañeros noruegos y estadounidenses, la gran mayoría de los estudiantes finlandeses no hacen un solo examen estandarizado hasta que terminan el instituto, cuando ya están preparados para matricularse en la universidad. Además, si has visto que los salarios de los profesores finlandeses parecen más bajos que en Estados Unidos o Noruega, sólo es así por su valor nominal, no por el real. Como el dólar da más de sí en Finlandia y las prestaciones sociales son más generosas, los profesores tienen un mayor poder adquisitivo. Abrams, *op. cit.*, 2016.

Para descubrir y desarrollar el potencial de todos los alumnos, los profesores asumen un supuesto fundamental: la educación debe diseñarse a la medida de cada individuo. Aunque parezca sorprendente, esta idea no requiere trabajar en grupos pequeños: por norma, un profesor finlandés tiene unos veinte alumnos. Más bien consiste en seguir un conjunto de prácticas que ofrecen un aprendizaje personalizado. Las escuelas finlandesas crean culturas basadas en el acceso a las oportunidades porque permiten que los alumnos construyan relaciones individualizadas, reciban un apoyo individualizado y desarrollen intereses individualizados.

Vamos a estar juntos

¿Qué ocurriría si ya existiera una medida que cualquier escuela puede aplicar —con sus recursos actuales— y que ayudaría a todos los alumnos a conseguir grandes cosas? Finlandia tiene una. Está diseñada para promover las relaciones individualizadas. Permite a los profesores conocer mejor a sus alumnos, y no sólo la materia que enseñar. Y hace poco se ha puesto a prueba al otro lado del Atlántico.

Cuando un grupo de economistas estudió a millones de alumnos de educación primaria en Carolina del Norte, descubrió que ciertos estudiantes de cuarto y quinto tenían más probabilidades de sacar notas más altas en lectura y matemáticas. Y asociaron estos logros con unos 7.000 profesores en particular. De inmediato, sentí una gran curiosidad por saber qué diferenciaba a esos profesores. Pero resultó que la diferencia fundamental era responsabilidad del sistema escolar, no de los profesores.

Los alumnos que hacían avances significativos no tenían mejores profesores. Sólo habían estado con el mismo profesor durante dos años seguidos.[240]

---

240. Hill, Andrew J.; y Jones, Daniel B., «A teacher who knows me: The academic benefits of repeat student-teacher matches», *Economics of Education Review*, 64 (2018), pp. 1-12.

Esta práctica se conoce como «continuidad». En vez de impartir siempre el mismo curso y enseñar a un grupo nuevo cada año, los profesores suben de nivel con sus alumnos. Los beneficios de la continuidad no se limitan a Carolina del Norte. Otro equipo de economistas replicó el estudio en Indiana con cerca de un millón de alumnos de primaria y secundaria, y obtuvo los mismos resultados.[241]

Con un año más para conocer personalmente a cada alumno, los profesores comprenden mejor cuáles son sus puntos fuertes y los desafíos a los que se enfrentan. Tienen la posibilidad de confeccionar el soporte emocional y pedagógico que permite a toda la clase desarrollar su potencial.[242] Adquieren un conocimiento implícito y matizado sobre cada alumno, que no se pierde en el traspaso al profesorado del próximo curso.

Finlandia adora la continuidad, y la verdad es que yo no estaba preparado para descubrir hasta dónde están dispuestos a llegar en su aplicación. Es habitual que los alumnos de primaria finlandeses tengan al mismo profesor durante varios cursos consecutivos, no sólo dos años seguidos, sino hasta un máximo de seis.[243] En vez de especializarse únicamente en una serie de materias, los profesores también deben especializarse en sus alumnos. Su papel evoluciona, de instructor a orientador y mentor. Además de impartir los contenidos, tienen la capacidad de ayudar a los alumnos a lograr sus objetivos y superar los retos sociales y emocionales a los que se enfrentan.

241. Hwang, NaYoung; Kisida, Brian; y Koedel, Cory, «A familiar face: Student-teacher rematches and student achievement», *Economics of Education Review*, 85 (2021), 102194.

242. La continuidad también tiene efectos colaterales para otros alumnos. Si al menos un 40 por ciento de la clase continúa con el mismo profesor del año pasado, el resto de los alumnos también tendrán más posibilidades de mejorar en lectura y matemáticas. Puede ser que cuando los alumnos ya tienen una relación anterior con algunos estudiantes, dediquen un esfuerzo adicional para conocer a los demás, y que resulte más sencillo gestionar la clase y construir un entorno educativo que sea motivador.

243. Colagrossi, Mike, «10 reasons why Finland's education system is the best in the world», *World Economic Forum*, 10 de septiembre de 2018.

No me di cuenta hasta que leí la investigación, pero yo tuve la suerte de disfrutar de la continuidad. Mi colegio de secundaria introdujo un programa piloto para que los alumnos pudieran conservar a los dos profesores más importantes durante los tres años del ciclo. Cuando tuve problemas con la visualización espacial en matemáticas, la Sra. Bohland no puso en duda mis capacidades. Después de haber visto en el curso pasado que se me daba bien el álgebra, sabía que yo era un pensador abstracto y me enseñó a usar las ecuaciones para identificar las dimensiones de las formas antes de dibujarlas en 3-D. Y después de haber observado durante varios cursos lo que más me motivaba en ciencias sociales y humanidades, la Sra. Minninger sabía muy bien cuáles eran mis intereses. Detectó un elemento común subyacente a la pasión que demostraba por analizar el desarrollo de los personajes en la mitología griega y anticipar los contraargumentos en los debates de clase y me propuso que dedicara el proyecto del último curso a la psicología. *Gracias, mama Minnie.*

Sin embargo, la continuidad no es algo habitual en las escuelas de Estados Unidos. En Carolina del Norte, entre 1997 y 2013, el 85 por ciento de los centros no aplicaron esta política, y sólo el 3 por ciento de los alumnos tuvo al mismo profesor durante dos años seguidos. Los críticos temen que ir cambiando de curso impida a los profesores desarrollar habilidades más especializadas. Y los padres se inquietan ante la posibilidad de apostar dos veces por un mismo profesor. «¿Qué ocurre si mis hijos se quedan atrapados en el grupo del Sr. Voldemort?» Pero, según confirman los datos, la continuidad tiene en realidad grandes ventajas para los profesores menos efectivos y para los alumnos con peores notas. Construir una relación duradera reportaba enormes beneficios a los profesores y los alumnos con dificultades. Les daba la oportunidad de crecer juntos.

Pero ¿qué ocurre cuando los alumnos pasan por dificultades que trascienden lo que un único profesor puede resolver? Cuando los alumnos tienen problemas, necesitan algo más que una relación individualizada. Y aquí es donde Finlandia da un paso más para ofrecer unas buenas prácticas que garanticen un apoyo personalizado.

Estaré a tu lado

Hace años, en la ciudad finlandesa de Espoo, un alumno de sexto de primaria llamado Besart Kabashi estaba faltando a clase. La familia albanesa se había trasladado a Finlandia buscando refugio durante la guerra de Kosovo, y el idioma finlandés era nuevo para el chico. El director de la escuela, Kari Louhivuori, exigió la aplicación extraordinaria de medidas urgentes.[244] Decidió que Besart no pasaría de curso y que trabajaría con un profesor experto en necesidades especiales. Pero para asegurarse de que el chico no tuviera más problemas, Kari dio un paso al frente: «Aquel año, me convertí en el profesor particular de Besart».

En Estados Unidos, no recuerdo que los directores de los colegios a los que fui llegaran a poner un pie en las clases para ver cómo aprendían los alumnos. Sin embargo, aquel director de escuela finlandés no dudaba en ofrecerse voluntario y sacrificar una parte de su ajetreada jornada para dar clases particulares a un solo chico. El amor de Kari por los estudiantes era tan profundo que durante años su «gimnasia matinal» consistía en detenerse en las clases de preescolar y subir a hombros a cada uno de los cuarenta y cinco niños mientras gritaban y reían. Así que no se lo pensó dos veces cuando llegó el momento de ayudar a Besart. «No tiene nada de extraordinario —dijo—. Esto es lo que hacemos todos los días, preparar a los niños para la vida.»

Benjamin Franklin observó en una ocasión que «una onza de prevención vale una libra de tratamiento».[245] Docenas de experimentos han demostrado que una intervención temprana puede servir para que los alumnos con carencias y dificultades avancen muchísimo en matemáticas y comprensión lectora.[246] Pero en

---

244. Entrevista personal, 24 de febrero de 2023. Hancock, LynNell, «Why are Finland's schools successful?», *Smithsonian*, septiembre de 2011.

245. Franklin, Benjamin, «On protections of towns from fire», *The Pennsylvania Gazette*, 4 de febrero de 1735.

246. Nelson, Gena; y McMaster, Kristen L., «The effects of early numeracy interventions for students in preschool and early elementary: A meta-analysis», *Journal of Educational Psychology*, 111, 6 (2019), pp. 1001-1022. Ross, Steven M., *et al.*, «Increasing the academic success of disadvantaged children:

Estados Unidos, los alumnos de muchos centros que adolecen de una falta de recursos no tienen acceso al apoyo individualizado que necesitan. La mayoría de los estados ni siquiera cumplen con las leyes federales sobre educación especial, por no hablar de que carecen del personal necesario para ofrecer clases particulares gratuitas a los alumnos rezagados o que se enfrentan a la barrera del lenguaje.[247] En este país, los alumnos como Besart pueden perderse fácilmente entre la multitud... como ocurre con demasiada frecuencia.

En Finlandia, todos los alumnos pueden acceder a una atención y un apoyo personalizados. Y esta idea empieza desde lo más alto: los directores de las escuelas finlandesas no son unos meros administradores. Son responsables de seguir el bienestar y los progresos de cada alumno. Y se espera que dediquen una parte de la semana a impartir sus propias clases.[248]

An examination of alternative early intervention programs», *American Educational Research Journal*, 32, 4 (1995), pp. 773-800. Campbell, Frances A.; y Ramey, Craig T., «Cognitive and school outcomes for high-risk African-American students at middle adolescence: Positive effects of early intervention», *American Educational Research Journal*, 32, 4 (1995), pp. 743-772.

247. McLaughlin, John M., «Most states fail education obligations to special needs students: So, what else is new?», *USA Today*, 10 de agosto de 2020.

248. Tener directivos que conocen a fondo el trabajo básico de una organización no sólo es beneficioso para las escuelas. Las investigaciones demuestran que cuando un médico es el director de un hospital, el centro ofrece tratamientos de mejor calidad para las enfermedades coronarias, digestivas y oncológicas, y después de que las universidades escojan como rector a un reconocido académico, el impacto de sus investigaciones aumenta. Un conocimiento profundo del trabajo parece facilitar que los directivos atraigan a personas de talento, se ganen su confianza y desarrollen estrategias efectivas. Y habría que plantear que, del mismo modo que los directores de escuela finlandeses siguen dando clase, los directivos médicos tendrían que seguir viendo pacientes y los rectores de las universidades publicando artículos. Mi colega Sigal Barsade acuñó un término para referirse a esta práctica: «liderar con los hechos». Recomendaba que, en lugar de gestionar el centro dando vueltas por los pasillos, los directivos dedicaran entre el 5 por ciento y el 10 por ciento de su tiempo a hacer el trabajo real de sus equipos. Es una forma muy potente de seguir conectados con lo que ocurre a pie de calle y una señal de que las cosas que hacen las personas que están por debajo no son inferiores en ningún sentido. Goodall,

Como director del colegio, el cargo oficial de Kari era «profesor jefe». Pasaba parte de la semana dando clase a los alumnos de tercero de primaria. Se llevó a Besart a su clase durante todo el año, para ayudarlo con la lectura mientras los alumnos de tercero hacían sus actividades cotidianas. Activó el «efecto profesor particular» cuando invitó a Besart a ayudar a los alumnos más pequeños. En el transcurso de un año, el andamiaje marcó la diferencia. Besart aprendió el idioma, se puso al nivel de sus compañeros y descubrió que era capaz de hacer grandes cosas.

Al año siguiente, Besart fue a un colegio diferente. Kari contactaba regularmente con su nuevo profesor para ver cómo iban las cosas. Años después, Besart se presentó en la fiesta de Navidad de Kari y le regaló una botella de brandy para darle las gracias por su ayuda. Kari no podía sentirse más orgulloso al ver que, con 20 años, Besart no dirigía una, sino dos empresas: un taller de reparación de coches y un negocio de limpieza.

El apoyo empieza en lo más alto, pero tampoco termina ahí. Está incrustado en cada nivel del sistema educativo finlandés. En Finlandia, todas las escuelas cuentan con un equipo que vela por el bienestar de los alumnos.[249] Además de incluir al profesor de la clase, el equipo suele incorporar a un psicólogo, un trabajador social, una enfermera, un maestro de educación especial y al director del centro. Así es como Kari se enteró de los problemas de Besart: el equipo se reunió para decidir cuál era la mejor forma de prestarle ayuda.

Este sistema de apoyo es como una red de seguridad para los alumnos. En la mayoría de los casos, funciona como una alternativa a la repetición de curso cuando los alumnos tienen dificulta-

---

Amanda H., «Physician-leaders and hospital performance: Is there an association?», *Social Science & Medicine*, 73, 4 (2011), pp. 535-539; y «Highly cited leaders and the performance of research universities», *Research Policy*, 38, 7 (2009), pp. 1079-1092. Barsade, Sigal G.; y Meisiek, Stefan, «Leading by doing», en Chowdhury, Subir (ed.), *Next generation business handbook: New strategies from tomorrow's thought leaders*, Wiley, Estados Unidos, 2004.

249. Walker, Timothy D., *Teach like Finland: 33 simple strategies for joyful classrooms*, W. W. Norton, Estados Unidos, 2017.

des.[250] El acceso a clases particulares gratuitas les da la oportunidad de mejorar sin verse apartados del camino principal. Y no sólo está reservado a los alumnos que tienen necesidades urgentes. Durante los primeros nueve años de escolarización, cerca del 30 por ciento de los alumnos finlandeses reciben ayuda adicional.[251] Como el sistema identifica los posibles obstáculos en una fase temprana, es capaz de evitar que se generen problemas más graves.

El énfasis en la prevención ayuda a explicar por qué Noruega —el vecino escandinavo de Finlandia— está por debajo. El sistema educativo noruego no realiza tantas intervenciones tempranas cuando los estudiantes muestran las primeras señales de tener problemas.[252] En Estados Unidos, algunos territorios han empezado a mejorar en esta cuestión: Alabama y Virginia Occidental han conseguido aumentar la nota media en sus institutos gracias a un programa de intervención temprana para los alumnos de primer año cuyas calificaciones empeoran tras completar la transición de la secundaria al bachillerato.[253]

En Finlandia, ya desde el primer trimestre de la escuela infantil, los profesores se reúnen con los padres para desarrollar planes de aprendizaje individualizados para cada alumno. Quizás te estés preguntando de dónde sacan el tiempo los profesores. Finlandia ha resuelto el problema con una práctica que ha llegado a parecerme tan atractiva como el zumo de arándanos. Bueno, casi.

La singularidad de la jornada escolar finlandesa no reside

---

250. Hjörne, Eva; y Säljö, Roger, «The pupil welfare team as a discourse community: Accounting for school problems», *Linguistics and Education*, 15 (2004), pp. 321-338.

251. Hancock, *op. cit.*, 2011.

252. Haussätter Rune, Sarromaa; y Takala, Marjatta, «Can special education make a difference? Exploring the differences of special educational systems between Finland and Norway in relation to the PISA results», *Scandinavian Journal of Disability Research*, 13, 4 (2011), pp. 271-281.

253. Van Dam, Andrew, «Why Alabama and West Virginia suddenly have amazing high-school graduation rates», *The Washington Post*, 18 de noviembre de 2022.

tanto en su duración como en su distribución.[254] En comparación con Estados Unidos, los profesores (y alumnos) finlandeses tienen una hora más de descanso. Así los profesores tienen un espacio durante la jornada laboral para preparar las unidades didácticas, corregir los ejercicios y ampliar sus conocimientos, por lo que no tienen que trabajar por las noches o los fines de semana. Ese momento de pausa también funciona como una especie de intervención temprana para los profesores: poner límites a la exigencia y ofrecerles un mayor control evita el síndrome de desgaste profesional.[255] Conservar un buen nivel de energía mantiene la pasión armoniosa por la enseñanza, un factor que contribuye a fomentar el amor por la educación en los alumnos desde los primeros días de escuela. Ese amor por la enseñanza florece en un entorno diseñado para que los alumnos descubran y desarrollen sus intereses individuales.

Un juego de niños

En un primer momento, empecé a interesarme por las cosas que Finlandia hacía de manera diferente en el mundo de la educación cuando un ingenioso titular llamó mi atención.[256] «Las alegres y analfabetas escuelas infantiles de Finlandia» estaba escri-

---

254. Sparks, Sarah D., «Do U.S. teachers really teach more hours?», *EducationWeek*, 2 de febrero de 2015. Abrams, *op. cit.*, 2016.

255. Van der Doef, Margot; y Maes, Stan, «The job-demand-control(-support) model and psychological well-being: A review of 20 years of empirical research», *Work & Stress*, 13, 2 (1999), pp. 87-114. Alarcon, Gene M., «A meta-analysis of burnout with job demands, resources, and attitudes», *Journal of Vocational Behavior*, 79, 2 (2011), pp. 549-562. Santavirta, Nina; Solovieva, Svetlana; y Theorell, Töres, «The association between job strain and emotional exhaustion in a cohort of 1,028 Finnish teachers», *British Journal of Educational Psychology*, 77 (2007), pp. 213-228. Grant, Adam, «Burnout is everyone's problem», *WorkLife*, 17 de marzo de 2020.

256. Walker, Timothy D., «The joyful, illiterate kindergartners of Finland», *The Atlantic*, 1 de octubre de 2015.

to por un profesor de primaria estadounidense, Tim Walker, que había acabado quemado después de tener graves problemas para preparar unas unidades didácticas que pudieran motivar a sus alumnos. Su mujer era finlandesa, así que decidieron trasladarse al país para empezar de cero.

Después de llegar a Finlandia y conseguir un trabajo como profesor, Tim empezó a pasar por otras clases para hacerse una idea de cómo funcionaban las cosas. Cuando visitó un centro público de preescolar, apenas podía creer lo que veían sus ojos. Esperaba ver a los alumnos sentados en sus pupitres haciendo ejercicios para desarrollar las habilidades cognitivas, como en Estados Unidos. Con el tiempo, la educación infantil en Estados Unidos se ha acabado convirtiendo en algo parecido a primero de primaria.[257] Los alumnos dedican mucho tiempo a las matemáticas y a aprender a leer y escribir, y poco a los dinosaurios y el espacio, el arte, la música o el juego libre. ¿De qué otra manera podrían adquirir las competencias básicas y estar preparados para aprobar los exámenes estandarizados dentro de siete años?

Pero en Finlandia Tim vio algo completamente diferente. Los alumnos de preescolar sólo se sentaban en los pupitres para deletrear, escribir y hacer matemáticas un día a la semana.[258] Cada materia duraba un máximo de 45 minutos, segui-

257. Bassok, Daphna; Scott, Latham; y Anna, Rorem, «Is kindergarten the new first grade?», *AERA Open*, 1, 4 (2016), pp. 1-31.
258. A los educadores finlandeses no les gusta mucho enseñar a leer en preescolar. Las investigaciones confirman que los adolescentes que demuestran una mejor comprensión lectora no siempre eran los que mejor leían en la escuela infantil, eran los que hablaban con más claridad y los mejores contadores de historias. Y cuando terminan la educación primaria, los niños que aprendieron a leer a los siete años ya están al mismo nivel que sus compañeros que habían aprendido a los cinco e incluso pueden tener una mejor comprensión lectora. Muchos niños de preescolar no han desarrollado aún el vocabulario para descifrar las palabras ni tienen los conocimientos necesarios para comprender frases y seguir una historia. El tiempo que los maestros de preescolar tienen que dedicar a hacer ejercicios y exámenes de lectura podría ser contraproducente. En esa etapa, resulta más útil para los niños aprender a romper las palabras por los sonidos que por la vista. Pero Finlandia no prohíbe

dos de un receso de un cuarto de hora. Esta práctica también cuenta con la validación de las investigaciones: tal como ocurre con las personas adultas, hacer una breve pausa entre actividades mejora la atención de los niños y algunas facetas del aprendizaje.[259]

En Finlandia, durante la primera etapa educativa, los alumnos pasan la mayor parte del tiempo jugando. Los lunes pueden estar dedicados a los juegos y las excursiones, y los viernes quizás son para las canciones y los centros de actividades. Tim veía que los niños de preescolar dedicaban una mañana a los juegos de mesa y una tarde a construir una presa, y pasaban de cantar en un corro a hacer la actividad que ellos quisieran. Algunos decidían que querían construir un fuerte, otros se lanzaban al arte y las manualidades.

---

la lectura en la escuela infantil: si los alumnos demuestran interés y predisposición, se convierte en una parte de su plan de aprendizaje individualizado. Suggate, Sebastian, *et al.*, «From infancy to adolescence: The longitudinal links between vocabulary, early literacy skills, oral narrative, and reading comprehension», *Cognitive Development*, 47 (2018), pp. 82-95. Suggate, Sebastian P.; Schaughency, Elizabeth A.; y Elaine, Resse, «Children learning to read later catch up to children reading earlier», *Early Childhood Research Quarterly*, 28, 1 (2013), pp. 33-48. Suggate, Sebastian Paul, «Does early reading instruction help reading in the long-term? A review of empirical evidence», *Research on Steiner Education*, 4, 1 (2019), pp. 123-131. Willingham, Daniel T., «How to get your mind to read» *The New York Times*, 25 de noviembre de 2017. Carlsson-Paige, Nancy; Bywater, Geralyn; y Wolfsheimer, Joan Almon, «Reading instruction in kindergarten: Little to gain and much to lose», Alliance for Childhood/Defending the Early Years, 2015, disponible en <eric.ed.gov/?id=ED609172>. Schneider, Wolfgang, *et al.*, «Short-and long-term effects of training phonological awareness in kindergarten: Evidence from two German studies», *Journal of Experimental Child Psychology*, 66, 3 (1997), pp. 311-340.

259. Infantes-Paniagua, Álvaro, *et al.*, «Active school breaks and students' attention: A systematic review with meta-analysis», *Brain Sciences*, 11, 6 (2021), art. 675. Peiris, D. L. I. H. K., *et al.*, «Effects of in-classroom physical activity breaks on children's academic performance, cognition, health behaviours and health outcomes: A systematic review and meta-analysis of randomised controlled trials», *International Journal of Environmental Research and Public Health*, 19, 15 (2022), 9479.

Los maestros no atendían a los denominados «estilos de aprendizaje» de los niños. Les daban todo el tiempo del mundo para explorar sus intereses individuales. «¿Por qué?», podrían preguntar algunos estadounidenses. Porque los educadores finlandeses asumen que la lección más importante que deben enseñar a los niños es que aprender es divertido.

Este supuesto también cuenta con el respaldo de las pruebas. Una investigación en el Reino Unido ha revelado que los alumnos que disfrutan del colegio a los 6 años sacan notas más altas en los exámenes estandarizados a los dieciséis, incluso después de compensar los resultados con la inteligencia y el estatus socioeconómico.[260] Un célebre aforismo entre los profesores finlandeses lo resume muy bien: «El trabajo de un niño es jugar».[261]

En Estados Unidos, sólo se recurre al juego en las escuelas Montessori. En Finlandia, está recogido en el temario troncal de todos los centros de primaria. El gobierno finlandés insiste en que los niños jueguen, porque los responsables de la política educativa entienden que refuerza el amor por el aprendizaje. Este valor se desarrolla mejor a temprana edad y, con el tiempo, permite desarrollar mejor las habilidades cognitivas y del carácter.

En la escuela infantil que Tim visitó, uno de los centros de actividades más populares era una tienda de helados. Los alumnos utilizaban una versión del dinero del Monopoly para comprar y vender helados imaginarios. Como manejaban una caja registradora, tomaban los pedidos y contaban el cambio, aprendían a ser proactivos y prosociales al mismo tiempo que practicaban matemáticas básicas y competencias verbales. Desde luego, docenas de estudios han demostrado que el juego deliberado es más efectivo que la instrucción directa para enseñar a los alumnos algunas habilidades cognitivas y del carácter, como la disci-

260. Morris, Tim T., *et al.*, «Associations between school enjoyment at age 6 and later educational achievement: Evidence from a UK cohort study», *NPJ Science of Learning*, 6 (2021), art. 18.
261. Sahlberg, Pasi; y Doyle, William, «To really learn, our children need the power of play», 2019, <pasisahlberg.com/to-really-learn-our-children-need-the-power-of-play>.

plina y la determinación.[262] Y sabemos que, en parte, los estudiantes finlandeses destacaron en las pruebas PISA porque se encontraban entre los más constantes del mundo.

Problemas en el paraíso

Cuando visité Finlandia hace unos años, esperaba que sus ciudadanos estuvieran orgullosos del sistema educativo. Pero las personas con las que me reuní —desde el primer ministro a expertos en educación, pasando por las familias de los alumnos— eran en general bastante críticas con las escuelas. En un primer momento, atribuí aquella respuesta a la humildad nórdica. Había aprendido que el primer principio del código social escandinavo es «no creas que eres especial».[263]

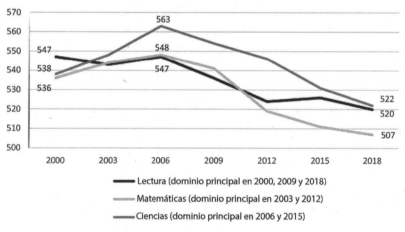

Fuente: Ahonen, Arto K., «Finland success through equity — The trajectories in PISA performance», en Crato, Nuno, ed., *Improving a country's education*, Springer, Suiza, 2021.

262. Skene, Kayleigh, *et al.*, «Can guidance during play enhance children's learning and development in educational contexts? A systematic review and meta-analysis», *Child Development*, 93, 4 (2022), pp. 1162-1180.
263. Sandemose, Aksel, *A fugitive crosses his tracks*, Knopf, Estados Unidos, 1936.

Enseguida descubrí que tenían buenos motivos para sentirse decepcionados y frustrados. Finlandia había empezado a patinar en las cuartas pruebas PISA, en 2009. Después de tres victorias consecutivas, por primera vez las puntuaciones habían bajado en las tres materias: matemáticas, ciencias y comprensión lectora.[264]

Las puntuaciones siguieron bajando en las tres convocatorias siguientes. En 2018, Finlandia no sólo se vio eclipsada por varios países asiáticos, sino que acabó relegada a la segunda posición dentro del continente europeo. Un diminuto país situado en la otra orilla del mar Báltico había tomado la delantera.

Estonia había mejorado en la clasificación a pesar de tener un presupuesto relativamente bajo y un considerable número de alumnos por profesor.[265] En 2018, ocupó el quinto puesto en la clasificación global y, además, la brecha entre las escuelas y entre los alumnos ricos y pobres era una de las más reducidas

---

264. Ahonen, Arto K., «Finland: Success through equity — The trajectories in PISA performance», en Crato, Nuno, ed., *Improving a country's education*, Springer, Suiza, 2021.

265. Butrymowicz, Sarah, «Is Estonia the new Finland?», *The Atlantic*, 23 de junio de 2016, y «Everyone aspires to be Finland, but this country beats them in two out of three subjects», *The Hechinger Report*, 23 de junio de 2016. Jeffreys, Branwen, «Pisa rankings: Why Estonian pupils shine in global tests», BBC, 2 de diciembre de 2019. Sylvester, Rachel, «How Estonia does it: Lessons from Europe's best school system», *The Times* (Londres), 27 de diciembre de 2022. Hatch, Thomas, «10 surprises in the high-performing Estonian education system», *International Education News*, 2 de agosto de 2017. Roberts, John, «Estonia: Pisa's European success story», *Tes Magazine*, 3 de diciembre de 2019. Kangur, Marri, «Estonia's education is accessible to everyone — Thanks to social support and an adaptable system», *Estonian World*, 27 de diciembre de 2021; y «Kindergarten teaching in Estonia balances between education goals and game-based learning», *Estonian World*, 12 de octubre de 2021. Kaffka, Alexander, «Gunda Tire: "Estonians believe in education, and this belief has been essential for centuries"», *Caucasian Journal*, 1 de abril de 2021. Grant, Adam, «Estonia's Prime Minister Kaja Kallas on leading with strength and sincerity», *Re:Thinking*, 31 de enero de 2023.

del mundo. Los responsables de la política educativa de Estonia habían estudiado la receta finlandesa e importado muchos de sus ingredientes. Los centros de primaria y secundaria tenían profesores muy bien preparados, a los que se les exigía un título de máster y se concedía un alto grado de autonomía. Los profesores de primero de primaria acompañaban a sus alumnos hasta tercero, cuarto, quinto o incluso sexto, disponían de un sólido sistema de apoyo para atender a los alumnos con dificultades para no obligarlos a repetir curso y aplicaban un currículum educativo basado en el juego. Entonces, si en Estonia funcionaba la receta, ¿por qué de repente Finlandia se estaba quedando atrás?

Seamos claros: Finlandia podía haber caído en la clasificación, pero de ningún modo había fracasado. Todavía se encontraba entre los diez mejores países del mundo, y la disparidad de resultados entre sus escuelas seguía siendo minúscula, así como entre los alumnos según su estatus socioeconómico.[266] Pero parecía que, de algún modo, los estudiantes finlandeses habían perdido el ritmo.[267]

Los expertos enseguida empezaron a analizar las posibles causas del descenso.[268] Lanzaron especulaciones sobre un posible aumento de la complacencia y sobre los costes reales de los recortes presupuestarios derivados de la crisis financiera de 2008. También destacaron que otros países habían hecho un esfuerzo por importar las prácticas finlandesas y orientar el sistema educativo hacia los exámenes PISA, lo que habría perjudicado su posición. Pero había pruebas contundentes

266. «PISA 2018 worldwide ranking», OCDE, <factsmaps.com/pisa-2018-worldwide-ranking-average-score-of-mathematics-science-reading>.
267. Finn Jr., Chester E.; y Wright, Brandon L., «A different kind of lesson from Finland», *EducationWeek*, 3 de noviembre de 2015.
268. Sahlberg, Pasi; y Hargreaves, Andy, «The leaning tower of PISA», *Washington Post*, 24 de marzo de 2015. Taylor, Adam, «Finland used to have the best education system in the world — What happened?», *Business Insider*, 3 de diciembre de 2013. Hatch, Thomas, «What can the world learn from educational change in Finland now? Pasi Sahlberg on Finnish lessons 3.0», *International Education News*, 28 de febrero de 2021.

que apuntaban a otra posible explicación: problemas de motivación entre los chicos y los estudiantes que ya iban al instituto.[269]

En 2018, el 70 por ciento de los estudiantes finlandeses reconocían que no habían dado lo mejor de sí mismos en las pruebas PISA.[270, 271] Y la caída de la motivación no se restringía al examen: los alumnos habían obtenido una de las puntuaciones más bajas del mundo en el apartado que medía el deseo de proseguir y mejorar en el colegio. En algún punto del camino, parecían haber perdido el amor por aprender, la misma motivación intrínseca que el sistema debía cultivar por su diseño.[272] Una cultura ba-

---

269. Read, Sanna; Hietajärvi, Lauri; y Salmela-Aro Katariina, «School burnout trends and sociodemographic factors in Finland 2006-2019», *Social Psychiatry and Psychiatric Epidemiology*, 57 (2022), pp. 1659-1669.

270. Incluso en una prueba de evaluación diseñada cuidadosamente como PISA, el rendimiento está condicionado por la motivación, no sólo por la capacidad. Algunos expertos defienden que Estados Unidos obtiene malos resultados en las pruebas PISA porque, a diferencia de lo que pasa con el SAT y el ACT [las pruebas de acceso a la universidad], no hay mucho en juego. Este factor podría explicar una parte de la historia, pero no es la razón fundamental que hay detrás de una puntuación mediocre. Un grupo de economistas llevó a cabo un estudio comparando el rendimiento de los estudiantes de bachillerato chinos y estadounidenses en exámenes con y sin incentivos. Los alumnos chinos lo hicieron igual de bien en ambos exámenes, probablemente porque las culturas colectivistas ponen un énfasis especial en la importancia de representar a todo el grupo, incluso cuando no existe una recompensa personal. Los estudiantes de Estados Unidos lo hacían mejor cuando recibían una recompensa económica en función de la puntuación, seguramente porque haber crecido en una cultura individualista los motiva a esforzarse más cuando hay un beneficio personal. Desde un punto de vista empírico, aumentar los incentivos para las pruebas PISA mejoraría de forma significativa la clasificación de Estados Unidos, pero sólo significaría recortar en menos de la mitad la distancia con los países que obtienen mejores resultados, como Finlandia, Corea del Sur y China. Duckworth, Angela Lee, *et al.*, «Role of test motivation in intelligence testing», *PNAS*, 108, 19 (2011), pp. 7716-7720.

271. Gneezy, Uri, *et al.*, «Measuring success in education: The role of effort on the test itsel», *American Economic Review: Insights*, 1, 3 (2019), pp. 291-308.

272. Thrupp, Martin, *et al.*, eds., *Finland's famous education system: Unvarnished Insights into Finnish schooling*, Springer, Singapur, 2023.

sada en el acceso a las oportunidades sólo funciona cuando los estudiantes sienten la motivación para aprovecharlas.

Conservar el amor

Ante los problemas, los políticos y educadores finlandeses no se olvidaron de sus valores. Cuando la puntuación en las pruebas PISA descendió, no se apresuraron a introducir nuevas medidas para volver a subir en la clasificación. Por el contrario, empezaron a hacer experimentos para averiguar cómo podían conseguir que las escuelas fueran más motivadoras. Las pruebas demuestran que la fuente de la motivación intrínseca se encuentra en la libertad de oportunidades para explorar intereses personales.[273] Los responsables de la política educativa finlandesa probaron distintos métodos para que los alumnos de todos los cursos tuvieran la sensación de que podían determinar sus propias experiencias de aprendizaje.

En un experimento, los alumnos finlandeses de sexto de primaria recibieron el encargo de llevar a cabo un gran proyecto, que culminaría en la administración de su propia ciudad en miniatura. Los alumnos gestionaban el banco de la ciudad, dirigían una tienda de alimentación y supervisaban un centro médico. Crearon un periódico y contaban con un alumno-alcalde que controlaba el gobierno. Al final del proyecto, aquel alcalde tendría que recibir la visita de dos invitados muy distinguidos: el rey y la reina de Suecia en el mundo real.

La pareja real estaba de visita en la ciudad para conocer uno de los nuevos programas educativos de Finlandia, Me & MyCity [Miciudad y yo].[274] La iniciativa había recibido varios premios

273. Patall, Erika A.; Cooper, Harris; y Civey Robinson, Jorgianne, «The effects of choice on intrinsic motivation and related outcomes: A meta-analysis of research findings», *Psychological Bulletin*, 134, 2 (2008), pp. 270-300.

274. Walker, Timothy D., «Where sixth-graders run their own city», *The Atlantic*, 1 de septiembre de 2016. Kelly, Eanna, «How Finland is giving 12-year-olds the chance to be entrepreneurs», Science|Business, 22 de marzo de 2016.

internacionales a la innovación educativa y al fomento de la mentalidad emprendedora. Es un potente ejemplo de juego deliberado para los estudiantes más mayores.[275] Podría verse como la versión preadolescente de gestionar una tienda de helados imaginaria. Los alumnos solicitan los trabajos que despiertan su interés y después tienen una entrevista con su profesor para conseguir el empleo deseado.

Me & MyCity tuvo tanto éxito que la mayoría de los alumnos finlandeses de sexto de primaria participan ahora en el programa. Es una idea muy potente porque pone a los alumnos al mando de su propio aprendizaje individualizado. Están entusiasmados por poder dedicar varias semanas a la preparación de su rol en la ciudad y tienen absoluta libertad para decidir cómo van a interpretarlo. Suya es la responsabilidad de crear una visión propia, gestionar el dinero y mantener una buena reputación. Ganan un salario digital y reciben una tarjeta bancaria para comprar bienes y servicios de sus compañeros. Los profesores no tienen que obligarlos a trabajar ni ofrecerles una recompensa para animarlos a participar, la motivación proviene del interior. Y hay una razón para creer que sus efectos podrían ser duraderos: las investigaciones preliminares sugieren que, además de adquirir conocimientos, los alumnos que participan en el programa se interesan más por la economía.[276]

Para saber más cosas sobre los métodos que las escuelas finlandesas estaban utilizando para fomentar la motivación intrínseca, volví a reunirme con Kari Louhivuori. Ahora trabaja en el Consejo para la Educación Creativa de Finlandia con su hija Nelli, una admirada profesora de primaria que asesora a distintas escuelas de todo el mundo sobre la adopción de las prácticas

---

275. Johnston, Olivia; Wildy, Helen; y Shand, Jennifer, «Teenagers learn through play too: Communicating high expectations through a playful learning approach», *The Australian Educational Searcher*, 50 (2023), pp. 921-940.

276. Kalmi, Panu, «The effects of Me and MyCity on primary school students' financial knowledge and behavior», presentado en el Cuarto Instituto de Educación Financiera Cherry Blossom, Centro Global para la Excelencia en Educación Financiera, Universidad George Washington, Washington, D. C., 12-13 de abril de 2018.

educativas del país. El tándem padre-hija tuvo la amabilidad de reservarme una silla en una de sus reuniones familiares.

Me dijeron que, a pesar de que los programas de aprendizaje experimental son un punto de partida, la motivación intrínseca incluye otro ingrediente fundamental. «La lectura es la competencia básica para todas las materias —me explicaba Kari—. Si no tienes la motivación para leer, no puedes estudiar ninguna otra materia.» Cultivar el deseo de leer alimenta los intereses individuales.

Un recreo diferente

El amor por la lectura suele comenzar en casa. El Centro de Lectura de Finlandia detectó que más de la mitad de los padres tenían la sensación de que no leían suficiente a sus hijos.[277] Así que empezó a regalar una bolsa de libros a cada niño que nacía en Finlandia.[278]

Aunque llenar la casa de libros puede ser un buen punto de partida, los psicólogos han descubierto que no es suficiente. Si queremos que los niños disfruten de la lectura, hay que conseguir que los libros sean parte de su vida.[279] Habría que hablar de las lecturas durante las comidas y los viajes en coche, visitar las bibliotecas o las librerías, regalar libros a los niños y asegurarnos de que también nos vean leyendo. Los niños prestan atención a nuestros intereses personales: las cosas que nos atraen les dicen qué valoramos.

    277. «10 facts about reading in Finland 2020», Lukukeskus Läscentrum, <lukukeskus.fi/en/10-facts-about-reading-in-finland/>.
    278. «Read aloud-program and book bag every baby born in Finland», Lue Lapselle, <luelapselle.fi/read-aloud/>.
    279. Willingham, Daniel T., *Raising kids who read: What parents and teachers can do*, Jossey-Bass, Estados Unidos, 2015. Bus, Adriana G.; Van Ijzendoorn, Marinus H.; y Pellegrini Anthony D., «Joint book reading makes for success in learning to read: A meta-analysis on intergenerational transmission of literacy», *Review of Educational Research*, 65, 1 (1995), pp. 1-21. Pinsker, Joe, «Why some people become lifelong readers», *The Atlantic*, 19 de septiembre de 2019.

Fuente: © Flavita Banana.

Cuando mi hija Elena estaba en preescolar, me preguntó por qué yo no leía nunca ningún libro. Las estanterías estaban saturadas de libros. ¿Cómo podía pensar que un escritor no dedicaba tiempo a leer? Es como si un actor no va al cine a ver películas o un pintor se niega a poner los pies en un museo. Entonces me di cuenta de por qué nunca me había visto devorar las páginas de una novela: suelo ponerme a leer después de que se haya ido a la cama. La noche siguiente, le dije que había llegado el momento de que los dos empezáramos a leer juntos el primer libro de Harry Potter. Su hermana mayor se unió a nosotros y, mientras nos turnábamos cada pocas páginas, leímos el libro entero en voz alta. Ahora avancemos unos años en el tiempo, y descubriremos que mis hijos han creado un club de lectura familiar. Cuando encuentran una saga que les encanta, mi mujer, Allison, y yo la leemos por nuestra cuenta para después comentar los libros con ellos. Una noche, una hora después de que se metieran en la cama, pillé a mis tres hijos con las linternas encendidas: estaban robando un poco de tiempo para leer a escondidas. Apenas pude contener la alegría.

La lectura es la entrada a las oportunidades: abre la puerta para que los niños sigan aprendiendo. Sin embargo, los libros se enfrentan a una competencia cada vez más feroz por parte de la televisión, los videojuegos y las redes sociales. En 2019, un adolescente finlandés dedicaba al año setenta y siete horas menos a leer por placer que en el 2000. Este fenómeno no es exclusivo de los estudiantes finlandeses; en Estados Unidos, el entusiasmo de los alumnos por la lectura desciende un poco más cada año.[280] Cuando llegan al instituto, la actitud más habitual hacia la lectura se sitúa entre la indiferencia o la directa antipatía.

Uno de los grandes errores de las clases de lengua y literatura es obligar a los alumnos a pelearse con los «clásicos», en lugar de darles la oportunidad de escoger libros que despierten su curiosidad. Las investigaciones indican que cuando los alumnos pueden escoger sus propios libros y leer en clase, demuestran mucho más interés en la lectura.[281] Es un círculo virtuoso: cuanto más leen por placer, mejor lo hacen y más les gusta.[282] Y cuanto más les gusta, más aprenden y mejores notas sacan en los exámenes. La labor del profesor no es conseguir que los alumnos lean el canon literario. Es despertar la pasión por la lectura.

En Finlandia, cuando Nelli Louhivouri observó que sus alumnos de primaria se aburrían leyendo, decidió inventar un nuevo tipo de recreo. Todos los lunes, se los llevaba de excursión para hacer un «recreo literario». No había una lista prefijada de libros, podían escoger los suyos. También tenían que hablar con el personal de la biblioteca, que a su vez debía conocer los intereses particulares de los niños, hasta el punto de visitar la clase de

---

280. Willingham, Daniel, «Moving educational psychology into the home: The case of reading», *Mind, Brain, and Education*, 9, 2 (2015), pp. 107-111.

281. Moser, Gary P.; y Morrison, Timothy G., «Increasing students' achievement and interest in reading», *Reading Horizons*, 38, 4 (1998), pp. 233-245.

282. Toste, Jessica R., *et al.*, «A meta-analytic review of the relations between motivation and reading achievement for K-12 students», *Review of Educational Research*, 90, 3 (2020), pp. 420-456. Mol, Suzanne E.; y Bus, Adriana G., «To read or not to read: A meta-analysis of print exposure from infancy to early childhood», *Psychological Bulletin*, 137, 2 (2011), pp. 267-296.

Nelli cada cierto tiempo con un pequeño avance de los lanzamientos más relevantes. Cuando los alumnos habían escogido los libros para la semana, Nelli también los dejaba elegir el lugar donde querían leer. Enseguida crearon una nueva tradición en clase: iban con los libros a un bosque cercano y pasaban sus páginas entre los árboles.

Durante el curso, Nelli invitaba a los alumnos a escribir sobre los libros que más les gustaban. La actividad no tenía nada que ver con el típico informe de lectura, en que el alumno suda la gota gorda para hacer un resumen que después presenta al profesor. «De esa forma, no se sienten nada inspirados», me dijo. Para conseguir que la experiencia fuera interesante e interactiva, siempre que un alumno sintiera verdadera pasión por un libro podía tomar la palabra en clase para hablar de él a sus compañeros. Aquella práctica se convirtió en una nueva tradición. Antes de darse cuenta, Nelli tenía un aula repleta de críticos literarios en ciernes.

Éste es el combustible que puede alimentar el aprendizaje en cualquier parte, para casi cualquier alumno y casi en cualquier materia. El interés se multiplica cuando es posible escoger lo que se quiere aprender y se comparte con los demás. La motivación intrínseca es contagiosa.[283] Cuando los alumnos hablan sobre los libros que les despiertan la imaginación, concretan las razones por las que les gustan y ofrecen la oportunidad a los demás de sumarse a su entusiasmo.

Sólo el tiempo dirá si hay suficiente con esta clase de oportunidades para despertar y mantener el amor por el aprendizaje. Sin embargo, Finlandia continúa siendo un ejemplo de lo que quizás sea la cuestión más trascendental. Por mucho que el país valore la educación, lo que más me impresiona de su cultura es que no pone el rendimiento por delante del bienestar.

283. Radel, Rémi, *et al.*, «Social contagion of motivation between teacher and student: Analyzing underlying processes», *Journal of Educational Psychology*, 102, 3 (2010), pp. 577-587.

En demasiados sistemas educativos de primer nivel, los alumnos sacrifican su salud mental en aras de la excelencia.[284] En Estados Unidos, las investigaciones demuestran que los alumnos de las escuelas de alto rendimiento tienen unas tasas de depresión y ansiedad clínica entre tres y siete veces superiores a la media del país.[285] En China, los alumnos lograron el primer puesto en las pruebas PISA de 2018, pero acabaron entre los últimos diez países en materia de satisfacción vital.[286] Entre la presión para ser perfectos y el estrés de estudiar largas horas, más de la mitad de los alumnos chinos dicen que siempre o a veces se sienten deprimidos, y más de tres cuartas partes afirman sentirse tristes en alguna ocasión o en todo momento.[287, 288]

En cambio, en Finlandia, menos de una tercera parte de los alumnos de bachillerato se sentían deprimidos, y menos de la mitad, tristes. Conseguían sacar muy buenas notas en los exáme-

---

284. Xiaojun Ling, et al., «The "Trade-Off" of student well-being and academic achievement: A perspective of multidimensional student well-being», *Frontiers in Psychology*, 13 (2022), 772653.

285. Luthar, Suniya S.; Kumar, Nina L.; y Zillmer, Nicole, «High-achieving schools connote risks for adolescents: Problems documented, processes implicated, and directions for interventions», *American Psychologist*, 75 (2020), pp. 983-995.

286. Ma, Yingyi, «China's education system produces stellar test scores. So why do 600,000 students go abroad each year to study?», *The Washington Post*, 17 de diciembre de 2019.

287. Quach, Andrew S., et al., «Effects of parental warmth and academic pressure on anxiety and depression symptoms in Chinese adolescents», *Journal of Child and Family Studies*, 24 (2015), pp. 106-116.

288. Mohan Kaggwa, Mark, et al., «Prevalence of burnout among university students in low- and middle-income countries: A systematic review and meta-analysis», *PLoS ONE*, 16, 8 (2021), e0256402. Tang, Xinfeng, et al., «Prevalence of depressive symptoms among adolescents in secondary school in mainland China: A systematic review and meta-analysis», *Journal of Affective Disorders*, 245 (2019), pp. 498-507. Teuber, Ziwen; Nussbeck, Fridtjof W.; y Elke, Wild, «School burnout among Chinese high school students: The role of teacher-student relationships and personal resources», *Educational Psychology*, 41, 8 (2021), pp. 985-1002. Ye, Alan, «Copying the long Chinese school day could have unintended consequences», *The Conversation*, 24 de febrero de 2014.

nes cuando de media sólo hacen 2,9 horas de deberes a la semana, menos de lo que un adolescente chino dedica al día.[289] De los setenta y siete países participantes en las pruebas PISA de 2018, Finlandia ocupó el primer puesto en la clasificación que vincula las horas de estudio con las notas obtenidas. Lo cual significa que el país mantiene su reinado en la métrica definitiva para medir el crecimiento: la eficiencia en el aprendizaje.[290]

Saber exactamente cómo lo hacen sigue siendo una cuestión demasiado compleja para sintetizarla en una única receta. La mayoría de los expertos creen que es una combinación entre unos profesores de primera categoría, la motivación intrínseca que alimenta un aprendizaje más profundo, la mejora de la atención de los alumnos por la menor ansiedad asociada a los exámenes, y unas habilidades del carácter que se desarrollan a temprana edad y se amortizan con el tiempo. Ahora mismo, lo que sí sabemos con certeza es que Finlandia es el mejor país del mundo en lo que respecta a ayudar a los alumnos a desarrollarse sin monopolizar su tiempo, causar estragos en sus vidas o provocar que acaben odiando el colegio. El supuesto subyacente más profundo muy bien podría ser que sacrificar el bienestar a cambio de mejorar el rendimiento es una falsa dicotomía.

Un sistema educativo no tiene verdadero éxito hasta que todos los niños del país —independientemente de sus orígenes y recursos— tienen la oportunidad de manifestar su potencial. Diseñar escuelas donde los alumnos son capaces de hacer grandes cosas no tiene nada que ver con centrarse en unos pocos escogidos y obligarlos a destacar. Más bien consiste en alimentar una cultura que permita a todos los alumnos mejorar su capacidad intelectual y desarrollar sus emociones.

---

289. Chepkemoi, Joyce, «Countries who spend the most time doing homework», WorldAtlas, 4 de julio de 2017.

290. Anderson, Jenny, «Finland has the most efficient education system in the world», *Quartz*, 3 de diciembre de 2019.

8

Buscadores de oro

Desenterrar la inteligencia colectiva en los equipos

> Otros ojos buscarán por otro lado, y encontrarán las cosas que nunca encontré.
>
> MALVINA REYNOLDS[291]

En el instante en que vieron la avalancha caer desde lo alto, el grupo de hombres corrió en busca de refugio. Algunos aún no eran capaces de verla, pero el sonido resultaba inconfundible: un siniestro rumor grave que iba aumentando hasta convertirse en un estallido ensordecedor. Una racha de viento levantó a uno de ellos del suelo y se llevó a otro volando. Los hombres se incorporaron como pudieron y salieron corriendo para escapar por su propio pie.

Con serias dificultades para ver y oír por las rocas que caían de todas partes, empezaron a temer por su suerte. En aquel momento, divisaron una camioneta que bajaba a toda velocidad por la carretera. Saltaron a la caja del vehículo y rezaron por sus vidas mientras la camioneta chocaba un par de veces durante la huida. Al llegar al final de la carretera, por fin estaban a salvo de

---

291. Reynolds, Malvina, «This world», Schroder Music Company, 1989/1961.

la avalancha. Pero en realidad no habían llegado a un lugar seguro. Se encontraban a setecientos metros bajo tierra.[292]

El mes de agosto de 2010, una mina de oro y cobre situada en el desierto chileno acababa de derrumbarse. Un fragmento de roca tan alto como un edificio de cuarenta y cinco pisos se había desprendido de la montaña que había justo encima. La única entrada a la mina estaba bloqueada por más de 700.000 toneladas de roca. En su interior habían quedado atrapados treinta y tres hombres. Les dieron menos de 1 por ciento de posibilidades de salir con vida.

Sin embargo, sesenta y nueve días después, todos se reunieron con sus familias. Las labores de rescate fueron tan monumentales como milagrosas: nunca un grupo de seres humanos había sobrevivido tanto tiempo después de quedar atrapado bajo tierra. Mientras veía por televisión que la cápsula de rescate ponía a salvo al primer minero, mis ojos se llenaron de lágrimas de alegría y tensión liberada. Si fuiste uno de los mil millones de espectadores que vieron el acontecimiento en directo, es probable que te embargara el mismo sentimiento. En aquel momento, casi toda la cobertura informativa se centró en explicar cómo habían sobrevivido los mineros. Sólo unos años después me di cuenta de que el equipo de rescate podía enseñarnos muchas cosas sobre los grupos que consiguen recorrer grandes distancias juntos.

Al poner en marcha la misión de rescate, nadie sabía si los mi-

---

292. Edmondson, Amy C.; y Herman, Kerry, «The 2010 Chilean mining rescue (A) & (B)», *Harvard Business School Teaching Plan* 613-012, mayo de 2013. Franklin, Jonathan, *Los 33: El rescate que unió al mundo*, Aguilar, Madrid, 2011. Tobar, Héctor, *En la oscuridad: La historia jamás contada de los 33 mineros enterrados en una mina chilena y el milagro que los liberó*, Ediciones Paidós, Barcelona, 2015. Pino Toro, Manuel, *Vivos bajo tierra: La historia verdadera de los 33 mineros chilenos*, C. A. Press, Estados Unidos, 2011. Rashid, Faazia; Edmondson, Amy C.; y Leonard, Herman B., «Leadership lessons from the Chilean mine rescue», *Harvard Business Review*, julio-agosto de 2013, pp. 113-119. Useem, Michael; Jordán, Rodrigo; y Koljatic, Matko, «How to lead during crisis: Lessons from the rescue of the Chilean miners», *MIT Sloan Management Review*, 18 de agosto de 2011. Ferry, Korn, «The man behind the miracle», 2011, <kornferry.com/insights/briefings-magazine/issue-6/34-the-man-behind-the-miracle>.

neros seguían aún con vida. Y no había una forma sencilla de descubrirlo. Los mapas de la mina estaban inacabados y eran obsoletos, por lo que el equipo de rescate sólo podía «perforar a ciegas».[293] Era como buscar una aguja en un pajar que tenía una altura equivalente al doble de la torre Eiffel. Debían calcular con precisión la ubicación de los mineros y el recorrido oblicuo de la maquinaria de perforación. Si se desviaban unos pocos grados en la superficie, podían fallar el objetivo por cientos de metros en la mina.

El decimoséptimo día, el equipo de rescate encontró un rayo de esperanza. Cuando una de las perforadoras llegó por fin a la zona donde creían que podía estar el refugio de los mineros, intentaron enviarles una señal golpeando la máquina con un martillo. Y sonó como si algo estuviera devolviendo los golpes. En efecto, cuando la perforadora dio marcha atrás para volver a la superficie, descubrieron que la punta estaba cubierta de pintura naranja, con unos trocitos de papel adheridos. Los mineros atrapados habían escrito unas notas para anunciar que todos estaban vivos. Por si las notas se rompían o despegaban, habían pintado la perforadora con un espray naranja como prueba de vida.

Pero en aquel momento los mineros ya se encontraban en una situación desesperada. Apenas les quedaban provisiones ya. Se reducían a agua contaminada y a un mordisco de atún cada tres días. El equipo de rescate fue capaz de ganar un poco más de tiempo perforando agujeros más pequeños, que no podían provocar un nuevo derrumbamiento en la mina, uno para el agua y la comida, y otro para el oxígeno y la electricidad. Pero ahora debían encontrar la forma de perforar un agujero con la anchura necesaria para sacar a un ser humano... a setecientos metros de profundidad... a través de una roca más dura que el granito... sin enterrar vivos a los mineros. Nunca se había intentado nada parecido en el pasado y menos aún con éxito.

Al enfrentarnos a problemas complejos y urgentes, sabemos que no podemos resolverlos en solitario. Asumimos que la decisión más importante es reunir a las personas que más saben del

---

293. Watson, Connie, «The woman who helped find the needle in the haystack», CBC News, 22 de octubre de 2010.

tema. En el momento en que encontramos a los expertos adecuados, ponemos nuestro futuro en sus manos.

Pero no es eso lo que hicieron los responsables de la misión de rescate en la mina chilena. En vez de confiar en un exclusivo grupo de reputados expertos, construyeron un sistema que permitiera aunar la inteligencia para aflorar una amplia variedad de ideas. Cuando por fin pudieron hablar por primera vez con los mineros, lo consiguieron gracias a un artilugio que había creado un inventor aficionado y que no valía más de 10 dólares. El rescate final fue posible gracias a las ideas que presentó un ingeniero de 24 años de edad que ni siquiera formaba parte del equipo principal.

Aprovechar al máximo la inteligencia colectiva es mucho más que reclutar a una serie de expertos y significa mucho más que juntar a unas personas para resolver un problema. Liberar el potencial oculto de un grupo requiere prácticas de liderazgo, procesos de equipo, y sistemas que aprovechen las capacidades y contribuciones de todos sus integrantes. Los mejores equipos no son aquellos que se componen de los mejores cerebros. Son los equipos que descubren y utilizan las mejores ideas de todo el mundo.

No vale cualquier equipo

Cuando estaba en mi primer año de universidad, empecé a preguntarme cómo puede reunirse un grupo capaz de lograr grandes cosas. Todo empezó en la clase que me enganchó a la psicología organizacional, a la que nos referíamos afectuosamente con el nombre «*psico* a las ocho y media de la mañana». Los rumores decían que el profesor daba la clase tan temprano con la esperanza de atraer sólo a los estudiantes más motivados.

Cuando llegué antes de la hora a la clase inaugural, el aula ya estaba repleta de gente, pero no había ni rastro del profesor. Entonces miré por la ventana y vi a un gigante desaliñado apostado en el exterior, con la altura suficiente para jugar de pívot en la NBA. Caminaba de un lado a otro, con una pipa en una mano mientras revisaba un montón de notas con la otra. Cuando entró de golpe en el aula, no se puso a hacer un repaso del temario. Anunció que había fallado a la nación.

Era el 13 de septiembre de 2001.

El nombre del profesor era Richard Hackman, el mayor experto del mundo en equipos humanos. Había dedicado casi medio siglo a estudiar infinidad de equipos en todos los ámbitos imaginables, desde tripulaciones de avión a unidades médicas y orquestas sinfónicas.[294] Había descubierto que en la mayoría de los casos, el trabajo en equipo se mostraba incapaz de materializar el resultado soñado.[295] Más bien es algo parecido a estar en una pesadilla... como cualquiera que haya hecho un trabajo de grupo en el colegio podrá atestiguar. La mayoría de los equipos eran bastante menos que la suma de sus partes.

Durante años, Richard se había dedicado a estudiar cómo mejorar la colaboración entre las principales agencias de inteligencia de Estados Unidos.[296] Nos dijo que los analistas habían intentado dar la voz de alarma sobre la posibilidad de secuestrar un avión para utilizarlo como un arma, pero que las agencias de inteligencia habían sido incapaces de hacer caso a las advertencias. Si sus investigaciones hubieran dado los resultados deseados, quizás habrían podido evitar los ataques del 11-S.

Richard dedicó los años siguientes a trabajar con una de sus mejores protegidas, Anita Wooley, con el propósito de estudiar nuevas formas de mejorar la inteligencia dentro de un equipo. Con el tiempo, Anita y sus colaboradores realizarían un gran descubrimiento. Identificaron una cuestión fundamental para conseguir que un equipo sea algo más que la suma de sus partes.

Anita estaba interesada en la inteligencia colectiva: la capaci-

---

294. Hackman, J. Richard, *Leading teams: Setting the stage for great performances*, Harvard Business School Press, Estados Unidos, 2002; y «Learning more by crossing levels: Evidence from airplanes, hospitals, and orchestras», *Journal of Organizational Behavior*, 24, 8 (2003), 90522.

295. Hackman, J. Richard, ed., *Groups that work (and those that don't)*, Jossey-Bass, Estados Unidos, 1991.

296. Hackman, J. Richard, *Collaborative intelligence: Using teams to solve hard problems*, Berrett-Koehler, Estados Unidos, 2011. Hackman, J. Richard; y O'Connor, Michael, «What makes for a great analytic team? Individual versus team approaches to intelligence analysis», Central Intelligence Agency, febrero de 2004.

dad de los miembros de un grupo para resolver problemas juntos. En una serie de estudios pioneros, Anita y sus colegas observaron el rendimiento de varios equipos mientras realizaban distintas tareas creativas y analíticas. En esencia, las pruebas eran como un test de inteligencia para grupos. Yo esperaba que la inteligencia colectiva dependiera de la idoneidad de la tarea en función de las capacidades de los individuos que formaban el grupo. Pensaba que los equipos integrados por los virtuosos de las palabras dominarían los anagramas, los equipos compuestos por los genios de las matemáticas destacarían en los problemas de geometría, y que los equipos formados por las personas más proactivas tendrían ventaja a la hora de planificar y resolver situaciones difíciles. Pero me equivocaba.

Por increíble que parezca, ciertos grupos destacaban una y otra vez, sin que importara el tipo de tarea que llevaban a cabo. Daba igual el reto que plantearan Anita y su equipo, esos grupos siempre se las arreglaban para obtener mejores resultados que los demás. Supuse que tenían la suerte de contar con unos cuantos genios en sus filas. Pero según confirman los datos, la inteligencia colectiva tiene poco que ver con el coeficiente intelectual de los individuos.[297] Los grupos más brillantes no estaban compuestos por las personas más inteligentes.

A partir de aquellos estudios iniciales, el interés científico por la inteligencia colectiva se disparó y ha conseguido arrojar luz sobre los factores que permiten a un equipo hacer grandes cosas. En un metaanálisis de veintidós estudios, Anita y sus colegas descubrieron que la inteligencia colectiva no depende tanto de las habilidades cognitivas de las personas cuanto de sus competencias prosociales.[298] Los mejores grupos cuentan con un gran número de «jugadores de equipo», personas que destacan en la colaboración con los demás.

Ser un jugador de equipo no tiene nada que ver con cantar «Kumbayá». Tampoco consiste en llevarse siempre bien, ni en

---

297. Williams Woolley, Anita, *et al.*, «Evidence for a collective intelligence factor in the performance of human groups», *Science*, 330, 6004 (2010), pp. 686-688.

298. Riedl, Christoph, *et al.*, «Quantifying collective intelligence in human groups», *PNAS*, 118, 21 (2021), e2005737118.

asegurarse de que todo el mundo puede decir la suya. Radica en comprender lo que necesita el grupo y en incorporar las aportaciones de sus distintos miembros. Aunque contar con uno o dos expertos en el grupo es algo sensacional, poco podrán aportar si nadie más reconoce su valía y los integrantes del equipo sólo persiguen sus objetivos personales. Las pruebas confirman que una sola manzana podrida puede estropear toda la cosecha:[299] cuando una sola persona no sabe actuar con una visión prosocial, no hace falta nada más para que el equipo sea cada vez más estúpido.[300]

El problema de la manzana podrida parece evidente en un estudio sobre los equipos de baloncesto de la NBA: un entorno donde los jugadores que carecen de habilidades prosociales llaman la atención por su egoísmo y narcisismo. Los psicólogos determinaron el narcisismo de los jugadores a partir de sus perfiles de Twitter. «Sí, estoy entrenando fuerza, y no, no he podido encontrar una camiseta.» «Cuando me miro en el espejo, el reflejo sólo me devuelve grandeza.» «De lo que más me arrepiento es de que nunca podré verme jugar en directo.» Si los equipos tenían demasiados narcisistas, o incluso un solo jugador que lo fuera en extremo, completaban menos asistencias y ganaban menos partidos.[301] También eran incapaces de mejorar durante la temporada, sobre todo si el base (el pasador principal, quien dirige al equipo) destacaba por su narcisismo. Los narcisistas son unos chupones, y los jugadores más infravalorados son quienes ayudan a sus compañeros a anotar.[302]

299. Dunlop, Patrick D.; y Lee, Kibeom, «Workplace deviance, organizational citizenship behavior, and business unit performance: The bad apples do spoil the whole barrel», *Journal of Organizational Behavior*, 25, 1 (2004), pp. 67-80. Felps, Will; Mitchell, Terence R.; y Byington, Eliza, «How, when, and why bad apples spoil the barrel: Negative group members and dysfunctional groups», *Research in Organizational Behavior*, 27, 3 (2006), pp. 175-222.

300. Meslec, Nicoleta; Aggarwal, Ishani; y Curseu, Petru L., «The insensitive ruins it all: Compositional and compilational influences of social sensitivity on collective intelligence in groups», *Frontiers in Psychology*, 7 (2016), art. 676.

301. Emily Grijalva, *et al.*, «Examining the 'I' in team longitudinal investigation of the influence of team narcissism composition on team outcomes in the NBA», *Academy of Management Journal*, 63, 1 (2020), pp. 7-33.

302. Arcidiacono, Peter; Kinsler, Josh; y Price, Joseph; «Productivity spill-

Cuando los miembros del equipo tienen habilidades prosociales, son capaces de sacar lo mejor de sus compañeros. La inteligencia colectiva se incrementa cuando los integrantes del equipo son capaces de reconocer las virtudes de los demás, desarrollar estrategias para aprovecharlas y motivarse mutuamente para alinear sus esfuerzos en busca de un objetivo común.[303] Para liberar el potencial oculto, no basta con juntar las mejores piezas, hay que tener el mejor pegamento.

Yo no soy el centro de todo

Las habilidades prosociales son el pegamento que transforma un grupo en un equipo. En vez de actuar como lobos solitarios, sus miembros se transforman en partes de un paquete cohesionado. En general, entendemos la cohesión en términos de conexión interpersonal, pero la construcción de equipos [el *team building*] y los ejercicios para reforzar los vínculos entre sus integrantes están muy sobrevalorados.[304] Las actividades para romper el hielo y el juego de la soga pueden fomentar la camaradería, pero los metaanálisis indican que no tienen por qué mejorar el rendimiento de un equipo. Lo que de verdad marca la diferencia es que los miembros del equipo reconozcan que se necesitan los unos a los otros para completar con éxito una misión importante. Eso es lo que les permite crear un vínculo alrededor de una identidad común y mantenerse unidos para alcanzar los objetivos colectivos.

Esa clase de cohesión es la que construyeron los Trece de Oro para superar juntos el curso de formación para oficiales de la Marina. Y es lo que Richard Hackman descubrió que faltaba en

---

overs in team production: Evidence from professional basketball», *Journal of Labor Economics*, 35, 1 (2017), pp. 191-225.

303. Weidmann, Ben; y Deming, David J., «Team players: How social skills improve group performance», NBER 27071, mayo de 2020.

304. Salas, Eduardo, *et al.*, «The effect of team building on performance: An integration», *Small Group Research*, 30, 3 (1999), pp. 309-329. Cameron Klein, *et al.*, «Does team building work?», *Small Group Research*, 40, 2 (2009), pp. 181-222.

muchas unidades de inteligencia. Cuando llevó a cabo su investigación, observó que la mayoría de los analistas estaban asignados a unidades concretas, pero que no compartían nada más: el puesto sólo era eso, una simple asignación. Compartían un jefe y un dispensador de agua, y ya está. No dedicaban el tiempo necesario a intercambiar ideas, ayudarse mutuamente o aprender juntos. Cuando un analista enviaba un informe a un compañero, el gesto casi siempre era una mera formalidad. Sólo se trataba de marcar una simple casilla.

Juntar a varias personas en un grupo no las convierte en un equipo. Richard demostró que los mejores grupos de analistas se unían para convertirse en verdaderos equipos. Los evaluaban por sus resultados colectivos. Estaban alineados en un objetivo común y creaban un rol único para cada uno de sus miembros. Sabían que los resultados dependían de las aportaciones de los demás, por lo que compartían sus conocimientos y a menudo se ayudaban mutuamente. De esta forma, todos podían convertirse en una gran esponja: el equipo era capaz de absorber, filtrar y adaptar la información mientras aparecía y evolucionaba.

Los líderes desempeñan un papel muy importante para crear esa cohesión. Tienen la autoridad para transformar a unos individuos independientes en un equipo interdependiente. Pero con demasiada frecuencia, cuando llega el momento de decidir quién debe tomar las riendas, nadie es capaz de tener en cuenta el «factor pegamento».

En el momento de designar a un responsable, la práctica más habitual casi nunca es escoger a la persona con las habilidades directivas más trabajadas. A menudo se escoge a la persona que más habla. Es lo que se conoce como el «efecto cotorreo». Las investigaciones demuestran que los grupos promocionan a las personas que acaparan el turno de palabra, sin tener en cuenta su pericia o sus aptitudes.[305] Confundimos la confianza con la competencia, la seguridad con la credibilidad y la cantidad con

---

305. MacLaren, Neil G., *et al.*, «Testing the babble hypothesis: Speaking time predicts leader emergence in small groups», *The Leadership Quarterly*, 31 (2020), 101409.

la calidad. Nos empecinamos en seguir a esas personas que acaparan la conversación, en lugar de hacer caso a aquellas otras que serían capaces de elevar su calidad.

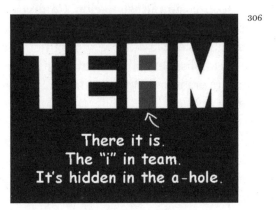

Las voces más ruidosas no sólo consiguen liderar los equipos, a pesar de no estar cualificadas. En realidad, los «cotorros» se convierten en los mayores chupones del grupo. En muchos casos, las personas con las peores habilidades prosociales son las que tienen los egos más hinchados y las que acaban asumiendo los roles de liderazgo, con un coste inmenso para los equipos y las organizaciones. Según un metaanálisis, las personas narcisistas tenían más posibilidades de ascender a los puestos de liderazgo, aunque después eran las menos efectivas ejerciendo esos roles.[307, 308, 309] Tomaban decisiones por propia conveniencia e

---

306. En el contexto anglosajón es muy popular la expresión «There's no I in team», «no hay ningún yo (I por el pronombre inglés) en la palabra *equipo*». Esta imagen, con un juego de palabras de difícil traducción en formato visual, pretende demostrar lo contrario: «Ahí lo tienes. El yo presente en equipo. Está escondido en el hueco de la letra a». *(N. de la e.)*

307. Grijalva, Emily, *et al.*, «Narcissism and leadership: A meta-analytic review of linear and nonlinear relationships», *Personnel Psychology*, 68, 1 (2015), pp. 1-47.

308. Brummelman, Eddie; Nevicka, Barbara; y O'Brien, Joseph M., «Narcissism and leadership in children», *Psychological Science*, 32, 3 (2021), pp. 354-363.

309. Por desgracia, la atracción hacia los líderes narcisistas comienza muy

inculcaban una visión del éxito entendida como un juego de suma cero, lo que provocaba comportamientos despiadados y socavaba la cohesión y la colaboración.[310, 311]

La inteligencia colectiva funciona mucho mejor con un tipo de líder diferente. Las personas que merecen un ascenso son aquellas que tienen las habilidades prosociales necesarias para poner la misión por delante de su ego y la cohesión del equipo por delante de la gloria personal. Saben que el objetivo no es convertirse en la persona más lista del grupo, sino conseguir que todo el equipo sea más inteligente.

Cohesionados venceremos

Después de que la mina se derrumbara en Chile, los primeros días de las labores de rescate fueron un verdadero caos. En el lugar del accidente había varias unidades de la policía, además de profesionales de la minería, bomberos, rescatistas y escaladores. Había geólogos e ingenieros que analizaban las opciones técnicas. Había convoyes enteros de equipos mineros que trabajaban sin coordinación alguna para desplegar seis tipos de perforadoras diferentes. Aquello era un grupo de personas expertas, no un equipo cohesionado capaz de aprovechar la inteligencia colectiva. Al cuarto día, el presidente de Chile nombró a un responsable.

---

temprano. Los psicólogos han detectado que los niños narcisistas reciben más votos de sus compañeros cuando hay que elegir al delegado de la clase, y que además dicen ser mejores líderes, a pesar de que no lo eran. En 22 de 23 aulas de primaria y secundaria de los Países Bajos, casi todos los votos para elegir a los delegados iban a los alumnos que se identificaban con frases como «los niños como yo merecen algo más». Cuando llegan a adultos, esos narcisistas casi siempre causan estragos en sus equipos.

310. Kakkar, Hemant; y Sivanathan, Niro, «The impact of leader dominance on employees' zero-sum mindset and helping behavior», *Journal of Applied Psychology*, 107 (2022), pp. 1706-1724.

311. O'Reilly III, Charles A.; Chatman, Jennifer A.; y Doerr, Bernadette, «When "me" trumps "we": Narcissistic leaders and the cultures they create», *Academy of Management Discoveries*, 7 (2021), pp. 419-450.

La orden le llegó tan de repente que André Sougarret reconoció más tarde que tuvo la sensación de ser la víctima de un secuestro. Después de más de dos décadas trabajando como ingeniero de minas en Chile, André era el director del pozo subterráneo más grande del mundo. De hecho, se encontraba trabajando en su mina, a unos mil kilómetros al sur del accidente, cuando recibió el requerimiento urgente para presentarse en el palacio presidencial. Todavía llevaba el casco de minero cuando subió al avión del presidente y recibió las órdenes en mitad del vuelo: liderar la misión para rescatar a los treinta y tres hombres atrapados en la mina Copiapó.

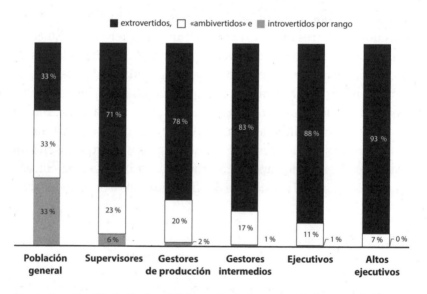

Fuente: Investigación de Stephan Dilchert y Deniz Ones con más de 4.000 directivos y gestores.

Era una carrera contrarreloj, cada segundo contaba. Ante semejante nivel de presión, con tantas vidas pendiendo de un hilo, la mayoría de nosotros habría recurrido a un grupo de sargentos de los marines para dar un buen repaso al grupo y restablecer el orden. Pero cuando la gente ya está convencida, no necesita ningún líder que se ponga a gritar órdenes. Las investigaciones demuestran que en las organizaciones con culturas que premian los resultados antes que las relaciones, si de repente aparece un líder que pone primero a las personas, en realidad se obtiene una gran mejora del rendimiento.[312] Cuando todo el mundo corre como un pollo sin cabeza para realizar un rescate rápido, hace falta una persona al mando que se preocupe de todos los implicados.

La capacidad importa, pero no es suficiente. Sin duda, André era muy respetado en la profesión por sus conocimientos técnicos, pero muchos otros candidatos también lo eran. Lo que diferenciaba a André del resto eran sus habilidades prosociales. Había sido elegido por su capacidad para sacar lo mejor de los miembros de un equipo. «Tiene mucha paciencia —observó un ejecutivo que propuso su nombre— [y] una capacidad excepcional para escuchar y llegar a una conclusión después de atender a todas las partes.»

Pocas veces pensamos que la capacidad de escucha sea una de las cualidades esenciales para ejercer un buen liderazgo. En el mundo, el estereotipo del gran líder es una persona extrovertida y muy segura de sí misma. En Estados Unidos, una gran mayoría de los directivos y gestores obtiene una puntuación por encima de la media en materia de extroversión. Cuanto más arriba en la jerarquía, más extrovertidos a la vista.[313] Incluso en aquellos países más introvertidos por tradición, como China, el prototipo de líder es una persona extrovertida.[314] No obstante, en uno de mis proyectos de investigación quise comprobar si los extrovertidos eran en realidad unos jefes más efectivos que los introvertidos, y los resultados ofrecieron unas conclusiones mucho más matiza-

---

312. Hartnell, Chad A., *et al.*, «Do similarities or differences between CEO leadership and organizational culture have a more positive effect on firm performance? A test of competing predictions», *Journal of Applied Psychology*, 101, 6 (2016), pp. 846-861.

313. Ones, Deniz S.; y Dilchert, Stephan, «How special are executives? How special should executive selection be? Observations and recommendations», *Industrial and Organizational Psychology*, 2 (2009), pp. 163-170.

314. Leung, Sing Lim; y Bozionelos, Nikos, «Five-factor model traits and the prototypical image of the effective leader in the Confucian culture», *Employee Relations*, 26 (2004), pp. 62-71.

das sobre el estilo ideal de liderazgo. El principal condicionante de un liderazgo efectivo era la capacidad proactiva del equipo.

Cuando los equipos eran más o menos reactivos, es decir, cuando esperaban órdenes de la cúpula, los extrovertidos obtenían los mejores resultados. Imponían su visión y motivaban a los equipos para que siguieran su liderazgo. Pero cuando los equipos eran proactivos, o sea, cuando eran capaces de poner sobre la mesa muchas ideas y sugerencias, los introvertidos se convertían en los líderes más adecuados para obtener los mejores resultados. Los líderes más reservados daban la impresión de ser más receptivos a las sugerencias que llegaban desde las bases, lo que les permitía acceder a las mejores ideas y aumentaba la motivación de los equipos. Con un equipo formado de esponjas, el mejor líder no es la persona que más habla, sino la que mejor escucha.[315]

En Chile, la primera decisión de André fue recurrir a la capacidad de escucha. Aunque el tiempo apremiaba, no tenía prisa por pasar a la acción. Al llegar a la mina, rebautizada con el apropiado nombre de «Campamento Esperanza», se encontró con un nutrido grupo de caras conocidas. El equipo de apoyo estaba compuesto por treinta y dos personas, a las que conocía muy bien después de muchos años de colaboración, entre ellas, había varios supervisores mineros con los que había estudiado y un psicólogo experto en crisis con quien ya había trabajado. La misión común estaba clara: encontrar a los mineros y ponerlos a salvo tan rápido como fuera posible.

Lo que faltaba era una estrategia cohesionada. En el campamento, André empezó a entrevistar a los expertos para averiguar lo que sabían. Mientras los escuchaba, se dio cuenta de que el primer plan que había pensado, entrar en la mina a través de los túneles, no era una opción viable. Enseguida centró su atención en las perforadoras y se dispuso a nombrar a los mejores responsables para coordinar los trabajos.

A sabiendas, André no encargó la tarea a los operarios más

---

315. Grant, Adam M.; Gino, Francesca; y Hofmann, David A.; «Reversing the extraverted leadership advantage: The role of employee proactivity», *Academy of Management Journal*, 54, 3 (2011), pp. 528-550.

experimentados ni a los gestores más seguros de sí mismos. Al contrario, decidió poner al mando a las personas con las habilidades prosociales más desarrolladas. El superintendente que dirigió la colaboración entre las máquinas perforadoras era conocido por recurrir a un estilo de liderazgo consultivo. Se empeñó en recabar las opiniones de todo el equipo sobre la estrategia y compartía sus razonamientos mientras tomaba cada una de las decisiones.

Debido al derrumbe, la mina era cada vez más inestable, y la tierra se iba desplazando con los trabajos del equipo. Para maximizar las posibilidades de éxito, André y sus colegas tomaron una decisión trascendental. En lugar de ceñirse a un único plan de perforación, pondrían en marcha varias estrategias al mismo tiempo.

André necesitaba ideas, y las necesitaba enseguida. Empezó a organizar reuniones diarias con todas las unidades del equipo de rescate. Como declararía más adelante, sabía que no habría «ningún superlíder que tuviera todas las respuestas». Había llegado el momento de crear un proceso de equipo y un sistema organizacional que liberara la inteligencia colectiva.

La unión (mental) hace la fuerza

Cuando nos enfrentamos a un problema difícil, muchas veces reunimos a un grupo para organizar una sesión de lluvia de ideas [*brainstorming*]. Nos sentimos obligados a encontrar las mejores ideas en el menor tiempo posible. Me encanta ver el proceso en acción... salvo por un pequeño inconveniente. Las lluvias de ideas casi siempre son contraproducentes.

En las sesiones de *brainstorming* se pierden muchas buenas ideas y se ganan muy pocas.[316] Una gran cantidad de pruebas demuestran que al generar ideas en grupo, no somos capaces de aprovechar la inteligencia colectiva. Los grupos de *brainstorming* desaprovechan el potencial colectivo, hasta el punto de

---

316. Mullen, Brian; Johnson, Craig; y Salas, Eduardo, «Productivity loss in brainstorming groups: A meta-analytic integration», *Basic and Applied Social Psychology*, 12 (1991), pp. 3-23.

que se producen más ideas —y mucho mejores— cuando se trabaja en solitario. Como bromeaba el humorista Dave Barry: «Si tuvieras que concretar, en una sola palabra, la razón por la que la raza humana no ha aprovechado todo su potencial, y nunca lo aprovechará, esa palabra sería: *reuniones*».[317]

El problema no son las reuniones en sí mismas, sino cómo se organizan. Piensa un momento en las sesiones de lluvia de ideas en las que has participado. Seguro que has visto a algunas personas que se mordían la lengua para no poner en riesgo su ego (no quiero parecer tonto), por culpa del ruido (no todos podemos hablar al mismo tiempo) y por el sesgo de conformidad (¡subamos todos al carro del jefe!). *Adiós diversidad de ideas, hola pensamiento de grupo*. Estos problemas se agravan todavía más con las personas que carecen de poder o estatus: el miembro más joven del grupo, la única mujer negra en un equipo de tipos blancos barbudos, el introvertido que se ahoga en un mar de extrovertidos.

Fuente: © Despair, Inc.

317. Barry, Dave, *Dave Barry turns 50*, Ballantine Books, Estados Unidos, 1998.

Para desenterrar el potencial oculto en un grupo, en lugar de recurrir a la lluvia de ideas, es mucho mejor plantear un proceso llamado «escritura de ideas» [*brainwriting*].[318] Los primeros pasos se llevan a cabo en solitario. Primero se pide a los participantes que generen ideas por separado. Acto seguido, las ideas se juntan y se comparten en el grupo de manera anónima. Para preservar la independencia de criterios, cada miembro las evalúa por su cuenta. Sólo entonces el equipo se junta para seleccionar y perfeccionar las opciones más prometedoras. Al desarrollar y evaluar las ideas por separado antes de seleccionarlas y elaborarlas, los equipos pueden producir y proponer soluciones que de otro modo no hubieran recibido la debida atención.

Las investigaciones de Anita Wooley y su equipo permiten explicar por qué funciona este sistema. Han descubierto que la participación equilibrada es otra de las claves de la inteligencia colectiva.[319, 320] En las sesiones de lluvia de ideas, resulta muy sencillo

---

318. Paulus, Paul B.; y Huei-Chuan, Yang, «Idea generation in groups: A basis for creativity in organizations», *Organizational Behavior and Human Decision Processes*, 82, 1 (2000), pp. 76-87.

319. Woolley, Anita Williams; Aggarwal, Ishani; y Malone, Thomas W., «Collective intelligence and group performance», *Current Directions in Psychological Science*, 24, 6 (2015), pp. 420-424.

320. Curiosamente, los equipos más inteligentes también suelen tener una mayor proporción de mujeres. El principal motivo es que, de media, las mujeres superan a los hombres en todas las pruebas para detectar e interpretar las ideas y los sentimientos de otras personas. No está claro si es que están más capacitadas o más motivadas para usar las competencias prosociales, pero parece evidente que las mujeres tienden a aplicar estas habilidades en los equipos en los que se integran. Grupos de economistas y psicólogos han descubierto que los buenos jugadores de equipo motivan a sus compañeros para que hagan más aportaciones. Y cuando un profesor de Derecho estudió las dinámicas que se vivían dentro de las salas de juntas, descubrió que, en Noruega, las mujeres que se incorporaban a los consejos de administración eran más propensas a leer los materiales antes de entrar en la reunión. Y, como no querían parecer incompetentes y poco preparados, los hombres adoptaban la misma costumbre y también empezaban a hacer los deberes. Riedl, *et al.*, *op. cit.*, 2021. Engel, David, *et al.*, «Reading the mind in the eyes or reading between the lines? Theory of mind predicts collective intelligence equally well online and faceto-face», *PLoS ONE*, 9 (2014), e115212. Ickes, William; Gesn, Paul R.; y Tiffany, Graham, «Gender differences in empathic ac-

que la participación esté desequilibrada y acabe favoreciendo a los egos más grandiosos, a las voces más ruidosas y a las personas más poderosas. El proceso de escritura de ideas garantiza que todas las aportaciones se ponen sobre la mesa y que todas las voces se incorporan a la conversación. En efecto, las pruebas demuestran que la escritura de ideas resulta muy efectiva en aquellos grupos que tienen dificultades para acceder a la inteligencia colectiva.[321]

Fuente: @researchdoodles por M. Shandell.

---

curacy: Differential ability or differential motivation?», *Personal Relationships*, 7, 1 (2000), pp. 95-109. Weidmann y Deming, *op. cit.*, 2021; Weber, J. Mark; y Murnighan, J. Keith, «Suckers or saviors? Consistent contributors in social dilemmas», *Journal of Personality and Social Psychology*, 95, 6 (2008), pp. 1340-1353. Dhir, Aaron A., *Challenging boardroom homogeneity: Corporate law, governance, and diversity*, Cambridge University Press, Estados Unidos, 2015.

321. Ostrowski, Benjamin; Woolley, Anita Williams; y Haan, Ki-Won; «Translating member ability into group brainstorming performance: The role of collective intelligence», *Small Group Research*, 53, 1 (2022), pp. 3-40.

La inteligencia colectiva empieza con la creatividad individual, pero no termina ahí. Los seres humanos producen un mayor volumen y variedad de ideas innovadoras cuando trabajan en solitario. Esto significa que un individuo tiene ideas más brillantes que un grupo, pero también que genera más ideas espantosas. Ahí es cuando interviene la opinión colectiva para separar el grano de la paja.

En Chile, André Sougarret no encontró las mejores ideas después de reunir a su equipo en largas sesiones de *brainstorming*. Al contrario, con la ayuda de sus compañeros, desarrolló un sistema global de escritura de ideas a través de una red de contactos muy diversa, a fin de obtener las mejores propuestas para las tareas de búsqueda y rescate. Para poder aislar este proceso del caos que se vivía en la mina, crearon un equipo independiente que recibía y filtraba las ideas a cientos de kilómetros del campamento, en la ciudad de Santiago de Chile.

El equipo recibió propuestas de todo el mundo a través de la página web del Ministerio de Minas de Chile. También solicitó ideas a organizaciones tan diversas como UPS, la NASA, la Armada de Chile, una empresa australiana especializada en software de mapeo en tres dimensiones y un grupo de expertos en perforación de Estados Unidos desplegado en Afganistán. Clasificaron las propuestas por su viabilidad y después entrevistaron a las personas que habían hecho las sugerencias más prometedoras.

Recibieron cientos de ideas, aunque algunas eran inverosímiles. Un colaborador propuso sujetar un botón del pánico a unos mil ratones y soltarlos dentro de la mina, con la esperanza de que los hombres atrapados los acabaran encontrando. Otro había dedicado dos semanas a inventar un teléfono en miniatura de plástico amarillo, con el propósito de bajarlo por un agujero hasta el lugar donde estaban los mineros. El aparato parecía haber viajado en el tiempo desde 1986 y al menos sirvió para regalar unas risas muy necesarias a los ingenieros que trabajaban en el campamento. Como siempre, la escritura de ideas produjo variedad y cantidad.

Por suerte, algunas de las propuestas fueron algo más que un divertido entretenimiento. Un ingeniero de minas independiente propuso la idea de transportar agua y comida a través de unos tubos de 9 centímetros de diámetro. El equipo aceptó la sugerencia, que al final se convirtió en un auténtico salvavidas para los mineros. Además de proporcionarles la alimentación necesaria, se convirtió en el canal perfecto para comunicarse con los rescatadores.

El equipo envió a los mineros una cámara de alta tecnología. Por primera vez, podían verse mutuamente. Pero el audio no funcionaba. Los ingenieros probaron distintas soluciones, pero todas fallaban. Al final, se tragaron el orgullo y recurrieron al diminuto teléfono amarillo. Tras conectarlo a un cable de fibra óptica, aquel aparato de plástico que costaba unos 10 dólares se convirtió en el único medio de hablar con los mineros. El inventor independiente que lo había fabricado, Pedro Gallo, hablaba con los hombres atrapados a diario.

Que broten miles de flores

Tras localizar a los mineros y abrir una vía de comunicación, el equipo de rescate trabajaba a toda velocidad para sacarlos de allí. El Plan A consistía en usar una enorme perforadora para abrir un agujero. El problema era que iba a tardar unos cuatro meses, y que nada garantizaba que la mina permanecería estable durante el proceso. Y nadie podía vaticinar si los mineros sufrirían alguna emergencia médica o una crisis nerviosa antes de que llegara el momento.

El análisis más exhaustivo de las prácticas colaborativas empleadas por el equipo de rescate es el que ha realizado mi colega Amy Edmondson. Aunque empezó su carrera profesional como ingeniera, después se convirtió en discípula de Richard Hackman y hoy es una de las expertas más importantes del mundo en la gestión de equipos. Tras entrevistar a muchos de los personajes clave en las labores de rescate, Amy me animó a profundizar en una historia en particular, después de asegurarme de que valía su peso en oro.

Un día, un joven ingeniero llamado Igor Proestakis, que había llegado al campamento para entregar unas piezas de la máquina de perforación, se tropezó con los geólogos que supervisaban el proceso. Les contó una idea que había tenido para llegar a los mineros más deprisa. Era una alternativa audaz al Plan A: en vez de perforar un nuevo agujero a paso de tortuga, ¿por qué no ensanchaban uno de los que ya existían, lo que sería mucho más rápido? Igor también pensó que podía hacerse con una herramienta llamada «martillo de racimo», una perforadora especial diseñada para romper capas de roca.

Igor no esperaba que su propuesta llegara a ninguna parte. Era uno de los ingenieros más jóvenes e inexpertos en la zona del rescate. Su función era asesorar a los técnicos de perforación sobre la mejor manera de utilizar la maquinaria de su empresa, no proponer nuevas estrategias y tecnologías. Pero cuando mencionó su idea a los geólogos, le pidieron que compartiera la propuesta con André Sougarret. ¿Podía tener una presentación lista en dos horas? «¿Que queréis que haga qué?», Igor recuerda que pensó. No entendía por qué nadie iba a querer escuchar su idea. «Yo sólo era un chico de 24 años que daba su opinión.»

Igor se puso a trabajar de inmediato. Ni siquiera estaba seguro de que existieran las herramientas adecuadas, así que llamó al dueño de una empresa estadounidense que fabricaba martillos de racimo y juntos trazaron un plan. Calcularon que los trabajos sólo se alargarían un mes y medio, aunque el riesgo aumentaba al perforar a mayor velocidad. La tecnología nunca se había probado en Chile y nunca se había utilizado para perforar agujeros de aquella anchura a tanta profundidad. También tendrían que diseñar un barreno especial para la ocasión y no dispondrían de tiempo suficiente para probarlo antes de empezar los trabajos.

Aquel mismo día, cuando Igor presentó la idea, André no interrumpió su exposición. No estaba buscando una excusa para decir «no», estaba escuchando atentamente las razones para decir «sí». «Es probable que fuera el trabajo más importante de toda su carrera —recuerda Igor—, y a pesar de mi experiencia y de mi edad, me escuchó, me hizo preguntas, me dio una oportunidad.» André le pidió que preparara una presentación para el ministro de minas de Chile. En un tiempo récord, la idea recibió el visto bueno: se había convertido en el Plan B, y ambas estrategias trabajarían en paralelo.

Para empezar, en muchas organizaciones Igor nunca habría tenido la oportunidad de presentar su idea, por no hablar de recibir el visto bueno final. «En una organización normal, nunca habría podido tomar la palabra —me dijo Amy Edmondson—. Pero en aquella situación se había creado un entorno donde sentía que podía hacerlo, y eso es justo lo que hizo.»

Es lo que se conoce normalmente como un clima para la iniciativa y la seguridad psicológica.[322] Las pruebas indican que el contacto visual con el líder del grupo es suficiente para que una persona que carece de estatus se atreva a tomar la palabra.[323] Pero mientras iba profundizando en la investigación de Amy, descubrí una cosa que me llamó la atención: el equipo había creado un sistema poco convencional que no sólo garantizaba que las ideas no fueran descartadas, sino que además recibieran la cuidadosa atención que merecían. Y he visto que ese sistema es capaz de liberar la inteligencia colectiva en toda clase de situaciones.

Bárbaros contra guardianes

En la mayoría de los centros de trabajo, el acceso a las oportunidades se basa en un escalafón. La persona que está por encima de cada empleado es la responsable de tomar las decisiones sobre su futuro crecimiento. Ese jefe directo establece las funciones de su puesto, revisa sus posibles propuestas y determina la idoneidad de un ascenso. Si un trabajador no consigue que

---

322. Edmondson, Amy C., *The fearless organization: Creating psychological safety in the workplace for learning, innovation, and growth*, Wiley, Estados Unidos, 2018. Morrison, Elizabeth W.; Wheeler-Smith, Sara L.; y Kamdar, Dishan, «Speaking up in groups: A cross-level study of group voice climate and voice», *Journal of Applied Psychology*, 96, 1 (2011), pp. 183-191.

323. Shim, So-Hyeon, *et al.*, «The impact of leader eye gaze on disparity in member influence: Implications for process and performance in diverse groups», *Academy of Management Journal*, 64, 6 (2021), pp. 1873-1900.

su jefe escuche lo que tiene que decir, sus sugerencias lo tienen crudo.[324] El sistema es simple. Pero también es estúpido: otorga a una única persona demasiado poder para acallar la creatividad y cerrar bocas. Un simple «no» es más que suficiente para matar una idea o incluso para frenar en seco una carrera profesional.

Para los directivos resulta muy sencillo encontrar los motivos para decir que no.[325] Una idea puede suponer una amenaza para su ego (si es buena) o para su imagen (si es mala).[326] Quizás pongan en duda los motivos o el razonamiento del trabajador. Mi investigación revela que, al presentar una propuesta a un jefe, si el empleado en cuestión no tiene la reputación de ser sensato y prosocial, sólo con eso ya hay más que suficiente para que todas las apuestas estén en su contra.[327]

En muchos casos, las ideas que no se han probado antes implican demasiado riesgo e incertidumbre.[328] Los directivos saben

324. Detert, James R., *et al.*, «Voice flows to and around leaders: Understanding when units are helped or hurt by employee voice», *Administrative Science Quarterly*, 58, 4 (2013), pp. 624-668.

325. Berg, Justin M., «Balancing on the creative highwire: Forecasting the success of novel ideas in organizations», *Administrative Science Quarterly*, 61, 3 (2016), pp. 433-468. Mueller, Jennifer, *et al.*, «Reframing the decision-makers' dilemma: Towards a social context model of creative idea recognition», *Academy of Management Journal*, 61, 1 (2018), pp. 94-110.

326. Fast, Nathanael J.; Burris, Ethan R.; y Bartel, Caroline A., «Managing to stay in the dark: Managerial self-efficacy, ego defensiveness, and the aversion to employee voice», *Academy of Management Journal*, 57, 4 (2014), pp. 1013-1034. Burris, Ethan R., «The risks and rewards of speaking up: Managerial responses to employee voice», *Academy of Management Journal*, 55, 4 (2012), pp. 851-875.

327. Grant, Parker, y Collins, *op. cit.*, 2009. Grant, Adam M., «Rocking the boat but keeping it steady: The role of emotion regulation in employee voice», *Academy of Management Journal*, 56, 6 (2013), pp. 1703-1023.

328. Phillips, Damon J.; y Zuckerman, Ezra W., «Middle-status conformity: Theoretical restatement and empirical demonstration in two markets», *American Journal of Sociology*, 107, 2 (2001), pp. 379-429. Mueller, Jennifer S.; Melwani, Shimul; y Goncalo, Jack A., «The bias against creativity: Why people desire but reject creative ideas», *Psychological Science*, 23, 1 (2012), pp. 13-17.

que si apuestan por una mala idea, la decisión podría perjudicar su carrera, pero que si no hacen caso a una buena idea, es poco probable que nadie llegue a descubrirlo jamás. E incluso si están a favor de la idea, pero perciben que sus superiores se posicionan en contra, tienden a verla como una propuesta perdedora. Sólo hace falta que un único guardián de la puerta cierre el paso a una nueva frontera.[329]

Esta clase de jerarquía está configurada para rechazar las ideas con potencial oculto.[330] Puede verse con claridad en el sector tecnológico. Los programadores de Xerox fueron los creadores del ordenador personal, pero tuvieron serias dificultades para conseguir que sus jefes lo comercializaran.[331] Un ingeniero de Kodak inventó la primera cámara digital, pero no pudo convencer a la dirección para que le diera prioridad.[332]

Las organizaciones pueden resolver este problema con un tipo de jerarquía diferente. Una alternativa muy potente a los escalafones convencionales es el sistema de rejilla. Una rejilla física es una estructura entrecruzada que parece un tablero de ajedrez. En una organización, una rejilla es una estructura organizacional con canales que cruzan los niveles y conectan a los equipos. En vez de establecer una vía única para informar y delegar responsabilidades entre el trabajador y las personas que están por encima en la jerarquía, una rejilla presenta múltiples caminos para llegar a lo más alto.

---

329. Detert, James R.; y Treviño, Linda K., «Speaking up to higher-ups: How supervisors and skip-level leaders influence employee voice», *Organization Science*, 21 (2010), pp. 249-270. Vial, Andrea C.; Brescoll, Victoria L.; y Dovidio, John F., «Third-party prejudice accommodation increases gender discrimination», *Journal of Personality and Social Psychology*, 117, 1 (2019), pp. 73-98.

330. Mainemelis, Charalampos, «Stealing fire: Creative deviance in the evolution of new ideas», *Academy of Management Review*, 35, 4 (2010), pp. 558-578.

331. Smith, Douglas K.; y Alexander, Robert C., *Fumbling the future: How Xerox invented, then ignored, the first personal computer*, iUniverse, Estados Unidos, 1999.

332. Deutsch, Claudia H., «At Kodak, some old things are new again», *The New York Times*, 2 de mayo de 2008.

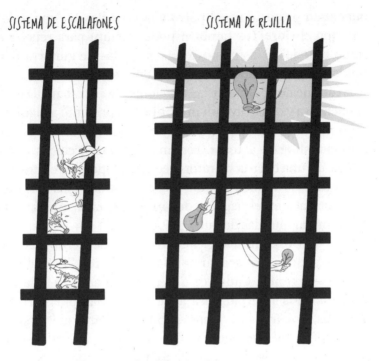

Fuente: @researchdoodles por M. Shandell.

Un sistema de rejilla no es una organización matricial. No estás atrapado entre ocho jefes diferentes que no te quitan el ojo de encima, como en la película *Trabajo basura*. No tienes a un grupo de directivos que no te dejan levantar cabeza y que echan por tierra todos tus esfuerzos. El objetivo es poder acceder a varios responsables diferentes que están dispuestos a ayudarte a avanzar y alzar el vuelo.

El mejor ejemplo que conozco de una estructura en rejilla pertenece a W. L. Gore, la empresa conocida por fabricar guantes y chaquetas impermeables de Gore-Tex.[333] A mediados de la década de 1990, un ingeniero de la plantilla llamado Dave Myers, que trabajaba en la división de dispositivos médicos, descubrió que si cubría los cables de las marchas de su bicicleta con Gore-Tex,

---

333. Grant, Adam, «Rethinking flexibility at work», *WorkLife*, 19 de abril de 2022.

quedaban protegidos del polvo y la arenilla. Así que se le ocurrió que el Gore-Tex también podía ser útil para repeler el residuo que dejan las manos en las cuerdas de guitarra deteriorando sus propiedades con el paso del tiempo.

Aunque no era una de las funciones de su trabajo, Dave tomó la iniciativa y construyó un prototipo. Lo presentó a algunos gestores más veteranos, quienes creyeron que no valía la pena dedicar más esfuerzos al tema. Tenían objeciones técnicas. «No puedes bañar una cuerda vibratoria con fluoropolímero, ¡te cargarás el sonido!» También tenían preocupaciones más estratégicas. «No estamos en el negocio de la música, ¿por qué tendríamos que fabricar cuerdas de guitarra?»

En una organización clásica, esa clase de objeciones habrían bastado para acabar con la idea. Pero Gore aplicaba un sistema de rejilla. Cada vez que un trabajador tiene una idea, disfruta de la libertad para acudir a una amplia variedad de gestores en cargos de responsabilidad. Para que su proyecto salga adelante, sólo necesita que un directivo esté dispuesto a brindarle su apoyo. Así que Dave siguió compartiendo su idea. Al final, encontró a un partidario de la propuesta, Richie Snyder, quien lo puso en contacto con un ingeniero llamado John Spencer.

Durante el año siguiente, Dave y John dedicaron una parte de la semana laboral a desarrollar aquella idea innovadora. En lugar de ver esa clase de proyectos paralelos como una distracción o una insubordinación, Gore había decidido fomentarlos: la empresa concedía a la plantilla un «tiempo de prueba» para juguetear con otras cosas. Para seguir avanzando con las cuerdas de guitarra, Dave y John no necesitaban la aprobación constante de Richie. Sólo tenían que pasarle un informe cada cierto tiempo mientras desarrollaban y probaban los prototipos con miles de músicos.

El sistema de rejilla rechaza dos reglas no escritas que predominan en las jerarquías basadas en escalafones: no actúes a espaldas de tu jefe y no acudas a su inmediato superior. La investigación de Amy Edmondson señala que estas reglas implícitas impiden que muchas personas se atrevan a hablar en voz alta y que nadie escuche lo que tienen que decir.[334] El objetivo de un sistema de rejilla es suprimir los castigos por esquivar al jefe o por acudir a alguien que esté por encima.

En W. L. Gore, Dave y John no tenían miedo de acudir a alguien que estuviera por encima de Richie cuando necesitaban apoyo e ideas. Aprovecharon aquella libertad para contactar con cualquier persona y en cualquier situación. En un momento dado, incluso el mismísimo presidente y CEO de la empresa se dejaba caer por las reuniones para ofrecerles sus consejos.

John, Dave y su equipo informal tardaron dieciocho meses en desarrollar y lanzar el producto. Sólo quince meses después, las cuerdas Elixir se convirtieron en el producto líder del mercado para guitarras acústicas. No se ve todos los días que una idea concebida en una división de productos médicos tenga un gran impacto en la industria musical. Pero así fue, y gracias al sistema de rejilla.

Incluso cuando un diagrama organizacional se asemeja al clásico escalafón, siempre es posible diseñar sistemas de rejilla *ad hoc* para que las ideas incipientes salgan a la superficie y cobren fuerza. A menudo veo esta clase de sistemas en los concursos de innovación: torneos para crear una solución innovadora a un problema concreto.[335] En cierta ocasión, Dow Chemical pidió a la plantilla nuevas propuestas para ahorrar energía y reducir los residuos, con la oferta de patrocinar las ideas más prometedoras que costaran menos de 200.000 dólares y albergaran el potencial de cubrir costes en el plazo de un año. Durante la siguiente década, Dow apostó por 575 ideas, que ahorraron a la empresa una media de 110 millones de dólares al año.[336]

---

334. Detert, James R.; y Edmondson, Amy C., «Implicit voice theories: Taken-for-granted rules of self-censorship at work», *Academy of Management Journal*, 54, 3 (2011), pp. 461-488.

335. «Why some innovation tournaments succeed and others fail», *Knowledge at Wharton*, febrero de 2014.

336. Terwiesch, Christian; y Ulrich, Karl T., *Innovation tournaments: Creating and selecting exceptional opportunities*, Harvard Business School Press, Estados Unidos, 2009.

En esta clase de torneos de innovación, las decisiones finales no dependen de un único guardián de la puerta. Un sistema de rejilla involucra a varias personas de distintos niveles para que revisen y analicen las propuestas. Este sistema impide que los candidatos sean rechazados antes de tiempo o por culpa de una decisión injusta, y garantiza que todas las ideas reciben la atención que merecen.

Los líderes débiles asfixian la iniciativa y matan al mensajero. Los líderes fuertes aprecian la iniciativa y dan las gracias al mensajero. Los grandes líderes construyen sistemas para fomentar la iniciativa y ascienden al mensajero.

La luz al final del túnel

Cuando supe que Igor Proestakis había tenido la posibilidad de presentar su Plan B, reconocí de inmediato las características distintivas de un sistema de rejilla. Aquélla era la razón por la que había podido explicar su idea a los geólogos que supervisaban la perforación y el motivo por el que pudo acceder a la dirección a pesar de su juventud e inexperiencia. Pero las ventajas del sistema de rejilla aún se hicieron más evidentes un mes después de que comenzaran los trabajos de rescate.

El Plan A avanzaba más despacio de lo previsto y el Plan B cada vez pintaba mejor. Igor había acertado con el martillo de racimo: era capaz de atravesar la roca deprisa y sin contratiempos. Tenía una clara ventaja... hasta que dejó de funcionar. Cuando había recorrido una tercera parte de la distancia prevista, el cabezal seguía girando, pero había dejado de cortar.

El martillo había chocado con unas vigas de hierro que se habían instalado para reforzar la mina, y que habían destrozado en pedazos el barreno de la perforadora. Uno de esos pedazos —un trozo de metal del tamaño de una pelota de baloncesto— estaba bloqueando el agujero que debían ampliar para poder llegar a los mineros. El equipo intentó separar el trozo de metal y extraerlo con unos imanes, pero no se movía. Estaban a punto de renunciar al Plan B.

Pero, al día siguiente, Igor tuvo otra idea. Recordó una herramienta de extracción sobre la que había leído en la facultad, una versión industrial de las máquinas de garra que hay en los parques de atracciones. «Mi mujer, Allison, es toda una maestra con esa máquina, pero no teníamos ni idea de que pudiera servir para un propósito más elevado que ganar un osito de peluche.» Era el tipo de solución que necesitaban. Si encontraban la forma de bajar la máquina y clavar sus dientes alrededor de la pieza de metal que obstruía el paso, podrían extraerla y abrir el agujero.

En un primer momento, cuando Igor propuso la idea a unas pocas personas en el campamento, no le hicieron caso. Pero gracias al sistema de rejilla, sabía que disponía de otras vías para conseguir que alguien escuchara la idea. Después de que los mandos intermedios ignoraran la propuesta durante dos días enteros, Igor consiguió concertar una breve reunión con el mismísimo ministro de minas de Chile, quien de inmediato dio luz verde al plan. Durante cinco días, probaron una y otra vez hasta que por fin atraparon la pieza rota del barreno, la sacaron a la superficie y abrieron el agujero. El mejor premio jamás conseguido con una máquina de garra. Para alivio de todos los presentes, el Plan B volvía a estar en marcha.

Un día del mes siguiente, a última hora de la tarde, un miembro del equipo de rescate bajaba por aquel mismo agujero dentro de una cápsula. Poco después de la medianoche, la cápsula volvía a la superficie con el primer minero. Y menos de veinticuatro horas después, la cápsula de rescate transportaba al capataz —el último de los treinta y tres mineros— a través del agujero.

La idea de Igor sobre la máquina de garra había salvado el Plan B. Y su idea inicial que originó el Plan B había permitido salvar treinta y tres vidas. Nadie pone en duda que debemos aplaudir sus creativos y heroicos esfuerzos, así como los de muchos otros. Pero tampoco hay que olvidar a los héroes anónimos de esta historia: las prácticas sobre el liderazgo, los procesos de equipo y los sistemas de oportunidad que permitieron a muchas personas decir lo que pensaban y que alguien pudiera oír sus voces.

Si sólo escuchamos al más listo del grupo, nos estamos perdiendo la oportunidad de descubrir toda la inteligencia que pueden ofrecernos el resto de sus miembros. El potencial no siempre se esconde en el interior de las personas, en algunos casos se libera en los espacios que hay entre ellas y, en otros, proviene de alguien completamente ajeno al equipo.

9

Diamantes en bruto

Descubrir las joyas por pulir en las entrevistas de trabajo y el acceso a la universidad

> El éxito no debería medirse tanto por la posición que uno ha alcanzado en la vida cuanto por los obstáculos [...] que ha superado mientras intentaba tener éxito.
>
> BOOKER T. WASHINGTON[337]

Una histórica noche de 1972, José Hernández, que por entonces sólo tenía 10 años, se arrodilló frente a un viejo televisor en blanco y negro.[338] Sujetó los cuernos de la antena para amplifi-

---

337. Washington, Booker T., *Up from slavery: An autobiography*, Doubleday, Estados Unidos, 1907.

338. Entrevista personal, 31 de agosto de 2022. Hernández, José, *Reaching for the stars: The inspiring story of a migrant farmworker turned astronaut*, Center Street, Estados Unidos, 2012. Willink, Jocko, «310: Relish the struggle and keep reaching for the stars with José Hernandez», *Jocko Podcast*, 1 de diciembre de 2021. Blanco, Octavio, «How this son of migrant farm workers became an astronaut», CNN Business, 14 de marzo de 2016. «An Interview with astronaut José Hernandez», UCSB Facultad de Ingeniería, YouTube, 18 de diciembre de 2014, <youtu.be/2fLdKrv8zkM>. Hernández, José, «Dreaming the impossible», Charlas en Google, YouTube, 15 de octubre de 2010, <youtu.be/lwVqVu5Tl-k>.

car la señal con su propio cuerpo. Cuando la imagen borrosa de la pantalla empezó a verse más nítida, José observó a los últimos astronautas del programa Apolo cruzar la superficie de la luna.

José estaba fascinado por el paseo lunar, pero ansiaba tener mejores vistas. Despegó los ojos de la pantalla, salió corriendo a la calle para contemplar la luna, y volvió adentro a tiempo de ver que uno de los astronautas daba su último gran paso. José soñó que un día podría dejar su propia huella al lado de aquéllas en el polvo lunar.

Muchos niños pasan por una «fase astronauta», pero José estaba decidido a hacer realidad su sueño. Como las asignaturas en las que sacaba mejores notas eran matemáticas y ciencias, decidió que la ingeniería sería el camino que le llevaría al espacio. Durante las dos décadas siguientes, se graduó en Ingeniería Eléctrica, obtuvo un máster en la misma especialidad y consiguió un trabajo como ingeniero en un centro de investigación federal. Quería que su solicitud para entrar en la NASA fuera insuperable.

En 1989, José ya estaba preparado para subir al ring. Rellenó con cuidado los cuarenta y siete apartados del formulario para los candidatos a astronauta, adjuntó el currículum y su expediente académico, y envió el sobre con destino a Houston. Enseguida empezó a revisar el buzón a diario, impaciente por recibir un sobre con el membrete de la NASA. Diez largos meses después, el sobre llegó a su casa. Lo abrió y leyó la carta del director del Departamento de Selección de astronautas. *No seleccionado.*

José no se sorprendió. El objetivo era muy ambicioso, pero sus expectativas eran más modestas, sabía que las posibilidades eran escasas. Tomó la iniciativa de llamar a la NASA para que alguien le explicara los motivos de la decisión y después envió una carta a la agencia en la que les preguntaba cómo mejorar de cara al futuro:

Me gustaría aumentar mis opciones para el próximo proceso de selección y corregir o mejorar cualquier deficiencia que haya podido pasar por alto o que ustedes hayan descubierto en mi solicitud. Agradecería profundamente cualquier observación que puedan hacer sobre el resultado de mi solicitud, el grado de consideración que mereció y, si es posible, los comentarios realizados por los evaluadores sobre mi candidatura.

Querría darles las gracias especialmente por dedicar un tiempo de su jornada de trabajo a atender una más de las miles de peticiones que deben haber recibido.

Fuente: Cortesía de José Moreno Hernández, Tierra Luna Engineering LLC.

La NASA respondió a su petición con noticias muy decepcionantes. Su solicitud no había pasado el primer corte, por lo que nadie había hecho ningún comentario al respecto, ni tampoco podían darle ningún consejo para mejorar. Decidido a salirse con la suya, José volvió a presentarse otra vez... y la agencia volvió a rechazar su candidatura.

Pero no perdió la esperanza. Continuó subiendo al ring —revisó el currículum, destacó sus puntos fuertes, actualizó las referencias y volvió a presentarse—, sólo para recibir una negativa detrás de la otra. Ni siquiera podía meter la cabeza para tener una primera entrevista.

Fuente: Cortesía de José Moreno Hernández, Tierra Luna Engineering LLC, y con el permiso de Duane L. Ross.

En 1996, aquella última negativa quebrantó su voluntad. José tenía la horrible sensación de que nunca estaría a la altura de la NASA. Arrugó la carta con rabia y la lanzó al cubo de la basura. Estaba tan decepcionado que, cuando erró el tiro, dejó la bola de papel ahí mismo, en el suelo.

En la vida hay pocas cosas más relevantes que las decisiones que toman otras personas sobre nuestro potencial. Cuando las universidades evalúan a los estudiantes durante el proceso de admisión y las empresas entrevistan a los aspirantes a un puesto de trabajo, están haciendo un pronóstico sobre su futuro éxito. Esos pronósticos pueden convertirse en una puerta a las oportunidades. Que la puerta se abra de par en par o se cierre de golpe depende de la imparcialidad de su valoración.

Lo que José no sabía todavía es que sus solicitudes no habían aparecido en el radar de la NASA ni por casualidad. La agencia buscaba a personas con experiencia práctica en tomar decisiones dentro de entornos con un alto nivel de estrés. Esperaba que los ingenieros hubieran obtenido logros dignos de mención. Prestaba atención a los candidatos que habían sido los primeros de su clase. La NASA se dedicaba a buscar personas que ya hubieran hecho grandes cosas en la vida y, según sus criterios, José no era una de ellas. Pero lo que el proceso de la NASA no podía detectar —como ocurre en muchas otras organizaciones— era el potencial de un candidato para hacer cosas aún más grandes.

En el período entre los procesos de selección, José había desarrollado y demostrado una combinación muy poco habitual de habilidades del carácter, físicas y técnicas que, en teoría, la NASA valoraba. Con la ayuda de un mentor del centro donde trabajaba, obtuvo una subvención pública y desarrolló una tecnología digital para detectar el cáncer que ha contribuido a salvar muchas vidas. En su tiempo libre, completó siete maratones y estableció una marca personal por debajo de las tres horas: o sea, 42 kilómetros a un ritmo de poco más de cuatro minutos por kilómetro. Además de tener disciplina y determinación, también era una persona prosocial: hizo un voluntariado dando clases particulares de Matemáticas a alumnos de bachillerato, abrió una delegación de una asociación profesional de ingenieros y científicos de origen mexicano, y sirvió a su comunidad en una serie de cargos directivos en entidades locales y nacionales. Cada vez que se presentaba de nuevo al proceso de selección de la NASA, incluía nuevos logros en su currículum, pero no conseguía causar la menor impresión.

La NASA ignoró las señales que indicaban el potencial de José porque su proceso de selección no estaba diseñado para detectarlas. Tenía información sobre la experiencia laboral y los logros del pasado, pero no sabía nada de sus orígenes ni de sus vivencias. La agencia no sabía que José era hijo de una familia de campesinos que había emigrado a Estados Unidos. No sabía que cuando empezó la escuela infantil en California, José era incapaz de hablar inglés, y que hasta cumplir los 12 años no adquirió la fluidez necesaria. No sabía que había recorrido un camino muy largo para poder llegar a la universidad y graduarse como ingeniero. La falta de grandes logros en sus primeras solicitudes parecía revelar una ausencia de capacidad, pero en realidad señalaba la presencia de la adversidad.

Juzgar a una persona sólo por las metas que ya ha alcanzado es un gran error. Cuando escogen a los candidatos que ya han destacado, los sistemas de selección subestiman e ignoran a las personas que son capaces de alcanzar metas más elevadas. Al confundir el rendimiento pasado con el potencial futuro, se pierden a esas personas cuyos logros simbolizan una victoria frente a los grandes obstáculos. Deberían tener en cuenta la dificultad del camino que han recorrido, lo lejos que han conseguido llegar y cómo han crecido durante todo el trayecto. La prueba de calidad de un diamante en bruto no tiene nada que ver con su brillo en el momento de la extracción, sino con su capacidad de respuesta a la presión y las altas temperaturas.

La escalera no está en su sitio

Durante gran parte de la historia humana, el acceso a las oportunidades era un privilegio del derecho natural. Si tenías sangre azul, el mundo estaba a tus pies. Pero si no provenías del entorno adecuado, la suerte estaba echada y tenías unas opciones muy limitadas. A través de los siglos, y en distintas culturas, esta dinámica se fue transformando a medida que el pueblo se enfrentó a las monarquías, los aristócratas y los sistemas de castas. En la China confuciana, algunas dinastías empezaron a abrir las puertas de la Administración pública a cualquiera que pudiera aprobar un difícil examen para convertirse en funcionario. Pero todavía había mucho camino por recorrer, porque las mujeres y las personas con discapacidades tenían prohibido hacer el examen.

En la antigua Grecia, Sócrates y Platón plantearon que la sociedad debía estar gobernada por reyes filósofos que hubieran alcanzado la sabiduría a través del estudio. Su propósito no era sólo rediseñar el sistema para escoger a los dirigentes, sino también allanar el terreno para instaurar un nuevo orden social que recompensara a las personas por su capacidad y voluntad.

En la actualidad, abrir las puertas a cualquier persona cualificada es una prioridad esencial para las empresas y las universidades. En principio, los procesos de selección existentes invitan a personas de orígenes muy diversos a demostrar de qué son capaces. Pero, en la práctica, los sistemas para valorar sus cualificaciones no funcionan bien.

En los entornos académicos y laborales, los sistemas de selección suelen estar diseñados para detectar la excelencia. Por este motivo, las personas que aún están recorriendo el camino que conduce a la excelencia casi nunca pasan el corte.[339] Los sistemas no prestan la debida atención a esas personas y sus trayectorias vitales, que en muchos casos están plagadas de baches y obstáculos. Cuando estos procesos demuestran ser incapaces de detectar el potencial oculto, nos acabamos perdiendo las aportaciones de esas personas, además de destrozar sus sueños.

Los errores en la detección del potencial son habituales en muchas etapas del proceso de evaluación, ya que es difícil gestionar la limitación de tiempo y la gran oferta de candidatos. En un primer cribado, resulta imposible conocer a fondo a todos los candidatos. No hay ningún algoritmo capaz de detectar a los diamantes en bruto, y el día no tiene suficientes horas para profundizar en la historia vital de cada persona. Los evaluadores acaban tomando decisiones que cambian las vidas de los candidatos, reducidos a simples fragmentos de información.[340]

339. Williams, Elanor F.; y Gilovich, Thomas, «The better-than-my-average effect: The relative impact of peak and average performances in assessments of the self and others», *Journal of Experimental Psychology*, 48, 2 (2012), pp. 556-561.
340. Eisenkraft, Noah, «Accurate by way of aggregation: Should you trust your intuition-based first impressions?», Journal *Experimental Social Psychology*, 49, 2 (2013), pp. 277-279. Ambady, Nalini; y Rosenthal, Robert, «Thin

En las primeras etapas de los procesos de selección, las empresas intentan resolver este problema confiando en las credenciales. Dan por sentado que las mejores universidades seleccionan y producen a los mejores candidatos. Sin embargo, el pedigrí académico no siempre está a la altura de las expectativas. En un estudio con más de veintiocho mil estudiantes que trabajaban en proyectos de consultoría, los que fueron a las universidades más prestigiosas sólo rindieron un poquito mejor que el resto.[341] Al observar la calidad de su trabajo y sus aportaciones como colaboradores, los alumnos de Yale sólo rendían un 1,9 por ciento más que los estudiantes de Cleveland State.[342] Y si una empresa exige a los candidatos un grado universitario, se está perdiendo a más de la mitad de la población activa de Estados Unidos. Este sistema perjudica a los candidatos que adquieren sus habilidades por caminos alternativos: en centros de formación profesional o en institutos tecnológicos, durante el servicio militar, mediante cursos de aprendizaje, de manera autodidacta o aprendiendo en el trabajo.[343]

Además de fijarse en el título universitario, muchos directivos indagan en la experiencia previa para hacerse una primera idea de las aptitudes del candidato. Pero resulta que la cantidad de experiencia también es bastante irrelevante. Según un metaanálisis de cuarenta y cuatro estudios sobre más de once mil personas en una amplia variedad de trabajos, la experiencia laboral anterior apenas tenía relevancia en el rendimiento.[344] Un candi-

---

slices of expressive behavior as predictors of interpersonal consequences: A meta-analysis», *Psychological Bulletin*, 111, 2 (1992), pp. 256-274.

341. Taras, Vas, *et al.*, «The predictive power of university pedigree on the graduate's performance in global virtual teams», *European Journal of International Management*, 16, 4 (2021), pp. 555-584.

342. Taras, Vasyl, *et al.*, «Graduates of elite universities get paid more. Do they perform better?», *Harvard Business Review*, 4 de septiembre de 2020.

343. Blair, Peter Q.; y Ahmed, Shad, «The disparate racial impact of a requiring a college degree», *The Wall Street Journal*, 28 de junio de 2020. Blair, Peter Q., *et al.*, «Searching for STARs: Work experience as a job market signal for workers without bachelor's degrees», NBER 26844, marzo de 2020.

344. Van Iddekinge, Chad H., *et al.*, «A meta-analysis of the criterion-re-

dato con veinte años de experiencia en el currículum quizás sólo haya repetido un mismo año de experiencia veinte veces. Desde este punto de vista, hay que tener experiencia para conseguir trabajo, pero hay que tener trabajo para poder acumular experiencia... y la experiencia dice muy poco del potencial.[345] La cuestión fundamental no es el tiempo que una persona ha estado haciendo un trabajo. Es lo buena que puede llegar a ser cuando aprende a hacer un trabajo.

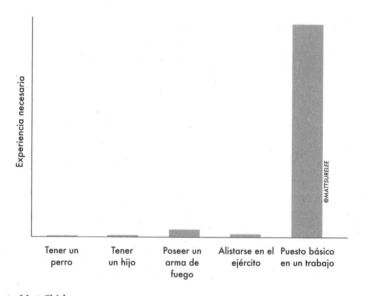

Fuente: Matt Shirley.

---

lated validity of prehire work experience», *Personnel Psychology*, 72, 4 (2019), pp. 571-598.

345. La excepción eran los trabajos extremadamente complejos, donde la experiencia se convertía en un indicador muy relevante del rendimiento. Esta lista no sólo incluye especialidades muy exigentes desde un punto de vista cognitivo, como la medicina o la ingeniería aeronáutica. Como ya sabes por el prólogo —y por Finlandia—, también hay que incluir los trabajos que representan todo un desafío social y emocional, como ser maestro de preescolar, donde la experiencia también importa.

Para decidir los candidatos que pasan a la siguiente ronda, muchas empresas se fijan en los resultados anteriores. En comparación con las credenciales y la experiencia laboral, este indicador permite detectar algo mejor el potencial. Los buenos resultados obtenidos por una persona en el pasado pueden ofrecer indicios de su capacidad en el presente.[346] Pero esta métrica también tiene inconvenientes, que llevan a ignorar el potencial de demasiadas personas.

El rendimiento previo sólo tiene utilidad si el nuevo empleo exige unas habilidades similares al anterior. En un estudio sobre más de 38.000 agentes de ventas, un grupo de economistas descubrió que los mejores en su trabajo tenían muchas más posibilidades de ser ascendidos a jefe. Sin embargo, las habilidades necesarias para vender no son las mismas que se precisan para gestionar un equipo: los mejores en cerrar un trato eran los peores dirigiendo a otros empleados.[347] Al final, los directivos que mejoraban los resultados del equipo no eran los comerciales más irresistibles, sino las personas más prosociales, una cualidad que se reflejaba, por ejemplo, en la frecuencia con la que cerraban ventas colaborativas con otros compañeros.

Este estudio ejemplifica muy bien un fenómeno conocido como el «principio de Peter».[348] Según esta teoría, los trabajadores ascienden dentro de la empresa hasta llegar a su «nivel de incompetencia»: es decir, siguen progresando gracias a los éxitos en puestos anteriores, hasta que se quedan estancados en

---

346. Hough, Leaetta M., «Development and evaluation of the "accomplishment record" method of selecting and promoting professionals», *Journal of Applied Psychology*, 69 (1984), pp. 135-146. Zhang, Charlene; y Kuncel, Nathan R., «Moving beyond the brag sheet: A meta-analysis of biodata measures predicting student outcomes», *Educational Measurement*, 39 (2020), pp. 106-121.

347. Benson, Alan; Li, Danielle; y Shue, Kelly, «Promotions and the Peter Principle», *The Quarterly Journal of Economics*, 134, 4 (2019), pp. 2085-2134.

348. Peter, Laurence J.; y Hull, Raymond, *El principio de Peter*, DeBolsillo, Barcelona, 2020/1969.

una nueva función que escapa a sus capacidades. En este caso concreto, los mejores comerciales se convirtieron en unos jefes incompetentes, y quienes tenían el potencial para convertirse en buenos gestores se quedaron estancados y nunca dejaron de ser unos vendedores mediocres.[349]

Incluso si los resultados previos de un candidato son relevantes para el puesto actual, esta métrica está diseñada para detectar a los diamantes refinados, no a las joyas por pulir. Fíjate en el caso de Tom Brady: tanto si te cae bien como si lo detestas, casi todo el mundo admite que es el mejor *quarterback* de la historia del fútbol americano. Pero cuando empezó su carrera en la NFL, no salió escogido en el *draft* hasta el puesto 199. Debido a su rendimiento en la universidad y en las pruebas para entrar en el *draft*, los ojeadores albergaban serias dudas de que su brazo tuviera la fuerza suficiente para lanzar una bola en espiral o soltar una bomba. Y parecía poco probable que tuviera la velocidad necesaria para escapar de un *blitz*.[350]

---

[349]. La mejor solución que conozco a este problema son las vías de ascenso duales: una para los directivos y otra para los profesionales individuales, con un sueldo y un prestigio similares. Este sistema amplía las oportunidades de ascenso para los candidatos que carecen de la motivación o la capacidad para gestionar grupos de personas y crea más caminos para que las personas con un fuerte potencial como directivos puedan ascender. Sin embargo, hay que ser muy prudentes con la forma de evaluar ese potencial. Cuando los candidatos no encajan con los estereotipos propios del trabajo, los sesgos y prejuicios entran por la puerta. Varios economistas han descubierto que, a pesar de que obtienen mejores evaluaciones de rendimiento que los hombres, las mujeres tienen menos oportunidades de ganarse un ascenso, porque son vistas como personas con menos potencial. Este factor explicaría casi la mitad de la brecha de género en materia de ascensos, a pesar de que las mujeres que obtienen una promoción consiguen mejores resultados que los hombres y tienen más probabilidades de quedarse en la empresa a largo plazo. Benson, Alan; Li, Danielle; y Shue, Kelly, «Research: Do people really get promoted to their level of incompetence», *Harvard Business Review*, 8 de marzo de 2018. Benson, Alan; Li, Danielle; y Shue, Kelly, «"Potential" and the gender promotion gap», documento de trabajo, 22 de junio de 2022.

[350]. En una espiral, el balón gira sobre su eje longitudinal en el vuelo. Una bomba describe un pase muy largo hacia delante. En un *blitz*, varios jugadores

El problema era que los ojeadores se estaban fijando en el cuerpo de Brady, no en su mente. Tenían razón sobre sus limitaciones físicas: aunque sólo pesaba 95 kilos, veinticinco defensas fueron capaces de correr más rápido que él a pesar de que marcaban más de 140 kilos en la báscula. Pero los ojeadores no tuvieron en cuenta un elemento que los periodistas describirían en el futuro como sus «nervios de acero».[351] No «le abrieron el pecho y echaron un vistazo a su corazón», se lamentaba un entrenador. A menudo se dice que el talento sienta las bases, pero el carácter establece los límites. Brady destrozaría todos los límites conocidos hasta entonces: en la temporada en que cumplió 40 años, batió la marca de 40 yardas que había establecido cuando tenía veinte. Claro, cuando eres tan lento como Tom Brady, el listón está bastante bajo.

Si el talento natural determina dónde empieza una persona, el carácter adquirido condiciona lo lejos que va a llegar. Pero las habilidades de carácter no siempre se aprecian a primera vista. Si no tenemos la capacidad de ver debajo de la superficie, corremos el riesgo de perdernos la potencial genialidad que podría estar escondida.

Joyas en bruto

Cuando quise descubrir cómo se detecta el potencial oculto, sabía que la NASA era una organización ideal para centrar mi estudio. Las apuestas son altísimas: escoger al astronauta erróneo puede poner en peligro toda una misión y cobrarse las vidas de la tripulación. Por este motivo, la agencia estaba más preocupada por los falsos positivos (aceptar malos candidatos) que por los falsos negativos (rechazar a los buenos).

---

del equipo defensor salen en tropel para placar al *quarterback* e impedir que realice el pase. (*N. del t.*)

351. Ruiz, Steven, «Re-scouting Tom Brady at Michigan: Why NFL teams had no excuse for passing on him», *USA Today*, 20 de octubre de 2017. Cecilio, ZeeGee, «Huge mistake: Kurt Warner admits Rams overlooked Tom Brady in Super Bowl 36», *Blasting News*, 30 de diciembre de 2019.

Para comprender por qué no se detecta el potencial y qué puede hacerse para identificarlo, contacté con Duane Ross. Dirigió el programa de selección de astronautas de la NASA durante cuatro décadas, a lo largo de las cuales firmó personalmente todas las cartas de rechazo a los candidatos, incluidas las de José. Mi intención era aprender más cosas sobre un proceso que consiste en analizar los sueños de miles de candidatos para al final poner el futuro de la exploración espacial en manos de unos pocos escogidos.

Duane y su colega Teresa Gómez seleccionaban a los escasos candidatos que demuestran lo que hay que tener.[352] Con entre 2.400 y 3.100 solicitudes para cubrir entre 11 y 35 puestos, tenían que seleccionar muy rápido a los que tenían el potencial y a los que no.

La NASA no tenía ni idea de que José había nacido en la pobreza, hijo de inmigrantes indocumentados. Para poder ganarse la vida, toda la familia realizaba cada invierno un largo viaje por carretera desde el centro de México hasta el norte de California. Se detenían en las plantaciones que había por el camino para recoger lo que fuera, desde fresas y uvas hasta tomates y pepinos. Con la llegada del otoño, volvían a México para pasar unos pocos meses y entonces la rutina volvía a empezar. El viaje obligaba a José a perderse varios meses de clase y a tratar de pasar el curso como podía en tres escuelas distintas. Después de empezar segundo de primaria, su padre empezó a enlazar trabajos eventuales para poder quedarse en un mismo sitio, pero José aún tenía que trabajar los fines de semana en los campos para ayudar a su familia. Eso le dejaba muy poco tiempo para hacer los deberes, y no podía recurrir a sus padres para que le ayudaran, sólo habían ido al colegio hasta los 9 años.

Aquella historia era invisible a ojos de la NASA. Mientras buscaban a los candidatos con los requisitos exigidos, en realidad no podían acceder a las personas con las cualidades idóneas.

---

352. Duane Ross, entrevistas personales, 26 de agosto de 2022 y 3 de abril de 2023. Shayler, David J.; y Burgess, Colin, *NASA's first Space Shuttle Astronaut Selection*, Springer, Suiza, 2020. Wolfe, Tom, *Lo que hay que tener*, Editorial Anagrama, Barcelona, 1981.

«Lo que debería figurar en el proceso son las dificultades por las que han pasado para llegar hasta aquí», me dijo Duane Ross hace poco, después de jubilarse tras medio siglo de servicio en la NASA. «Desde el comienzo, desarrollamos nuestros propios formularios de solicitud para poder preguntar sobre esta cuestión. Pero entonces el gobierno decidió que todos los formularios de solicitud debían ser idénticos, por lo que nos perdimos mucha información de ese tipo.» Con miles de candidatos, sólo podían comprobar las referencias de unos cuatrocientos y entrevistar a los ciento veinte mejores.

Para el cribado inicial, el formulario de solicitud estandarizado según la normativa federal se centraba en la experiencia laboral, la educación, las habilidades especiales y los premios y reconocimientos. El formulario no preguntaba por las habilidades poco convencionales, como trabajar en la vendimia. No tenía en cuenta que aprender inglés a la perfección podía verse como un notable reconocimiento. El apartado dedicado a los premios no era el lugar adecuado para mencionar que alguien había aprobado Física mientras trabajaba en el campo. El sistema no estaba diseñado para medir el tamaño de las adversidades que los candidatos habían tenido que superar.

El formulario reforzaba en José la creencia de que su origen debía permanecer oculto bajo llave. El último apartado del formulario preguntaba por la experiencia en otras actividades relacionadas, como pilotar aviones. Cuando pregunté a José por qué no había explicado su pasado como inmigrante y trabajador del campo, me dijo «no pensé que tuviera la menor relevancia. Pensé incluso que me perjudicaría en un mundo donde yo intentaba integrarme como profesional». Si la NASA hubiera sido consciente de sus dificultades en el pasado, quizás podría haberse hecho una idea de su potencial en el futuro.

Cuantificar lo incuantificable

Todos sabemos que el rendimiento no sólo depende de la simple habilidad, también tiene que ver con el grado de dificultad.

La capacidad aparente de una persona es en muchos casos un reflejo de la dificultad de las tareas que ha realizado. Un mismo concursante de «Jeopardy!» parece más inteligente al responder las preguntas de 200 dólares que las de 1.000. Un mismo cómico parece más gracioso en un club nocturno ante un público un poco achispado que frente a un grupo de banqueros un lunes por la mañana.

Sin embargo, cuando juzgamos el potencial, muchas veces nos centramos en la ejecución e ignoramos el grado de dificultad. Sin darnos cuenta, priorizamos a los candidatos que sobresalieron en tareas sencillas y descartamos a aquellos que superaron por los pelos los desafíos más difíciles. No vemos las habilidades que han desarrollado para poder superar los obstáculos, en especial las habilidades que no se incluyen en un currículum.

Muchos sistemas no están diseñados para detectar y calibrar el grado de dificultad, porque conseguir calcular algo así es... Bueno, es difícil. Algunos lo han intentado y han fracasado estrepitosamente. En 2019, las pruebas de acceso a la universidad introdujeron una «puntuación de la adversidad», que otorgaba 100 puntos a los estudiantes por las dificultades que habían padecido en sus familias, barrios y escuelas. Las críticas en contra fueron tan encarnizadas que la idea aguantó menos de un año. No había un consenso claro sobre los tipos de adversidades que debían computarse, por no hablar de cómo puntuarlas.

Los científicos sociales descubrieron hace tiempo que los seres humanos pueden reaccionar de maneras muy distintas a un mismo acontecimiento.[353] El trauma de una persona puede ser un simple revés para otra, el gran obstáculo que acabó con alguien puede ser un pequeño inconveniente para un tercero. Podemos calcular el grado de dificultad en un salto de trampolín, pero no hay una fórmula para cuantificar el grado de dificultad en una vida.

---

353. Thoits, Peggy A., «Undesirable life events and psychophysiological distress: A problem of operational confounding», *American Sociological Review*, 46, 1 (1981), pp. 97-109.

Este problema lastra desde hace tiempo los programas de discriminación positiva. Crear políticas que favorezcan a los grupos poco representados es una cuestión polémica desde un punto de vista político. Los progresistas y los conservadores mantienen acalorados debates sobre si esta política nivela el terreno de juego porque compensa las injusticias históricas, o bien si perpetúa las injusticias porque introduce una discriminación a la inversa.[354] Independientemente de cuál sea tu adscripción ideológica, mi trabajo como científico social consiste en analizar los mejores datos y pruebas disponibles. Y resulta que la discriminación positiva es muy a menudo un arma de doble filo, incluso para las personas a las que en teoría debería ayudar.

En un metaanálisis de cuarenta y cinco estudios, cuando una organización aplicaba la discriminación positiva, los miembros de los grupos infrarrepresentados tenían más dificultades con sus tareas y obtenían peores evaluaciones de rendimiento.[355] La mera presencia de una política de discriminación positiva bastaba para sembrar dudas sobre su competencia a ojos de los observadores (¿se merecía de verdad ese ascenso?) y en su propia conciencia (¿lo he conseguido por mis propios méritos?). Este efecto se manifestaba incluso en aquellos experimentos en los que se garantizaba que las mujeres y las minorías raciales estaban altamente cualificadas.

Muchos grupos aún se ven lastrados por cadenas culturales y estructurales. Es importante encontrar métodos sistémicos para que las personas que se han visto privadas de oportunidades encuentren las puertas abiertas. Pero resulta muy desafortunado que estos esfuerzos bienintencionados se pongan en práctica de una manera que deja a los supuestos beneficiarios —y a otras personas— preguntándose si se han ganado de ver-

354. Tetlock, Philip E., *et al.*, «Accountability and ideology when left looks right and right looks left», *Organizational Behavior and Human Decision Processes*, 122 (2013), pp. 22-35.

355. Leslie, Lisa M.; Mayer, David M.; y Kravitz, David A., «The stigma of affirmative action: A stereotyping-based theory and meta-analytic test of the consequences for performance», *Academy of Management Journal*, 57, 4 (2014), pp. 964-989.

dad el puesto. Incluso si pudiéramos resolver este problema, las políticas que corrigen las desigualdades sufridas por un grupo no pueden abarcar todos los obstáculos que una persona concreta ha tenido que superar.

Cuando las orquestas profesionales decidieron poner en marcha una iniciativa conjunta para contratar a más mujeres, una solución muy popular fue realizar las pruebas a los candidatos detrás de una cortina. Como el jurado era incapaz de identificar el género de los músicos, no tenían más remedio que centrarse en sus aptitudes. Aunque aquella medida mejoró las opciones para las mujeres, no cerró del todo la brecha de género.[356] Como las mujeres no podían acceder a los mismos programas de formación, los defensores de la discriminación positiva todavía podían plantear la necesidad de establecer cuotas por género o rebajar de manera temporal el nivel de competencia debido a las discriminaciones que las mujeres han sufrido como grupo. Pero tomar estas medidas también implica el riesgo de sembrar dudas sobre la competencia de las mujeres que se dedican a la música. Tener en cuenta el grado de dificultad a título individual apunta a una solución más útil: ajustar las expectativas sobre las habilidades en función del acceso a las oportunidades. Por ejemplo, las pruebas para entrar en una orquesta podrían tener estándares diferentes para los candidatos autodidactas y para aquellos que estudiaron en la Escuela Juilliard.

El objetivo de medir el grado de dificultad a título individual no es favorecer a las personas que han tenido que enfrentarse a la adversidad. Es garantizar que no se discrimina a las personas que han pasado por la adversidad. Una presentación escrita podría ser un buen escaparate de los obstáculos que ha superado un candidato a una universidad, pero los estudiantes que han pasado por dificultades extremas se sienten bastante incómodos —y con razón— ante la idea de publicitar sus traumas y comer-

---

356. Goldin, Claudia; y Rouse, Cecilia, «Orchestrating impartiality: The impact of "blind" auditions on female musicians», *American Economic Review*, 90, 4 (2000), pp. 715-741.

cializar su dolor.[357] Al mismo tiempo, aquellos que han tenido la suerte de poder esquivar obstáculos mayúsculos a menudo se sienten obligados a exagerar sus propias dificultades. A fin de cuentas, el indicador fundamental del potencial no es la gravedad de los problemas que la gente se encuentra en la vida, es su forma de reaccionar a ellos. Eso es lo que debería valorar un mejor sistema de selección.

Visibilizar a los invisibles

Con excesiva frecuencia, los sistemas de selección se muestran incapaces de valorar los logros personales en función del grado de dificultad. Las investigaciones demuestran que cuando los universitarios presentan sus candidaturas para los cursos de posgrado, los responsables del proceso de selección prestan escasa atención a la dificultad de sus estudios anteriores.[358] Destacar en un grado bastante asequible puede incrementar enormemente las posibilidades de admisión, en lugar de hacerlo bastante bien en unos estudios más difíciles.

Pensemos un momento en la injusticia de este fenómeno. Si los encargados de las solicitudes fueran jueces de patinaje artístico en los Juegos Olímpicos, harían que un participante que ha sacado seises en un *axel* cuádruple perdiera frente a otro que ha sacado ochos en un simple bucle. Si tuvieran que fichar a un asesor financiero, se quedarían con aquel que ha conseguido una rentabilidad elevada durante un mercado alcista, en vez de escoger a aquel otro que ha encontrado la ma-

357. Megginson, Elijah, «When I applied to college, I didn't want to "sell my pain"», *The New York Times*, 9 de mayo de 2021.
358. Bailey, Michael A.; Rosenthal, Jeffrey S.; Yoon, Albert H., «Grades and incentives: Assessing competing grade point average measures and postgraduate outcomes», *Studies in Higher Education*, 41 (2016), pp. 1548-1562. Ver también Bastedo, Michael N.; Howard, Joseph E.; y Flaster, Allyson, «Holistic admissions after affirmative action: Does "maximizing" the high school curriculum matter?», *Educational Evaluation and Policy Analysis*, 38, 2 (2016), pp. 389-409.

nera de obtener una buena rentabilidad en un mercado bajista.

No culpo a los responsables de los procesos de selección, ni a los jefes de recursos humanos en las empresas. Muchos no saben que los indicadores que utilizan están llenos de defectos y pocos han recibido la formación adecuada para buscar otras señales que indiquen el potencial. He trabajado en el comité de selección de varias universidades de la Ivy League y he tomado decisiones sobre los posibles candidatos durante dos décadas, y hasta ahora no se me había ocurrido prestar atención a las notas de los alumnos en función de la dificultad de sus estudios previos. Sin poder comparar un currículum con otro, no disponía de las herramientas adecuadas para confrontar los logros de un candidato con los del resto. Aunque tendría que haberme dado cuenta.

Los sistemas de selección tienen que poner los resultados en contexto. Es como obligar a los boxeadores a competir en su categoría de peso. Un método prometedor sería crear métricas que comparasen de manera objetiva a los estudiantes con sus antiguos compañeros.[359] Además de reflejar las calificaciones individuales del alumno, los expedientes académicos deberían incluir la mediana y el rango de las notas obtenidas por todo el grupo en los estudios cursados.

Reflejar la dificultad de la tarea sólo es una posible forma de contextualizar el rendimiento. También podrían contextualizarse los resultados, más allá de un aula en particular, comparando a los candidatos con otros estudiantes similares que se encuentren en circunstancias parecidas. Algunas facultades han tomado la prometedora iniciativa de ampliar los expedientes académicos para reflejar las notas de los alumnos en relación con su barrio de residencia.[360] Los experimentos demuestran

---

359. Bastedo, Michael N., *et al.*, «What are we talking about when we talk about holistic review? Selective college admissions and its effects on low-SES students», *The Journal of Higher Education*, 89, 5 (2018), pp. 782-805.

360. Bastedo, Michael N., *et al.*, «Admitting students in context: Field experiments on information dashboards in college admissions», *The Journal of Higher Education*, 93, 3 (2022), pp. 327-374. Bastedo, Michael N., *et al.*, «Contextualizing the SAT: Experimental evidence on college admission re-

que esta medida puede ayudar a los comités de selección a detectar el potencial oculto en los estudiantes de rentas bajas, sin reducir el interés por los alumnos que provienen de familias con más recursos. En el Reino Unido, las universidades y las empresas están empezando a tener en cuenta algunos indicios velados de dificultad económica, como compaginar un trabajo con los estudios o recibir vales de comida.[361] Pregunté a Duane Ross sobre esta idea, y me dijo que si esta clase de información hubiera aparecido en la solicitud de José, la NASA le habría prestado más atención. «Si un candidato era un migrante que trabajaba en el campo, tendríamos que haberlo tenido en cuenta, sobre todo si consiguió salir adelante y hacer algo tan positivo.»

Fuente: © de Guy Downes. Más información en: officeguycartoons.com

---

commendations for low-SES applicants», *Educational Policy*, 36, 2 (2022), pp. 282-311.
361. Mokades, Raphael, «Only Posh Kids get city jobs? This man has an algorithm to change that», *The Times* (Londres), 19 de abril de 2022.

Aunque este enfoque puede ayudar a identificar algunos diamantes en bruto, muchos obstáculos son más subjetivos y difíciles de valorar que las notas obtenidas y las dificultades financieras. Hay que encontrar una forma de valorar la distancia que una persona ha recorrido para superar los obstáculos particulares que ha encontrado por el camino. La buena noticia es que las universidades y las empresas ya tienen acceso a algunos datos muy valiosos, si supieran dónde encontrarlos.

El progreso entre la distancia

En un estudio sorprendente, el economista George Bulman analizó una gigantesca serie de datos que incluía a todos los estudiantes que habían terminado el instituto en Florida entre los años 1999 y 2002. El objetivo era investigar si las notas podían predecir el éxito en el futuro, medido en términos de la tasa de titulados universitarios y de los ingresos declarados diez años después.

Las notas del primer año en el instituto no revelaban nada sobre el potencial éxito de los alumnos en un futuro.[362] Las notas del segundo y tercer año importaban algo más: tras convertir la nota media a una escala del 0 al 4, cada punto adicional se traducía en unos ingresos un 5 por ciento más altos una década después.[363] Y las notas del último año tenían el doble de importancia: cada punto adicional en la misma escala representaba un aumento del 10 por ciento en los ingresos del futuro.

Pero lo que de verdad predecía los potenciales ingresos era si los estudiantes mejoraban con el tiempo. Por desgracia, las universidades suelen eliminar la evolución de la trayectoria académica porque reducen las notas a una única puntuación. Clasifican a

---

362. En Estados Unidos, los alumnos pasan cuatro años en el instituto; en el modelo español sería desde tercero de secundaria al final del bachillerato. *(N. del t.)*

363. Equivalente al modelo de evaluación GPA de Estados Unidos, que va del 0 al 4. *(N. del t.)*

los alumnos a partir de sus notas medias durante cuatro años y no tienen en cuenta si los alumnos han empeorado o mejorado.[364]

En cuanto a sus opciones de graduarse en la universidad, podía observarse un patrón similar. Los alumnos cuyas notas habían mejorado entre el primer y el último año de instituto tenían muchas más posibilidades de graduarse en la universidad —y menos de dejar la carrera— que aquellos cuyas notas habían descendido durante el mismo período. Pero los comités de selección no consideran esta variable.

Fuente: @researchdoodles por M. Shandell.

364. Bulman, George, «Weighting recent performance to improve college and labor market outcomes», *Journal of Public Economics*, 146 (2017), pp. 97-108.

Resulta difícil exagerar lo ridículo que es este sistema. Las universidades conceden la misma importancia al rendimiento de los alumnos hace tres años que a los resultados de hace tres meses y ni siquiera se toman la molestia de echar un vistazo a los datos más recientes y relevantes. Penalizan a las personas que mejoran después de unos comienzos difíciles, cuando deberían recompensarlas por la distancia que han recorrido.

Ha llegado la hora de que las universidades y las empresas incorporen otra métrica. Además de las notas de acceso a la universidad, deberían tener en cuenta la trayectoria de las notas obtenidas (TNO). Podrían calcular el porcentaje de mejora a lo largo del tiempo con una división muy sencilla: el progreso entre la distancia recorrida. Un fracaso inicial seguido de un éxito posterior es un indicador del potencial oculto.[365]

Sólo a partir de la nota media, y en comparación con otros ingenieros que habían solicitado el puesto de astronauta, José no destacaba. En la universidad, había sacado aprobados en Química, Cálculo y Programación. Sus mediocres notas planteaban serias dudas sobre si tendría la capacidad para ser oficial de vuelo o especialista de misión. Por fortuna, la NASA no aplicaba un filtro estricto por las notas obtenidas. Pero sí priorizaba a los candidatos que habían destacado en su expediente académico. Y la agencia no sabía por qué las notas de José se habían quedado cortas, ni por qué habían mejorado con el tiempo.

Para pagarse los estudios, José hacía el turno de noche en una empresa de conservas de frutas y verduras, donde entraba a las diez de la noche y salía a las seis de la mañana. Aguantar despierto en clase era todo un reto, por no hablar de llegar a dominar el material. Cuando la temporada de la fruta terminaba, trabajaba por las noches y los fines de semana como ayudante de camarero en un restaurante. Entre las exigentes clases y el horario extenuante, terminó el primer semestre con una media de aprobado.

---

365. Denrell, Jerker; Liu, Chengwei; y Maslach, David, «Underdogs and one-hit wonders: When is overcoming adversity impressive?», Management Science, 69, 9 (2023), pp. 5461-5481.

Como las clases le costaban, José empezó a sentirse como un fracasado y a cuestionarse sus habilidades. Muchas investigaciones han detectado la existencia de una brecha de rendimiento por la clase social: la primera generación de estudiantes universitarios suele sacar peores notas por una serie de desventajas invisibles.[366] Como todo el mundo espera que se forjen su propio camino, tienen muchas reticencias a la hora de pedir ayuda.[367] La presión de pagarse los estudios, la presencia de una baja autoestima y la ausencia de un sentimiento de pertenencia interfieren con la capacidad para concentrarse.[368]

El primer semestre en la universidad fue un período particularmente difícil para José. Las cosas mejoraron cuando encontró un trabajo con un horario más razonable, pudo seguir una rutina más constante y tomó la iniciativa de apuntarse a clases particulares para cubrir sus lagunas. Cada nuevo semestre, sus notas mejoraban. En el primer año, su nota media (sobre 4) pasó de 2,41 en otoño a 2,9 en primavera, y después, en su segundo año, subió otra vez de 3,33 en otoño a 3,56 en primavera. Terminó sacando muchos excelentes y matrículas de honor. Obtuvo una beca completa para hacer un máster en Ingeniería en la Universidad de California, en el campus de Santa Bárbara. Aunque no tenía una nota media perfecta, sí destacó por encima del resto en la trayectoria seguida.

Sin embargo, hay que tener en cuenta una cuestión al utilizar la trayectoria como indicador del potencial: es importante fijar unas expectativas razonables. En un primer análisis, una trayec-

---

366. Townsend, Sarah S. M.; Stephens, Nicole M.; y Hamedani, MarYam G., «Difference-education improves first-generation students' grades throughout college and increases comfort with social group difference», *Personality and Social Psychology Bulletin*, 47, 10 (2021), pp. 1510-1519.

367. Stephens, Nicole M., *et al.*, «Unseen disadvantage: How American universities' focus on independence undermines the academic performance of first-generation college students», *Journal of Personality and Social Psychology*, 102, 6 (2012), pp. 1178-1197.

368. Murphy, Mary C., *et al.*, «A customized belonging intervention improves retention of socially disadvantaged students at a broad-access university», *Science Advances*, 6, 29 (2020), eaba4677.

toria ascendente indica que los candidatos han superado las adversidades. Pero no siempre se aprecia una mejora espectacular. Cuando las personas se enfrentan a contratiempos graves, la pendiente es mucho más pronunciada, y mantener un rendimiento constante puede ser todo un logro por sí mismo.

Ningún indicador de mejoría debería ser la única métrica que se tuviera en cuenta. Las trayectorias son una buena introducción, pero no cuentan toda la historia sobre el potencial de un candidato. Para calibrar la distancia que una persona es capaz de recorrer cuando sigue un camino difícil, también resulta fundamental observar de cerca las competencias y habilidades que ha adquirido hasta ahora. En lugar de observar el rendimiento o la experiencia del pasado, habría que averiguar lo que ha aprendido y cuál es su capacidad de aprendizaje. Y, para conseguirlo, hay que reconsiderar la forma de hacer entrevistas personales. El método más fascinante que conozco es el de un *call center* de Israel.

Entrevista sin el vampiro

Hace varias décadas, un terapeuta llamado Gil Winch, que aún estaba acabando su período de formación, empezó a sentirse muy frustrado con los métodos de la psicología clínica. No se contentaba con ayudar a los clientes de uno en uno, él quería resolver los problemas a gran escala. Un día, cuando estaba hablando con un vecino que sufría una parálisis, Gil se enteró de que, en todo el mundo, las personas con discapacidades tenían serios problemas para encontrar trabajo. Los candidatos con una deficiencia en su capacidad de audición, visión, movimiento, memoria, aprendizaje y comunicación compartían unas mismas experiencias. Tanto si padecían una discapacidad física como un trastorno psicológico, y tras haber sufrido el estigma y el rechazo durante toda su vida, sabían que los demás iban a subestimarlos e ignorarlos.

Gil se dio cuenta de que las entrevistas de trabajo ponían en desventaja a las personas con discapacidades. La típica entrevista está organizada como si fuera un interrogatorio. Los evaluadores interrogan al candidato sobre todos sus puntos débiles: «¿Cuáles son tus principales defectos?». «Te presento una lista de todos los errores que he cometido en mi vida, en orden cronológico.» Hacen preguntas imposibles sobre el futuro: «¿Dónde te ves dentro de cinco años?». «Quedándome con tu trabajo y haciendo mejores preguntas en las entrevistas.» Algunos tratan de dejar sin palabras a los candidatos con acertijos y adivinanzas: «¿Cuántas pelotas de golf puedes meter en un avión de pasajeros?». «¿Por qué alguien querría llenar un avión de pelotas de golf?»[369] Incluso para las personas que no tienen ninguna discapacidad, este enfoque sólo multiplica la ansiedad y la incomodidad.

El estrés generado en las entrevistas impide la detección de todo el potencial de una persona.[370] En concreto, ese estrés tiende a ser muy pronunciado entre las personas a las que han subestimado en el pasado. Sólo con que exista un estereotipo sobre el grupo al que pertenece el candidato, ya es más que suficiente para socavar su rendimiento en una situación de presión. Se ha demostrado que el miedo a confirmar los estereotipos negativos interrumpe la concentración y agota la memoria operativa, lo que esconde las capacidades de las mujeres en las pruebas de matemáticas, de los inmigrantes en las pruebas lingüísticas, de los alumnos de raza negra en las pruebas de acceso a la universidad,

---

369. En realidad, los acertijos no revelan ningún detalle útil sobre los candidatos, pero nos dicen algo sobre los entrevistadores que los plantean. En un estudio, los entrevistadores que proponían acertijos con mayor frecuencia eran narcisistas y sádicos. Salvo si te sientes orgulloso de poseer esos rasgos de carácter, ver que un candidato se retuerce en su silla no hará que te sientas más listo, sólo te hará sentir como un imbécil. Pasick, Adam, «Google finally admits that its infamous brainteasers were completely useless for hiring», *The Atlantic*, 20 de junio de 2013. Highhouse, Scott; Nye, Christopher D.; y Zhang Don C., «Dark motives and elective use of brainteaser interview questions», *Applied Psychology: An International Review*, 68 (2019), pp. 311-340.

370. Powell, Deborah M.; Stanley, David J.; y Brown, Kayla N., «Meta-analysis of the relation between interview anxiety and interview performance», *Canadian Journal of Behavioural Science*, 50, 4 (2018), pp. 195-207.

de las personas mayores en las pruebas cognitivas, y de los estudiantes con discapacidades físicas y trastornos de aprendizaje en una amplia variedad de exámenes. Todo está diseñado para que fracasen.[371]

Gil quería resaltar las habilidades de las personas con discapacidades. Para cerciorarse de que sus diferencias no les impedían recorrer grandes distancias, tomó una medida radical: montó un *call center* cuya plantilla estaba compuesta íntegramente por personas con discapacidades. Lo llamó «Call Yachol», que en hebreo significa 'capaces de hacer cualquier cosa'. Con el fin de establecer las condiciones para que los candidatos tuvieran éxito, invirtió el proceso estandarizado de las entrevistas de trabajo.[372] El sistema que ha creado está repleto de sorpresas.

Antes de entrar, el candidato rellena un cuestionario sobre sus pasiones: desde sus libros predilectos a la música que le gusta o sus *hobbies* favoritos. Para tener un apoyo, puede ir a la entrevista con un amigo o con su mascota. En cuanto entra en la

---

371. Steele, Claude M., «A threat in the air: How stereotypes shape intellectual identity and performance», *American Psychologist*, 52, 6 (1997), pp. 613-629. Nguyen, Hannah-Hanh D.; y Ryan, Ann Marie, «Does stereotype threat affect test performance of minorities and women? A meta-analysis of experimental evidence», *Journal of Applied Psychology*, 93, 6 (2008), pp. 1314-1334. Appel, Markus; Weber, Silvana; y Kronberger, Nicole, «The influence of stereotype threat on immigrants: Review and meta-analysis», *Frontiers in Psychology*, 6 (2015), 900. Steele, Claude M.; y Aronson, Joshua, «Stereotype threat and the intellectual performance of African Americans», *Journal of Personality and Social Psychology*, 69 (1995), pp. 797-811. Lamont, Ruth A.; Swift, Hannah J.; y Abrams, Dominic, «A review and meta-analysis of age-based stereotype threat: Negative stereotypes, not facts, do the damage», *Psychology and Aging*, 30, 1 (2015), pp. 180-193. Haft, Stephanie L.; Greiner de Magalhães, Caroline; y Hoeft, Fumiko, «A systematic review of the consequences of stigma and stereotype threat for individuals with specific learning disabilities», *Journal of Learning Disabilities*, 56, 3 (2023), pp. 193-209.

372. Winch Gil, *Winning with underdogs: How hiring the least likely candidates can spark creativity, improve service, and boost profits for your business*, McGraw Hill, Estados Unidos, 2022. Grant, Adam, «It's time to stop ignoring disability», WorkLife, 13 de junio de 2022.

sala, descubre que los entrevistadores son el perfecto opuesto de un interrogador: son sus anfitriones. Dan una vuelta por la empresa, le ofrecen un té o un café y lo tratan como si fuera un invitado que han traído a casa. Entonces se dirigen a un espacio que parece una sala de estar, con butacas grandes y cómodas, y le preguntan sobre algunas de sus pasiones. El objetivo no es sólo que el candidato se relaje, es ofrecerle la oportunidad de que se le ilumine la cara con las cosas que ama.

Acto seguido, llega el momento de que el candidato exhiba sus virtudes. En lugar de bombardearlo con acertijos intimidantes y problemas extraños, Gil ha preparado una serie de retos que le ofrecen la oportunidad de exhibir sus habilidades en situaciones familiares. ¿Tiene ganas de mostrar su determinación frente a los obstáculos? Que se prepare para reunirse con un vecino que se opone a todas sus ideas para renovar el edificio. ¿Entusiasmado por demostrar su atención al detalle? Es el momento de jugar a «No mates a la abuela». Es alérgica a los cacahuetes, y la tarea consiste en escoger alimentos seguros de una larga lista de la compra. ¿Quiere demostrar que lo suyo es la persuasión y la negociación? Que explique cómo convencería a un adolescente de que no mire el móvil durante la cena.

En la ciencia de las entrevistas, hay un nombre para esta clase de pruebas. Se llaman «muestras de trabajo». Una muestra de trabajo es una instantánea de las habilidades de un candidato. En algunos casos, tiene la posibilidad de ofrecer una de esas muestras enviando un portafolio de sus anteriores trabajos. En la actualidad, muchas universidades las incluyen en sus procesos de selección, ya que invitan a los alumnos a enviar sus portafolios creativos. Pueden enviar una grabación si se dedican a la música, un guion si son dramaturgos o guionistas, o un vídeo en el caso de los actores, bailarines o magos.

Pero las muestras de trabajo anteriores pueden tener limitaciones parecidas a las del rendimiento previo. Al final, son un poco como comparar naranjas y manzanas: no hay forma de tener en cuenta el grado de dificultad que los candidatos han superado hasta la fecha. Una alternativa muy potente es crear muestras de trabajo en tiempo real: presentar a todo el mundo el mismo problema, que deben resolver en el momento. Un gran número de pruebas confirman que las muestras de trabajo en directo pueden suplir las carencias de las entrevistas, ya que ilustran muy bien las capacidades de los candidatos.[373] En lugar de confiar únicamente en lo que dice el entrevistado, las empresas pueden valorar lo que es capaz de hacer, algo que los candidatos aprecian de verdad.[374]

Descubrí las muestras de trabajo al comienzo de mi carrera, cuando ni siquiera sabía que tenían un nombre. Un colega y yo teníamos que contratar a un equipo de comerciales y decidimos que nos vendieran una manzana podrida. El discurso de uno de los candidatos fue inolvidable: «Puede parecer una manzana podrida, pero en realidad es una manzana antigua, añeja. Dicen que una manzana al día te hará perder al médico de vista, pero cuanto más antiguas son, ¡más nutrientes tienen! Y además puedes plantar sus semillas en el patio trasero». Después de resolver ciertas dudas sobre su honradez, aquel candidato en particular acabó siendo el mejor vendedor que jamás he contratado. Desde entonces, he visto una gran variedad de enfoques creativos relacionados con las muestras de trabajo y en muchos sectores diferentes. Entre mis favoritas, se encuentran las escuelas que evalúan la proactividad de los candidatos a profesor pidiéndoles que preparen una clase en directo y las empresas que valoran las habilidades prosociales de los candidatos a mecánico aeronáutico pidiéndoles que construyan en grupo un helicóptero con piezas de Lego.

En muchos casos, las muestras de trabajo sólo se hacen una vez. Pero el primer intento casi nunca suele ser el mejor. Call Yachol también ha eliminado esta barrera del proceso. Sus muestras de trabajo están diseñadas para ofrecer una segunda oportu-

---

373. Roth, Philip L.; Bobko, Philip; y McFarland, Lynn A., «A meta-analysis of work sample test validity: Updating and integrating some classic literature», *Personnel Psychology*, 58, 4 (2005), pp. 1009-1037.

374. Anderson, Neil; Salgado, Jesús F.; y Hülsheger, Ute R., «Applicant reactions in selection: Comprehensive meta-analysis into reaction generalization versus situational specificity», *International Journal of Selection and Assessment*, 18, 3 (2010), pp. 291-304.

nidad a los candidatos para que puedan hacerlo bien. Si una persona se atasca cuando trata de no matar a la abuela, puede pedir un tiempo muerto y solicitar ayuda. Al final de la entrevista, en lugar de ser juzgado, se convierte en su propio juez. Le piden una evaluación de todo el proceso: si el entrevistador ha conseguido que se sintiera cómodo y si ha podido rendir al máximo de sus capacidades. Si no está satisfecho de los resultados, le dan una segunda oportunidad. Y le piden qué podrían hacer de otra manera para conocer mejor su perfil.

Cuando un hombre llamado Harvey acudió a Call Yachol para hacer una segunda entrevista, parecía muy evidente que tenía dificultades para concentrase. El entrevistador hizo una pausa y le preguntó cómo se sentía. Harvey padecía un trastorno del espectro autista, y le explicó que al sentir que los zapatos le molestaban aquella mañana, había derramado el café sobre la camisa que se había puesto y, al tratar de arreglar el desastre, había acabado perdiendo el autobús. Se encontraba muy nervioso después de hacer lo imposible por no llegar tarde, aunque los zapatos no habían dejado de molestarle. El entrevistador decidió hacer una larga pausa y le dio una hora para volver a empezar. Harvey lo hizo todo a la perfección en el segundo intento y consiguió el trabajo.

Recopilar muestras de trabajo lleva su tiempo. Pero en la actualidad muchas de esas muestras pueden obtenerse a través de internet. Hoy es más fácil que nunca crear tareas digitales de resolución de problemas. E incluso si se hacen en persona, no consumen más tiempo que realizar una entrevista. Las empresas deciden invertir ese tiempo porque son conscientes de la enorme importancia de analizar muy bien el perfil de las personas que entran por la puerta. Y, a pesar de todos los avances de la inteligencia artificial, aún no he visto un algoritmo que sea capaz de detectar el potencial de Harvey.[375] Hoy tiene un trabajo difícil

---

375. Esto no quiere decir que los algoritmos no puedan ser útiles. En los procesos de selección, los algoritmos casi siempre superan a los humanos cuando se trata de predecir la futura puntuación, el rendimiento en el trabajo y el porcentaje de mejora de los candidatos. Los algoritmos tienen la ventaja

que consiste en hacer llamadas «a puerta fría», en que el rechazo y la mala educación son moneda corriente. La mayoría de la gente lo deja en los primeros años, pero Harvey ha sido un modelo de determinación y resiliencia. Durante ocho años ha sido una verdadera estrella, después de cumplir una y otra vez con sus objetivos mensuales y recibir el premio al empleado del trimestre delante de todo el *call center*.

Los expertos del sector eran muy escépticos sobre las posibilidades de éxito del modelo de Gil, en especial para un *call center*. No concebían que unas personas con discapacidad pudieran prosperar en un entorno muy acelerado, donde hay mucha presión. Gil tardó todo un año en conseguir su primer cliente. Cuando por fin lo consiguió en 2009, contrató a quince personas con distintas discapacidades y trastornos. En un momento dado, tenía a un supervisor legalmente ciego que controlaba a un trabajador con una grave pérdida de audición. A primera vista, aquello no sonaba como el secreto del éxito, pero Gil estaba convencido

---

de que sistemáticamente incorporan y sopesan distintas fuentes de información y, como algunos expertos han señalado, es más fácil arreglar un algoritmo sesgado que un humano prejuiciado. En los textos de presentación para acceder a la universidad, un algoritmo de aprendizaje automático diseñado para señalar los valores y habilidades del carácter —desde la perseverancia hasta la intención prosocial, pasando por la orientación hacia la maestría, el liderazgo y el trabajo en equipo— predice el porcentaje de graduados al terminar la carrera con mayor exactitud que las notas y los exámenes. Pero los algoritmos tienen limitaciones fundamentales: se basan en los datos del pasado para predecir el futuro potencial y siempre van a pasar por alto información muy importante. Por ejemplo, si se trata de fichar a un deportista en el *draft*, es muy probable que el algoritmo no tenga en cuenta que anoche el jugador favorito se rompió una pierna en un accidente de tráfico y fue arrestado por conducir borracho. Un algoritmo es un factor más del criterio humano, no su sustituto. Kuncel, Nathan R., *et al.*, «Mechanical versus clinical data combination in selection and admissions decisions: A meta-analysis», *Journal of Applied Psychology*, 98, 6 (2013), pp. 1060-1072. Mullainathan, Sendhil, «Biased algorithms are easier to fix than biased people», *The New York Times*, 6 de diciembre de 2019. Lira, Benjamin, *et al.*, «Using human-centered artificial intelligence to assess personal qualities in college admissions», documento de trabajo (2023). Grant, Adam, «Reinventing the job interview», *WorkLife*, 21 de abril de 2020.

de que podía funcionar. Después de haber observado sus puntos fuertes muy de cerca, sabía la distancia que el equipo era capaz de recorrer. Y no sólo cumplieron las expectativas, las destrozaron. Desde entonces, a medida que Call Yachol ha ido creciendo, muchos de sus equipos han superado los estándares de referencia en el sector en cuanto a los contactos establecidos por hora y el tiempo con los clientes al teléfono, y algunos han superado incluso a otros grupos sin discapacidades.

Para Gil, aquello sólo era el principio. Sabía que las personas con discapacidad sólo eran un colectivo más de los muchos que ven cómo se ignora su potencial. Así que amplió su modelo de contratación para crear nuevas oportunidades para los grupos discriminados: desde inmigrantes hasta personas que han salido de la cárcel. En 2018, el equipo recibió una invitación del Parlamento de Israel para recibir un homenaje por todo el bien que hace a las personas y a la sociedad.

Un modelo de entrevista como el de Call Yachol no sólo es una forma muy convincente de abrir la puerta a las personas con pocas oportunidades, creo que es una manera de reconocer el potencial que hay en todas las personas: permite que las habilidades de cada candidato brillen con luz propia. Los interrogatorios nos llenan de ansiedad, y cualquiera puede tener un percance de camino a una entrevista de trabajo. La mejor manera de calibrar las habilidades de una persona es ver lo que puede hacer, no lo que dice o lo que ha hecho antes. En lugar de hacer la zancadilla a los candidatos, deberíamos darles la oportunidad de que causen la mejor impresión posible. La respuesta a una segunda oportunidad nos ofrece una visión mucho más lúcida sobre sus habilidades del carácter que la forma en que se desenvuelven en un primer intento.

Una ventana de oportunidad

Como la NASA invitaba a los candidatos a actualizar sus solicitudes cada año, José tenía una segunda oportunidad cada doce meses. En 1996, después de una concatenación de rechazos, ya estaba a punto de rendirse cuando su mujer, Adela, lo animó a no renunciar a su sueño. «Que sea la NASA quien te descalifique —le pidió—. No lo hagas tú mismo.»

José se dio cuenta de que podía hacer algo más para cumplir los requisitos: se convertiría en «una esponja». Descubrió que la mayoría de los astronautas eran pilotos y buceadores, así que dedicó un año a sacarse el permiso de vuelo y se pasó otro año yendo a clases de submarinismo cada fin de semana, hasta sacarse la licencia básica, la avanzada y la profesional. Y cuando el laboratorio federal en el que trabajaba le ofreció la inusual oportunidad de recortar la proliferación nuclear en Siberia, José aceptó la propuesta con una condición: como parte del trato, tendrían que dejarle aprender ruso. Confiaba en que le ayudaría a destacar en el próximo ciclo de la NASA.

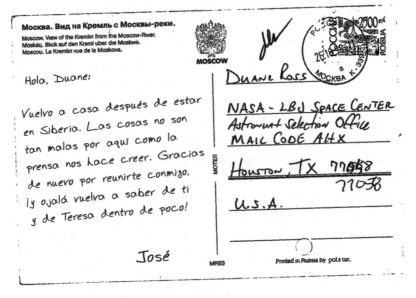

Fuente: Cortesía de José Moreno Hernández, Tierra Luna Engineering LLC.

En 1998, cuando José tenía 36 años, presentó una nueva solicitud para el puesto de astronauta. Y, al fin, recibió noticias muy prometedoras. Entre más de 2.500 candidatos, era uno de los 120 finalistas.

José por fin tendría la oportunidad de ofrecer una muestra

completa de su trabajo en persona. Tuvo que someterse a una semana entera de pruebas físicas y psicológicas en el Centro Espacial Johnson. Un equipo de antiguos astronautas le preguntaron por cuestiones técnicas relacionadas con el vuelo y la ingeniería, así como por su capacidad de comunicación y trabajo en equipo. Tuvo que hacer exámenes que exigían rotar objetos en la mente y resolver problemas bajo presión. De los 99 puntos posibles, el comité de selección de astronautas le concedió 91.

Los entrevistadores no le preguntaron directamente por las adversidades que había superado. Le dieron una hora para hablar de sus orígenes. Por primera vez, y con la confianza de haber demostrado ya sus habilidades técnicas, José se abrió y habló a la NASA de sus comienzos como trabajador migrante en el campo. «Si eres capaz de lograr todo eso viniendo de un lugar como el de José —dice Duane Ross—, y superarlo y llegar al mismo lugar al que han llegado otras personas, entonces tienes un montón de capacidades y de voluntad.»

Tras la entrevista, José recibió una llamada personal de Duane. Por desgracia, iban a rechazar de nuevo su candidatura. Pero, en esta ocasión, había un lado positivo. Le iban a ofrecer un trabajo... pero no como astronauta, sino como ingeniero.

José había tenido que adaptarse cada año. Ahora tendría que adaptarse otra vez. Aunque no subiría en persona al transbordador, podría formar parte de la misión para llevar al espacio a un grupo de seres humanos. La experiencia le enseñó una lección: «Hay más de una estrella en el cielo, y más de un propósito y un objetivo en la vida».

Después de varios años trabajando en la NASA como ingeniero, en 2004, José oyó sonar el teléfono. La voz al otro lado de la línea le preguntaba si podía encontrar a alguien que lo reemplazara en su puesto. José dijo que estaría encantando de formar a otra persona para que asumiera su trabajo. «Bien —dijo el director—. ¿Qué te parecería empezar a trabajar para el Departamento de Astronautas?»

Después de quince años de solicitudes, José fue seleccionado para ir al espacio. «En el instante en que escuché las buenas noticias —recuerda—, todo mi cuerpo se quedó paralizado.» Salió corriendo en dirección a su casa para contarle la noticia a su mujer, sus hijos y sus padres, quienes lo celebraron entre gritos, bailes y abrazos.

Administración Nacional
de Aeronáutica y el Espacio
Centro Espacial Lyndon B. Johnson
Houston, Texas
77058

20 de abril de 2004

AHX

Sr. José M. Hernández
4015 N. Water Iris Court
Houston, TX 77059

Querido José:

¡Felicidades y bienvenido al equipo! Prepárate para comenzar uno de los períodos más apasionantes de tu vida. El Programa de Formación de Candidatos a Astronauta se ha diseñado para prepararte para la formación específica en misiones. Durante el programa tendrás que enfrentarte constantemente a nuevos retos, y se espera de ti que demuestres un grado de competencia aceptable para poder valorar tu designación a la categoría de astronauta.

Fuente: Cortesía de José Moreno Hernández, Tierra Luna Engineering LLC.

En agosto de 2009, unas pocas semanas después de cumplir 47 años, José entraba en el transbordador espacial. Tomó asiento, se abrochó los cinturones y se preparó para el despegue. Poco antes de la medianoche, escuchó la cuenta atrás y vio que los motores se encendían. Ocho minutos y medio después de salir disparado hacia el cielo, el motor se apagó y José no podía creer lo que veían sus ojos. Para convencerse de que todo era real, lanzó al aire una pieza del instrumental. Al verla flotar, se sintió maravillado: «¡Me imagino que estamos en el espacio!».

José había pasado de recoger fresas en los campos a flotar entre las estrellas. Durante las dos semanas que pasó en el espacio, recorrió más de 8 millones de kilómetros. Un vuelo muy corto en comparación con la distancia que había tenido que recorrer para disfrutar de la oportunidad de vestir un traje espacial.

Fuente: Cortesía de José Moreno Hernández, Tierra Luna Engineering LLC.

Aunque sea muy emocionante ver que un candidato como José acaba teniendo éxito, con esto no hay suficiente. Su victoria nos demuestra todo lo que nos estamos perdiendo con tantas otras personas. José tuvo que romper todos los moldes para alcanzar sus metas dentro de un sistema que no funciona. Él es la excepción, pero debería ser la regla.

Cuando evaluamos a una persona, no existe nada más satisfactorio que encontrar un diamante en bruto. Nuestro trabajo no consiste en aplicar la presión que haga aflorar su brillo. Consiste en asegurarnos de que no ignoramos a quienes ya se han enfrentado a esa presión y reconocer su potencial para brillar.

Epílogo

Llegar hasta el final

> Cree de verdad en tus sueños,
> porque si los sueños mueren,
> la vida es un pájaro con las alas rotas
> que no puede volar.
>
> LANGSTON HUGHES[376]

Cuando empecé a contar que estaba escribiendo un libro sobre el potencial oculto, no dejaban de hacerme preguntas sobre los sueños. «¿Va de hacer realidad nuestros sueños?» «¿Vas a animar a los lectores a soñar a lo grande?» Pero yo no quería ir por ahí. Sonaba demasiado optimista, demasiado pueril. Ésa es la clase de lenguaje idealista que venden los gurús de la autoayuda, no el que estudia un científico social serio.

Si posees la visión, la dignidad y la elevada talla moral de Martin Luther King Jr., quizás puedas salir bien parado.[377]

---

376. Hughes, Langston, *The collected poems of Langston Hughes*, Knopf, Estados Unidos, 1994.

377. Polk, Jim; y Stewart, Alicia, «9 things about MLK's speech and the March on Washington», CNN, 21 de enero de 2019.

Aunque incluso los asesores de King temían que el lenguaje de los sueños sonara «manido y gastado». Para todos los demás, supuse que era mejor dejar los sueños en el mundo de la infancia.

Pero entonces tropecé con nuevas pruebas que confirmaban que las personas con los sueños más ambiciosos son las que alcanzan las metas más elevadas. Cuando un grupo de economistas siguió la trayectoria de miles de personas, desde su nacimiento hasta los 55 años de edad, las aspiraciones que se habían creado cuando eran adolescentes anticiparon el posterior desarrollo de sus vidas adultas. Los jóvenes con los sueños más colosales llegaron más lejos en sus estudios y más alto en sus trabajos.[378] Incluso después de tener en cuenta muchos otros factores —ingresos familiares, habilidades cognitivas y del carácter, así como la educación, ocupación y aspiraciones de los padres—, sus propios sueños contribuían de una manera única y singular a su forma de progresar en la vida y a la clase de persona en la que se convertían.

Entonces me di cuenta de que si no hubiera sido por mis sueños y por las personas que me ayudaron a hacerlos realidad, este libro no existiría.

Al comienzo de mi último año en el instituto, mis planes eran quedarme en Míchigan para ir a la universidad. Pero una noche de septiembre, me fui a la cama y soñé que iba a Harvard. Nunca me había planteado aquella posibilidad. Sabía que era poco probable: no estaba seguro de tener la capacidad necesaria, y mi familia no podía permitirse que estudiara en otro estado. Pero como había visto hacía poco *El indomable Will Hunting*, no podía sacarme la idea de la cabeza.

En mi ciudad natal, a las afueras de Detroit, la posición social de la gente dependía de cualidades muy superficiales, como la

---

378. Lekfuangfu, Warn N.; y Odermatt, Reto, «All I have to do is dream? The role of aspirations in intergenerational mobility and well-being», *European Economic Review*, 148 (2022), 104193.

riqueza o la belleza física. Casi todos los chicos más populares de mi instituto eran ricos o muy atractivos. En mi visión sobre Cambridge, Massachusetts, el atractivo se basaba en la inteligencia. La residencia de estudiantes estaría llena de otros frikis como yo. Las clases me permitirían absorber la sabiduría de las mentes más brillantes del mundo.

A finales de otoño me puse mi único traje para acudir a una entrevista con un exalumno de Harvard que trabajaba en un bufete de abogados cercano. Justo al salir de casa, se me pasó una idea por la cabeza. Volví a entrar, cogí una pequeña caja de un cajón y me la metí en el bolsillo de la americana.

Cuando llegué, estaba temblando: nunca había tenido una entrevista de ese estilo, ni tampoco había conocido a un graduado de Harvard. ¿Qué hacía si no entendía ni una sola palabra de lo que me contaba?

En teoría, la entrevista debía durar una hora, pero al final se alargó más de tres. No tenía ni idea de lo que aquello quería decir. Después de aquel día, cada vez que bajaba del autobús al salir del colegio, revisaba el buzón de casa hecho un manojo de nervios. En diciembre, llegó un sobre de Harvard.

Era una carta de aceptación y venía además con una ayuda económica, aunque aún tenía que acabar el instituto con buenas notas. Estaba tan contento que rompí mi norma de «nada de bailecitos» y me marqué una coreografía como si hubiera metido un gol. Más adelante iba a descubrir que cada vez que hiciera alguna estupidez en mi vida, la gente siempre me iba a decir: «¿Y tú has ido a Harvard?».

En primavera, cuando conocí a mis futuros compañeros de clase por internet y en algunos actos organizados por la universidad, detecté un mismo patrón. Harvard parecía atraer a dos tipos de estudiantes que estaban en polos opuestos: por un lado, aquellos que estaban convencidos de ser una bendición para el mundo y, por otro, los que temían ser uno de sus peores errores. Yo estaba en el segundo grupo. De algún modo, había conseguido pasar el corte, pero no sabía si tendría la inteligencia necesaria para salir adelante en aquel entorno.

Fuente: WorkChronicles (<workchronicles.com>).

En mi primera semana en el campus, iba a tener la oportunidad de comprobar si poseía la inteligencia necesaria.

Antes de que las clases empezaran, todos los alumnos teníamos que hacer un examen obligatorio de redacción. El resultado determinaría nuestra ubicación en un futuro seminario de redacción para estudiantes de primer año. Si aprobábamos, sólo tendríamos un semestre de redacción, y todo resuelto. Si suspendíamos, tendríamos que empezar el curso haciendo un semestre adicional para corregir nuestra escritura. Un alumno de segundo año me dijo que no me preocupara: ese semestre adicional sólo era para los deportistas y los alumnos extranjeros que tenían el inglés como quinta lengua.

No recuerdo la premisa inicial que debíamos desarrollar, pero sí me acuerdo de lo que escribí: un análisis de los personajes de *El indomable Will Hunting*. Unos días después, encontré un sobre detrás de la puerta de mi habitación. Había suspendido el examen de redacción.

¿Y ahora cómo te quedas?

Era la primera vez que Harvard juzgaba mi intelecto, y el tribunal había dictado un veredicto devastador. *Sobre la acusación de no ser lo bastante inteligente: culpable.* Olvídate del síndrome del impostor, yo era una estafa. Mientras tanto, mi compañero de habitación —un *quarterback* del equipo de fútbol que había tenido ofertas de varias universidades— había aprobado.

Para descubrir cuáles eran mis opciones, concerté una reunión con los expertos del Departamento de Redacción que habían corregido el examen. Me dijeron que, en última instancia, los estudiantes eran libres para decidir las clases en las que querían matricularse, pero me recomendaban encarecidamente que me apuntara al curso para mejorar mi redacción. Los alumnos que suspendían el examen y que decidían comenzar el curso como si nada, nunca sacaban una nota superior a un notable bajo. Los expertos del taller de escritura me confesaron que en mi caso, después de leer mi redacción, prescindir del semestre adicional aún comportaba más riesgos. Mi manera de escribir era tan confusa y desestructurada que, si me saltaba el curso para corregir la redacción, no iba a sacar más de un aprobado justo. Pero la decisión era mía.

Estaba indeciso. Por un lado, no quería perjudicar mi nota media, y me gustaba escribir y quería mejorar mi estilo. Pero, por otro, me avergonzaba la idea de quedarme rezagado y no quería malgastar una asignatura optativa con un curso de redacción.

Para tomar la decisión, necesitaba consejo. Pero las personas que mejor me conocían no tenían ni idea de cómo era Harvard... y las personas de Harvard en realidad no me conocían en absoluto. Entonces recordé a aquel exalumno que me había entrevistado, un abogado llamado John Gierak. Llevaba décadas colaborando en los procesos de selección de Harvard y había dedicado mucho tiempo a conocerme mejor.

Unos meses antes, había visto a John en un acto de bienvenida para los nuevos alumnos y le pregunté por qué habían decidido admitirme. Me respondió que no formaba parte del comité, así que en realidad no lo sabía. Pero había destacado algo en el informe que elaboró después de mi entrevista y que se veía a primera vista en el formulario de admisión.

Un año antes, cuando me presenté en su despacho para hacer la entrevista, John abrió la conversación preguntándome acerca de mis *hobbies* e intereses. «Veo que has hecho algunas actuaciones como mago —me dijo—. ¿Cuál es tu truco favorito?»

Me llevé la mano al bolsillo y saqué la pequeña caja que había cogido al salir de casa: era una baraja de cartas. «De hecho, ¿puedo enseñártelo?»

John sonrió. Empecé a barajar las cartas y le expliqué una historia usando toda la baraja. Cada vez que nombraba una carta, aparecía por arte de magia en el primer puesto de la baraja, incluso después de pedirle a John que las cortara.

Al terminar, el público solía preguntarme cómo lo había hecho. Pero John quería saber cómo lo había aprendido. Le dije que había visto a un mago haciendo el truco por televisión cuando tenía 12 años y que encontré una manera de hacer mi propia versión.

John me preguntó si podía actuar con unas cartas que no fueran mías. Se puso a buscar por todo el bufete y, unos minutos después, volvió con una baraja de cartas. Así que hice unos cuantos trucos más. Algunos los había sacado de libros de magia y otros me los había inventado yo.

En la recepción de bienvenida, John me dijo que no había sido la magia el factor que me ayudó a destacar. Era la iniciativa para aprender por mi cuenta y el valor que había demostrado para hacer una actuación improvisada en su despacho. Era mi primera entrevista. No tenía ni idea de que en teoría sólo debíamos hablar, y hasta que no me convertí en psicólogo organizacional no me di cuenta de que le había entregado una muestra de trabajo.

Al compartir conmigo los aspectos que más habían destacado en mi entrevista, John me dio un curso acelerado sobre la importancia de las habilidades del carácter. Mi éxito no iba a depender de mi capacidad inicial. Dependería de mi motivación y capacidad de aprendizaje.

Cuando suspendí el examen de redacción de Harvard, aquella nota no me convertía en un escritor fracasado. Sólo habían suspendido una muestra muy reducida de mi habilidad para escribir. No me conocían, así que me planteé demostrarles que se equivocaban. Me propuse dejar de ser el alumno que había suspendido el examen y convertirme en uno de los mejores de la clase.

Me salté la clase especial para mejorar y me matriculé directamente en el seminario regular para todos los alumnos. Me convertí en una esponja, acepté la incomodidad de pedir una interminable sucesión de críticas constructivas al profesor y a cualquier otra persona que estuviera dispuesta a leer mis textos. En vez de volver a casa para el Día de Acción de Gracias, me quedé en el campus para escribir y reescribir una redacción. Al final del semestre, había recorrido una distancia enorme. El profesor me felicitó por sacar el único sobresaliente de la clase.

¿Y ahora cómo te quedas?

El síndrome del impostor dice: «No sé lo que estoy haciendo. Sólo es cuestión de tiempo antes de que alguien se dé cuenta».

Una mentalidad orientada al crecimiento dice: «Aún no sé lo que estoy haciendo. Pero sólo es cuestión de tiempo antes de que lo averigüe».

El andamiaje te da el apoyo que necesitas para averiguarlo.

No he visto a John Gierak desde hace dos décadas. Pero las reflexiones que compartió conmigo sobre la importancia de las habilidades del carácter se convirtieron en un pequeño andamiaje que acabaría siendo fundamental. Aquellos comentarios se transformaron en una brújula y guiaron mis avances durante los años siguientes.

Al echar la vista atrás, pienso que si no me hubiera planteado el reto de apuntarme al seminario normal, quizás nunca me habría convertido en escritor o en psicólogo. Los seminarios de redacción cubrían un amplio abanico de temas, y para las clases de aquel otoño pude escoger la influencia social. Una de las lecturas obligatorias era un libro de un psicólogo, Robert Cialdini. Estaba repleto de datos sorprendentes, y me pareció tan fascinante que cuando volvieron a incluirlo en el temario de otra asignatura, lo leí por segunda vez. Fue la primera vez que me planteaba la posibilidad de convertirme en psicólogo. Empecé a soñar en escribir un libro como aquél algún día.

Durante la década siguiente, aquel sueño pasó a un segundo plano. Como profesor, todavía tenía que descubrir cuál era mi manera de enseñar. Incluso después de controlar mi ansiedad, todavía me comportaba como un robot hasta que una mentora, Jane Dutton, me ofreció una pista. Me recomendó liberar al mago que llevaba dentro.

Empecé a introducir finales sorprendentes, con estudios que desafiaban el sentido común y giros de guion inesperados basados en el aprendizaje práctico. Estaba empeñado en ofrecer unas clases memorables y realizar investigaciones que valieran la pena. Entonces conseguí un puesto fijo en Wharton. Después de llegar a la cima de mi montaña personal, quería hacer algo más para que otras personas también pudieran escalar las suyas. Sentía la responsabilidad de compartir lo que estaba aprendiendo en otros contextos alejados de las clases y las revistas académicas, y con un público más amplio que los estudiantes e investigadores.

Unas pocas semanas después, un mentor contactó conmigo para explicarme que estaba empezando a escribir su próximo libro. Estaba dedicado a los incentivos, y como yo había estudiado motivación, se preguntaba si quizás quería compartir su autoría con él. Aquel profesor era uno de mis referentes, y les dije a mis alumnos lo entusiasmado y honrado que me sentía por su invitación para subir a bordo. Me montaron una revolución. «Si vas a escribir un libro, ¡empieza con tus propias ideas! ¿Ya has olvidado lo que nos has enseñado? El peor éxito posible es lograr los objetivos de otra persona. No vivas el sueño de otros.» Tenían razón. Así que decidí empezar mi propio libro.

Varios colegas hablaban maravillas de un agente literario, Richard Pine, que decidió ponerme bajo su tutela. En junio, después de muchos meses de escritura de ideas, Richard me anunció que había llegado la hora de redactar una propuesta para enviarla a las posibles editoriales interesadas. Llevaba años estudiando el mismo tema, así que las ideas no dejaban de brotar. En agosto, le envié 103.914 palabras. En dos meses, había escrito un borrador de todo el libro.

Estaba impaciente por recibir la opinión de Richard. Con mucho tacto, me explicó que era demasiado académico. Se estaba quedando corto: era aburrido. En otras palabras, no era un «pasa-páginas». Estaba tan inmerso en los detalles de la investigación, que incluso a mis colegas les parecería aburrido. Me animó a transmitir una visión más general y a empezar de nuevo, desde cero.

Y empecé a languidecer.

Estaba atascado. No sabía por dónde empezar y mucho menos si sería capaz de terminarlo. El síndrome del impostor volvió para vengarse. ¿Quién era yo para escribir un libro? ¿Por qué alguien querría leer lo que tenía que decir? Richard dejó de ser juez para convertirse en entrenador, y me dijo que dejara de dudar de mí mismo. «¡Claro que puedes hacerlo! Sólo tienes que escribir como das tus clases, no como escribes para las revistas académicas.»

Confié en él. No sólo era uno de mis devotos seguidores, que además sabía de lo que hablaba, era un guía que me orientaba hacia un lugar mejor. Vomité 102.000 palabras —aunque sólo había unas cuatro páginas que valieran la pena— y así escribí lo que sería mi primer libro. Escribir como doy clases ha sido mi brújula desde entonces. Ha sido mi orientación para poder escribir libros que, a la hora de la verdad, te despierten suficiente interés como para empezarlos a leer. Bueno, como mínimo uno... espero que no te arrepientas.

Fuente: Ryan Harby, 2019.

No hace mucho caí en la cuenta de que el síndrome del impostor es una paradoja:

- Los demás creen en ti.
- Tú no crees en ti mismo.
- Sin embargo, crees en lo que tú piensas, no en lo que piensan ellos.

Si dudas de ti mismo, ¿por qué no deberías dudar también de la pobre opinión que tienes de ti mismo?

Hoy creo que el síndrome del impostor es una señal del potencial oculto. Sientes que otras personas te sobreestiman, pero en realidad es mucho más factible que seas tú quien se esté subestimando. Ellos han detectado en ti una capacidad para mejorar que aún no puedes ver. Cuando varias personas creen en ti, quizás ha llegado el momento de creer en ellas.

Muchas personas sueñan con alcanzar sus metas. Miden sus avances por el estatus que adquieren y los elogios que reciben. Pero los logros que más cuentan son los más difíciles de contabilizar. La parte más importante del desarrollo personal no es forjarnos una carrera, es forjarnos un carácter.

El éxito es mucho más que lograr nuestros objetivos: es vivir según nuestros propios valores. No hay valor más supremo que aspirar a que mañana seamos mejores de lo que somos hoy. No hay mayor logro que liberar nuestro potencial oculto.

Acciones para el cambio

Si te apetece responder a un cuestionario sobre tu potencial oculto, visita <www.adamgrant.net> (en inglés).

El proceso de aprendizaje no termina con la adquisición de unos conocimientos concretos. Sólo está completo cuando somos capaces de aplicar esos conocimientos una y otra vez. A continuación, encontrarás mis cuarenta consejos favoritos para liberar el potencial oculto y hacer grandes cosas en la vida.

I. Desarrollar las habilidades del carácter

1. **Libera el potencial oculto con las habilidades del carácter.** Las personas que más crecen no son las más inteligentes del grupo. Son las que se esfuerzan para ser más inteligentes y para que también lo sean los demás. Cuando las oportunidades no llaman a la puerta, buscan formas de crear esas puertas o de trepar por una ventana.

A. *Convertirse en una criatura de la incomodidad*

2. **No tengas miedo de probar un estilo nuevo.** En lugar de centrarte en la forma de aprender que más te gusta, acepta

la incomodidad de adaptar el método a la tarea. La lectura y la escritura suelen ser los más adecuados para el pensamiento crítico, escuchar resulta ideal para comprender emociones y actuar funciona mejor para recordar la información.

3. **Si no lo usas, no lo aprendes.** Sube al ring antes de sentirte preparado. No hace falta sentirse cómodo y seguro antes de empezar a usar una nueva habilidad, la comodidad aumenta mientras la practicas. Como nos demuestran los políglotas, hasta los expertos tienen que empezar desde el principio.

4. **Busca la incomodidad.** En vez de esforzarte sólo para aprender, ponte el objetivo de sentirte incómodo. La búsqueda de la incomodidad te coloca en un camino que conduce mucho más deprisa al crecimiento. Si quieres aprender a hacer las cosas bien, primero tienes que sentir que las haces mal.

5. **Elabora un presupuesto de errores.** Para fomentar el método del ensayo y error, márcate como objetivo un número mínimo de errores que quieres cometer cada día o cada semana. Cuando ya sabes que vas a cometer un error, le das menos vueltas al asunto y mejoras más.

B. *Transformarse en una esponja*

6. **Aumenta tu capacidad de absorción.** Sal en búsqueda de nuevos conocimientos, habilidades y perspectivas para potenciar tu crecimiento, no para alimentar tu ego. El desarrollo personal depende de la calidad de la información que asimilas, no de la cantidad de información que buscas por ahí.

7. **Pide consejos, no opiniones.** Las opiniones se centran en el pasado: al final la gente se dedica a alabarte o criticarte. En cambio, los consejos miran hacia el futuro: la gente pasa a orientarte. Con una simple frase, es muy sencillo convertir en entrenadores a los críticos y adula-

dores: «Dime una cosa que podría hacer mejor la próxima vez».
8. **Descubre las fuentes en las que puedes confiar.** Decide qué información vale la pena absorber, y cuál hay que filtrar y dejar fuera. Escucha a los entrenadores que tienen una experiencia relevante (credibilidad), te conocen bien (familiaridad) y quieren lo mejor para ti (cuidados).
9. **Conviértete en el entrenador que te gustaría tener.** Demuestra que la honestidad es la suma expresión de la lealtad. Conviértete en un modelo de lo que debería ser una orientación efectiva: trata de ser cercano en lo que dices y respetuoso en la forma de decirlo. Demuestra a los demás que es muy sencillo escuchar la cruda realidad cuando proviene de una persona que cree en su potencial y se preocupa por sus éxitos.

C. *Convertirse en un imperfeccionista*

10. **Busca la excelencia, no la perfección.** El progreso es el resultado de mantener unos estándares elevados, no de suprimir todos los defectos. Practica el *wabi sabi*, el arte de honrar la belleza en la imperfección, tras identificar los defectos que eres capaz de aceptar. Analiza cuándo necesitas de verdad aspirar a lo mejor y cuándo puedes conformarte con cubrir el expediente. Haz un seguimiento de tu crecimiento personal con las preguntas de Eric Best: ¿has mejorado en algo hoy?, ¿has ayudado a alguien a mejorar hoy?
11. **Forma un equipo de jueces para medir tus avances.** Para crear un producto que pueda gustar mínimamente, pide a unas pocas personas que puntúen por separado tu trabajo en una escala del 0 al 10. Sea cual sea la puntuación que te pongan, pregúntales cómo puedes acercarte al 10. Márcate primero un resultado aceptable, pero que también sea aspiracional, y no olvides que para obtener

una puntuación alta en las grandes prioridades, también debes sentirse satisfecho con las notas más bajas que saques en el resto.
12. **Tú eres el juez definitivo.** Es mejor decepcionar a los demás que decepcionarse a uno mismo. Antes de lanzar un producto al mundo, asegúrate de que te deja en buen lugar. Si fuera el único trabajo con tu nombre que la gente va a ver en su vida, ¿estarías orgulloso del resultado?
13. **Realiza un viaje mental en el tiempo.** Cuando te cuesta darte cuenta de los avances que has hecho, piensa un momento en lo que pensaría tu yo del pasado sobre lo que has conseguido en el presente. Si hace cinco años te hubieran dicho todo lo que hoy has conseguido, ¿hasta qué punto te sentirías orgulloso?

II. Utilizar el andamiaje para superar los obstáculos

14. **Mira a tu alrededor para encontrar el apoyo adecuado para cada momento.** Cada desafío requiere su propia estructura de apoyo. Ese soporte que ahora necesitas no es permanente, es una estructura temporal que te ofrece un punto de apoyo o te da un impulso para que puedas seguir escalando por tu propia cuenta.

A. *Convertir la práctica en un juego*

15. **Transforma la rutina diaria en una fuente de placer diario.** Para conservar la pasión armoniosa, diseña las sesiones de práctica, ensayo o entrenamiento a partir del juego deliberado. Inventa retos divertidos para mejorar tus habilidades, actúa como Evelyn Glennie, que aprendía a tocar una pieza de Bach en una caja de percusión, como Stephen Curry, que intentaba anotar veintiún puntos en un minuto, o como los médicos residentes, que perfeccio-

naban su capacidad de comunicación no verbal usando palabras sin sentido en monólogos cómicos.
16. **Compite contra ti mismo**. Mide tus avances en función del tiempo, no de los rivales. El riesgo de competir contra otras personas es que a veces puedes ganar sin mejorar. Cuando compites contra ti mismo, la única forma de ganar es crecer.
17. **No te conviertas en esclavo de una rutina establecida**. Siempre es posible esquivar el aburrimiento y el agotamiento añadiendo un poco de variedad y originalidad a las sesiones de trabajo. Puedes alternar entre las distintas habilidades que estás practicando o cambiar las herramientas y los métodos que usas para aprender. Incluso un cambio minúsculo puede marcar la diferencia.
18. **Sé proactivo con el descanso y la recuperación**. No esperes a estar agotado o aburrido para hacer una pausa, inclúyelas en tu horario. Tomarse un tiempo de descanso ayuda a mantener la pasión armoniosa, desbloquear nuevas ideas y profundizar en el aprendizaje. Relajarse no es perder el tiempo, es una inversión en bienestar.

B. *Dar un rodeo para poder avanzar*

19. **Cuando estés atascado, retrocede para avanzar**. Cuando te veas en un callejón sin salida, quizás haya llegado el momento de dar media vuelta y encontrar un camino distinto. Sentirás que retrocedes, pero muchas veces es la única manera de encontrar la forma de poder avanzar.
20. **Encuentra una brújula**. No necesitas un mapa para empezar una nueva ruta, sólo te hace falta una brújula para averiguar si apuntas en la dirección adecuada. Una buena brújula es una fuente creíble que te avisa si pierdes el rumbo.
21. **Busca distintos guías**. En lugar de depender de un único experto o mentor, recuerda que las mejores indicaciones son las que te ofrecen guías diferentes. Pregúntales

sobre los puntos de referencia e inflexión en sus propios viajes vitales y háblales de los caminos que has tomado hasta ahora. Cuando te hayan dado unas cuantas pistas, combínalas para trazar una ruta que te funcione.
22. **Encuentra una ocupación adicional.** Cuando sientas que estás languideciendo, puedes volver a recobrar el impulso dando un rodeo que te acerque a un nuevo destino. Cuando te dedicas a una afición o un proyecto paralelo y consigues avanzar, acumulas nuevas victorias que te recuerdan que el movimiento hacia delante todavía es posible.

C. *Salir adelante tirando de uno mismo*

23. **Enseña lo que quieres aprender.** La mejor forma de aprender un concepto es enseñárselo a otra persona. Lo comprenderás mejor después de explicarlo y también lo recordarás mejor después de que te tomes un tiempo para ejercitar la memoria. Como hicieron los Trece de Oro, también puedes aplicar este enfoque dentro de un grupo, donde cada uno de sus miembros enseña una habilidad o un tema diferente.
24. **Mejora tu propia confianza orientando a los demás.** Cuando dudes de tu capacidad para superar un obstáculo, en lugar de pedir consejo por ahí, prueba con orientar a otra persona. Guiarla para que supere un desafío te recordará que tú también posees los recursos para encararlo. Los consejos que das a los demás suelen ser los que necesitas recibir.
25. **Aprovecha las expectativas —tanto las bajas como las altas— para encontrar la motivación.** Si un crítico ignorante duda de ti, tómatelo como un desafío. En vez de dejar que aniquile tu confianza, piensa que es una buena oportunidad para demostrar que se equivoca. Y cuando tus partidarios más reputados te presten su apoyo, procura dar la talla y demuestra que tenían razón.

26. **Trata de ser un buen predecesor.** Cuando sientas que la fe te está abandonando, recuerda por quién luchas. Las reservas de resiliencia que estaban más escondidas salen a la superficie cuando sabemos que otras personas cuentan con nosotros.

III. Construir sistemas de oportunidad

27. **Abre las puertas a las personas que hasta ahora han sido ignoradas o subestimadas.** Construye sistemas que inviertan en las personas y creen oportunidades para todos, no sólo para los estudiantes más inteligentes y los trabajadores con mucho potencial. Un buen sistema es aquel que ofrece a las personas que tardan en florecer y a las que han sido marginadas las oportunidades para demostrar el largo camino que han recorrido.

A. Diseñar escuelas para sacar lo mejor de todos los alumnos

28. **No desaproveches una sola mente.** Debes comprender que la inteligencia adopta muchas formas diferentes y que cada niño alberga el potencial para destacar. Cultiva una mentalidad orientada al crecimiento personal de los profesores, y no sólo de los alumnos. Mide el éxito por el progreso de todos los alumnos, no sólo por el de aquellos que sacan las mejores notas.
29. **Profesionaliza la educación.** Siguiendo el ejemplo de Finlandia, dispensa una formación a los profesores para que se conviertan en profesionales de confianza y trátalos como tales. Cuando los profesores poseen las herramientas y los incentivos para estar al día de los últimos datos e investigaciones, y son capaces de ayudarse mutuamente y tienen la autoridad para diseñar el currículum, la próxima generación podrá conseguir grandes cosas en la vida.

30. **Encuentra la manera de que los alumnos pasen varios años con el mismo profesor.** La continuidad permite que los profesores se especialicen en sus alumnos, no sólo en sus materias. Con más tiempo para conocer a cada uno de sus alumnos, los profesores pueden convertirse en orientadores y mentores, y así diseñar un apoyo emocional y pedagógico personalizado que permita a todos los alumnos desarrollar su potencial.
31. **Concede a los alumnos la libertad para explorar y compartir sus intereses individuales.** La lección más importante que habría que enseñar a los alumnos es que aprender es divertido. Cuando los alumnos pueden escoger cuándo realizar las actividades, así como los libros y los proyectos que les interesan, tienen muchas más probabilidades de desarrollar una motivación intrínseca. Cuando hablan de los temas que les apasionan, su entusiasmo se ve reforzado y ofrecen a sus compañeros la oportunidad de compartir esos intereses.

B. *Desenterrar la inteligencia colectiva en los equipos*

32. **Convierte a los grupos en equipos.** La inteligencia colectiva depende de la cohesión, es decir, alinear a un equipo alrededor de una responsabilidad compartida para completar una misión significativa. Cuando las personas creen que se necesitan mutuamente para completar con éxito un objetivo importante, el grupo se convierte en algo más que la suma de sus partes.
33. **Escoge a los líderes en función de las habilidades prosociales.** En lugar de ascender a los charlatanes y los chupones, promociona a las personas que ponen la misión por encima de su ego y priorizan la cohesión del equipo sobre la gloria personal. Cuando los equipos tienen ganas de contribuir, el líder más efectivo no es el que habla más alto, sino el que mejor escucha.
34. **Olvida la lluvia de ideas y utiliza la escritura de ideas.** Para que la participación sea más equilibrada y puedas

recopilar las mejores soluciones, pide a los miembros de un grupo que generen y evalúen sus ideas de forma independiente antes de reunirse. Cuando todas las ideas estén encima de la mesa y todas las voces estén presentes en la sala, pide que el grupo seleccione y perfeccione las opciones más prometedoras.

35. **Sustituye los escalafones corporativos por un sistema de rejilla.** En lugar de asignar a un único jefe la responsabilidad de descartar nuevas propuestas, ofrece a los trabajadores múltiples vías para expresar sus ideas. Si los empleados pueden acudir a varios directivos diferentes, una simple negativa no puede acabar con una idea, mientras que un simple «sí» puede bastar para salvarla.

C. *Descubrir diamantes en bruto en las entrevistas de trabajo y el acceso a la universidad*

36. **Elimina los requisitos sobre las credenciales y la experiencia.** Cuando evalúes a otras personas, ten cuidado y no confundas los logros y la experiencia del pasado con el potencial del futuro. El historial y el talento establecen el punto de partida, pero las habilidades del carácter deciden hasta dónde serán capaces de llegar.
37. **Ten en cuenta el nivel de dificultad.** Un período deslucido no siempre refleja una ausencia de capacidad: muchas veces revela la presencia de la adversidad. Para tener en cuenta los obstáculos que los candidatos han tenido que afrontar en su vida, contextualiza su rendimiento comparándolo con el de sus compañeros de colegio, de universidad o de su mismo lugar de residencia.
38. **Incorpora la trayectoria en las evaluaciones.** No basta con fijarse en la nota media o en los resultados más recientes, la trayectoria del rendimiento a lo largo del tiempo es mucho más importante. Una curva ascendente indica que los candidatos han superado las adversidades.

39. **Rediseña las entrevistas de trabajo para que los candidatos puedan hacerlo bien.** En lugar de organizar las entrevistas para aumentar al máximo el nivel de estrés, crea las oportunidades para que los candidatos puedan destacar. Pídeles que compartan las cosas que les apasionan y que demuestren sus puntos fuertes. A continuación, pregúntales si su rendimiento en la entrevista ha sido representativo de sus capacidades; en caso negativo, concédeles una segunda oportunidad.
40. **Redefine el éxito.** La expresión más significativa del rendimiento es el desarrollo personal. El indicador definitivo del potencial no es la altura de la cumbre que has conquistado, sino la distancia que has recorrido y la que has ayudado a recorrer a los demás.

Agradecimientos

Este libro no habría podido manifestar todo su potencial sin la voluntad del superagente Richard Pine y del extraordinario editor Rick Kot. Richard me animó a pensar con más audacia y ambición, desde la primera página hasta la última. Rick convirtió la palabrería en prosa y transformó los borradores en un tiempo récord. Juntos me ayudaron a cambiar de dirección cuando estaba atascado y convirtieron la búsqueda de nuevas rutas en un verdadero placer.

Escribir un libro puede ser un viaje muy solitario, pero he tenido la gran suerte de colaborar con el dúo dinámico definitivo en materia de opinión y orientación. Marissa Shandell y Karren Knowlton han enriquecido con un valor incalculable todas las páginas del libro. Cada vez que encontraban una idea inmadura, la desmontaban enseguida y, con gran habilidad, la convertían en algo mucho más potente. Volcaron su ingenio en dar forma a cada historia, su intelecto, en perfeccionar cada frase, y su energía, en elevar cada ilustración y conclusión final. Marissa me presentó las soluciones a los problemas que no podía ver, dejó caer unas cuantas pistas que no habría sido capaz de detectar y consiguió proporcionar una estructura al caos. Karren abrió el camino para que yo pudiera avanzar tirando de mí mismo, reconsiderara el orden básico de las ideas y entretejiera los temas entre los distintos capítulos. Nunca he visto a dos personas que mejoraran tanto un proyecto creativo y de una forma tan espectacular.

Una tripulación muy perspicaz, compuesta de grandes lectores, ha hecho unas aportaciones al libro de enorme valor. El gurú del control de calidad, Paul Durbin, ha comprobado meticulosamente los datos que aparecen en todas las páginas, y ha profundizado en los estudios y las historias para certificar la exactitud de todos los detalles. Cualquier posible error sólo es responsabilidad mía. La reina de la señalización, Grace Rubenstein, ha aclarado algunas ideas clave, ha perfeccionado algunas transiciones un poco torpes y me ha obligado a poner cada tesis en su contexto. El maestro artesano de las ideas, Reb Rebele, lideró la ofensiva para multiplicar los momentos «eureka» y aumentar la cohesión conceptual. La detective de los libros, Stacey Kalish, salió en busca de nuevas historias y me proporcionó un metaandamiaje. También detectó una fascinante paradoja en la intersección del «efecto profesor particular» y la maldición del conocimiento: aunque es posible aprender enseñando, cuando ya sabes mucho sobre un tema, puede resultar mucho más difícil transmitir esas lecciones.

Malcolm Gladwell, el defensor de la BlackBerry, me animó a dejar respirar las grandes ideas e historias, crear más tejidos conectivos entre los apartados y modificar sobre la marcha el arco narrativo. Sheryl Sandbert, una editora profesional sobradamente preparada, me ayudó a acentuar el contraste fundamental entre la capacidad innata y la aprendida. Susan Grant, perfeccionista en el buen sentido, señaló algunas muletillas y corrigió errores gramaticales y ortográficos. Y Sam Abrams, experto en educación, corrigió algunas confusiones sobre las horas lectivas, la remuneración de los profesores, los exámenes estandarizados, el gasto en educación y las pruebas PISA. También me explicó que en Finlandia no sólo se aplica el concepto de continuidad a la educación, sino que sus prestigiosos programas de hockey sobre hielo también proponen que los entrenadores estén con los mismos jugadores jóvenes hasta que cumplen 15 años y después trabajan con los mismos entrenadores profesionales hasta que cumplen 20.

Liz Fosslien, Matt Shirley y Marissa reafirmaron con creatividad y alegría las ideas del libro en una colección de ilustraciones creadas especialmente para la ocasión. Dan Pink, Lindsay y Allie Miller, Justin Berg y la Sociedad 238 me rescataron de una letanía de títulos malos. Y un gran número de personas tuvieron la amabilidad de abrirme las puertas para poder hacer las entrevistas. Un reconocimiento muy merecido a Kelly Stoetzel por informar a Maurice Ashley de que yo no era un acosador, a Bjarke Ingels por la pista sobre Tadao Ando, Shane Battier por presentarme a Brandon Payne (y a Danny Southwick por compartir conmigo su historia), Paul Stillwell y Janis Jorgensen por el tesoro de información oculto sobre los Trece de Oro, David Epstein y Jon Wertheim por ayudarme a encontrar a R. A. Dickey, Cady Coleman por el contacto de José Hernández, y Bozoma Saint John por escribir al GOAT. Les doy las gracias a todos.

Trabajar en este libro ha sido como yacer en un lecho de rosas gracias al apoyo del equipo estelar de InkWell (me refiero a vosotros, Alexis Hurley, Nathaniel Jacks, Eliza Rothstein) y Viking. Si nunca has escrito un libro, resulta difícil vender algo parecido a: «¡Hola! Por favor, invertid vuestro precioso tiempo en un viaje a través de mi mente. Os prometo que os encantará». Las campañas publicitarias de Carolyn Coleburn, Whitney Peeling, Lindsay Prevette y Julia Falkner han hecho que todo sea fácil y divertido, y las propuestas de marketing creativo de Kate Stark, Molly Fessenden y Chantal Canales abrieron nuevas vías de llegar al público. Lydia Hirt hizo crecer ese público cuando completó la migración de mi *newsletter* a Substack (y aún me debe una partida de *pickleball*). Me siento especialmente agradecido a Jason Ramírez por su genio artístico, Camille LeBlanc por atar los cabos sueltos, Tricia Conley y Eric Wechter por su excelencia en la edición y la producción, Daniel Lagin por el elegante diseño del libro, Claire Vaccaro por la dirección artística, Julie Wilson y Lauren Klein por conseguir que el audio sonara bien aunque yo no tenga buena voz, y Brian Tart y Andrea Schulz por ver el potencial de este libro y creer en cierto individuo que está completamente calvo.

Mis hijos me recuerdan a diario que el potencial se esconde a nuestro alrededor, pero que puede apreciarse a simple vista. Ha sido maravilloso ver cómo iban dando forma a sus habilidades del carácter. Cuando llegó a tercero de primaria, Henry me sorprendió con sus ideas para aceptar la incomodidad (las montañas rusas existen por tres motivos: para divertirse, enfrentarte a tus miedos y ponerte a prueba) y por su destreza cognitiva (en la cola de una montaña rusa: ¡te arrepentirás de esto!). Cuando terminaba la escuela primaria, Elena absorbió un sinfín de ideas para hacer nuevas bromas a su profesora (voy a llevar una rata de mentira para asustarla) y entonces las adaptó para anticipar posibles obstáculos (si le dice que «no» a Harrison, ¡tengo una rata de repuesto!). Al comenzar el instituto, Joanna aceptó las imperfecciones («Potencial oculto» puede sonar un poco aburrido, pero al menos describe el contenido del libro) y, de nuevo, me ayudó a dar vida a la idea para la portada.

En las últimas dos décadas, Allison Sweet Grant ha alimentado mi potencial como escritor y como persona. Ella es la primera en ver que hay algo prometedor cuando apunto en una nueva dirección y la primera en señalar cuándo voy por el camino equivocado. Este libro no ha sido una excepción: ha encontrado joyas ocultas, ha pulido los párrafos revueltos y ha eliminado los detalles irrelevantes de las descripciones. Me convenció de que era mejor no tener ningún título que poner uno malo (hicimos bien en deshacernos de «Saltos y baches» y «Prodigios de la educación»). No hay palabras para expresar mi admiración por su mente brillante, su amor atento y su paciencia infinita con mi persistente incapacidad para pronunciar correctamente la palabra *mayonesa*.